Travaux pratiques

Excel 2013

Saisie et mise en forme, formules et exploitation des données, courbes et graphiques

Fabrice Lemainque

DUNOD

Mise en pages réalisée par ARCLEMAX

5, rue Laromiguière - 75005 Paris
www.dunod.com
ISBN 978-2-10-070205-3

Table des matières

MISE EN FORME DES FEUILLES DE CALCUL

GRAPHIQUES

TRAVAIL AVEC LES DONNÉES

Avant-propos

Si, de tous les programmes bureautiques, c'est sans aucun doute le traitement de texte Word que j'emploie le plus, le tableur Excel est pour moi une boîte à outils presque universelle à laquelle j'ai recours dans de très nombreuses circonstances. Il peut s'agir d'emploi ponctuel pour effectuer une suite de calculs un peu complexes ou visualiser sous forme de graphiques des données numériques, ou bien une façon de stocker des données probablement plus simple et rapide qu'avec une base de données.

Mon père, appartenant à une génération venue aussi tardivement que courageusement à l'informatique, utilise pratiquement chaque jour ce logiciel depuis plusieurs années pour gérer divers éléments de sa vie quotidienne. Bien que globalement très satisfait du produit, il me pose souvent des questions sur des points qui, bien que pouvant paraître simples pour un utilisateur averti, manifestement n'en posent pas moins des problèmes aux utilisateurs plus novices. C'est donc en pensant notamment à lui que j'ai écrit ce livre comme un manuel pratique, qui revient dans un premier temps sur les aspects fondamentaux du logiciel, avant d'aborder des aspects plus avancés.

Tout au long de cet ouvrage, nous supposons :

- que vous maîtrisez déjà les techniques de base de l'emploi de Windows : réduction et agrandissement de fenêtre, emploi de la barre des tâches Windows, clic, double-clic, clic droit, glisser-déposer, etc. Si tel n'est pas le cas, reportez-vous à l'aide en ligne de Windows ou consultez un ouvrage dédié au système d'exploitation dont vous disposez ;

- si vous possédez Windows 8 et un écran tactile, vous devez maîtriser l'emploi de l'interface tactile. Pour alléger le texte, nous n'emploierons ici que les termes de l'interface classique ;

- qu'une version d'Excel 2013 est déjà installée sur votre ordinateur.

Vous trouverez sur le site Dunod, www.dunod.com, les fichiers source d'exercices employés dans ce livre, que vous devrez télécharger et installer sur votre ordinateur. Je vous recommande de le faire dans un dossier dédié dans *Documents*, sous le nom **TPExcel2013**. Par ailleurs, vous trouverez des TP supplémentaires sur les macros pour aller plus loin avec Excel 2013.

Présentation des exercices

BLOC-NOTES
À chaque début d'exercice un bloc-notes vous indique le numéro du TP. Ce numéro est utile car il sert de référence pour d'autres exercices.

INTRODUCTION
L'introduction procure des indications sur l'exercice à venir et contient un encadré précisant les TP éventuellement prérequis et les fichiers d'exercice employés (à télécharger sur le site des éditions Dunod, www.dunod.com). Le temps de réalisation est une estimation du nombre de minutes à accorder par exercice.

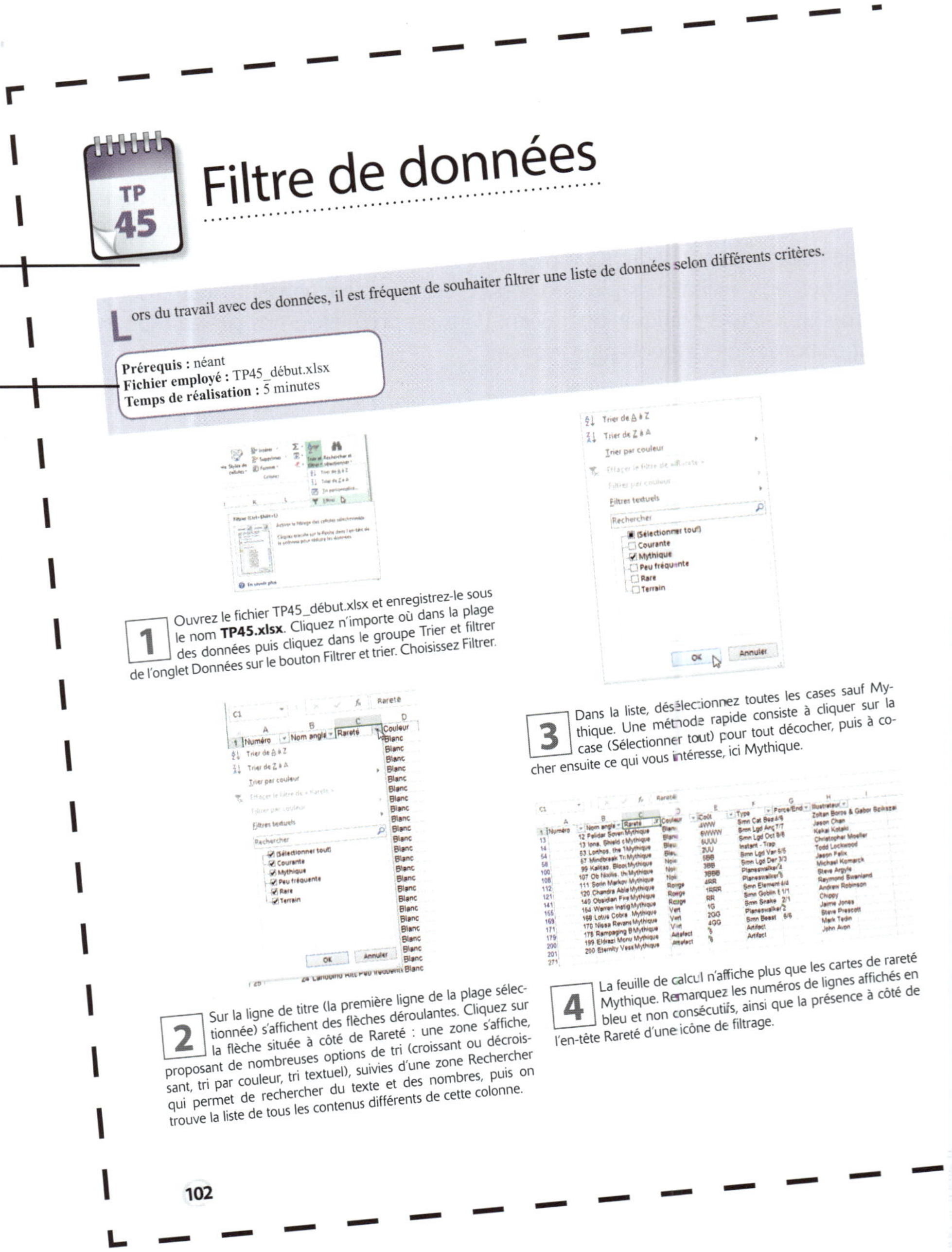

TP 45

Filtre de données

Lors du travail avec des données, il est fréquent de souhaiter filtrer une liste de données selon différents critères.

Prérequis : néant
Fichier employé : TP45_début.xlsx
Temps de réalisation : 5 minutes

1 Ouvrez le fichier TP45_début.xlsx et enregistrez-le sous le nom **TP45.xlsx**. Cliquez n'importe où dans la plage des données puis cliquez dans le groupe Trier et filtrer de l'onglet Données sur le bouton Filtrer et trier. Choisissez Filtrer.

2 Sur la ligne de titre (la première ligne de la plage sélectionnée) s'affichent des flèches déroulantes. Cliquez sur la flèche située à côté de Rareté : une zone s'affiche, proposant de nombreuses options de tri (croissant ou décroissant, tri par couleur, tri textuel), suivies d'une zone Rechercher qui permet de rechercher du texte et des nombres, puis on trouve la liste de tous les contenus différents de cette colonne.

3 Dans la liste, désélectionnez toutes les cases sauf Mythique. Une méthode rapide consiste à cliquer sur la case (Sélectionner tout) pour tout décocher, puis à cocher ensuite ce qui vous intéresse, ici Mythique.

4 La feuille de calcul n'affiche plus que les cartes de rareté Mythique. Remarquez les numéros de lignes affichés en bleu et non consécutifs, ainsi que la présence à côté de l'en-tête Rareté d'une icône de filtrage.

102

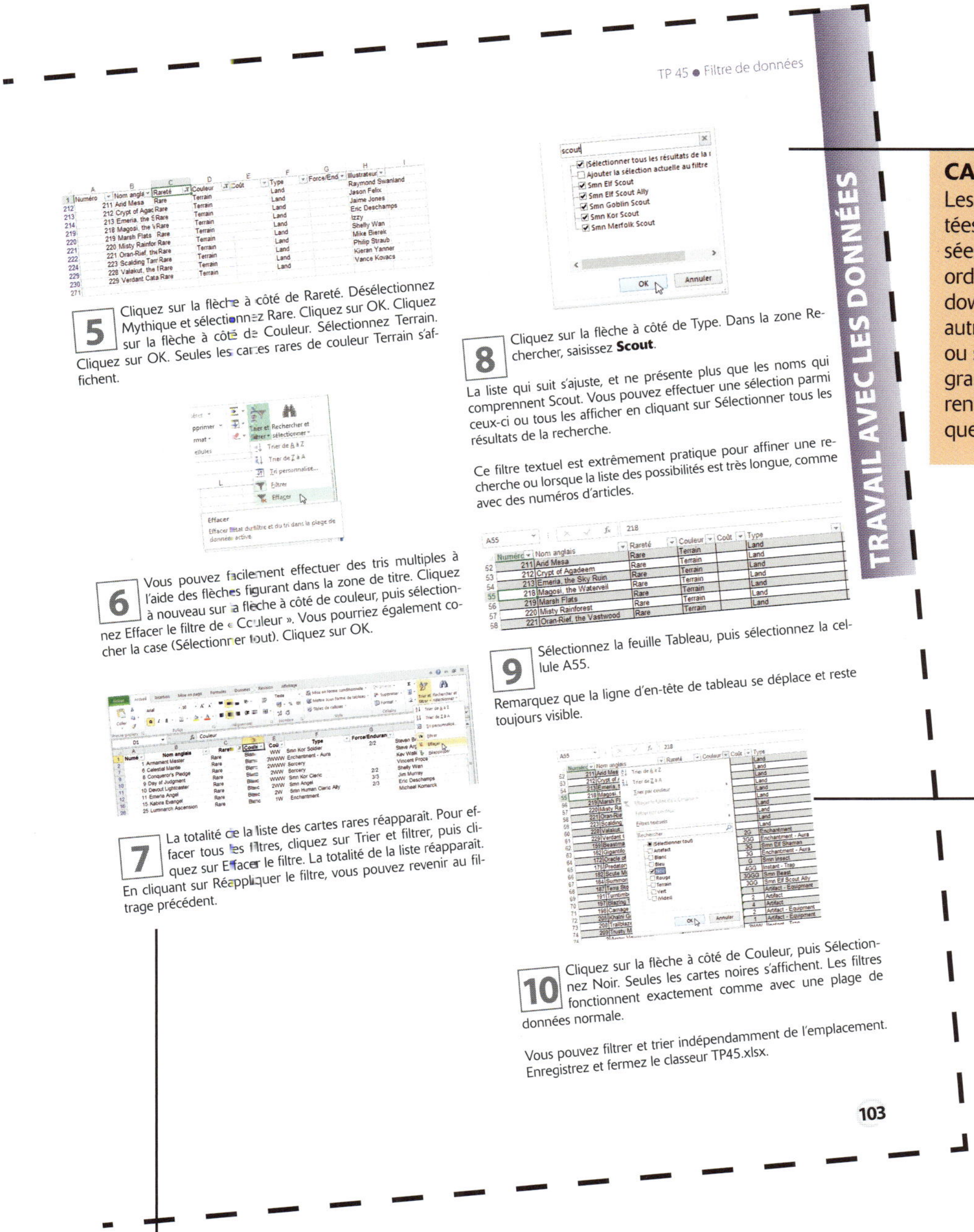

TP 45 ● Filtre de données

TRAVAIL AVEC LES DONNÉES

5 Cliquez sur la flèche à côté de Rareté. Désélectionnez Mythique et sélectionnez Rare. Cliquez sur OK. Cliquez sur la flèche à côté de Couleur. Sélectionnez Terrain. Cliquez sur OK. Seules les cartes rares de couleur Terrain s'affichent.

6 Vous pouvez facilement effectuer des tris multiples à l'aide des flèches figurant dans la zone de titre. Cliquez à nouveau sur la flèche à côté de couleur, puis sélectionnez Effacer le filtre de « Couleur ». Vous pourriez également cocher la case (Sélectionner tout). Cliquez sur OK.

7 La totalité de la liste des cartes rares réapparaît. Pour effacer tous les filtres, cliquez sur Trier et filtrer, puis cliquez sur Effacer le filtre. La totalité de la liste réapparaît. En cliquant sur Réappliquer le filtre, vous pouvez revenir au filtrage précédent.

8 Cliquez sur la flèche à côté de Type. Dans la zone Rechercher, saisissez **Scout**.

La liste qui suit s'ajuste, et ne présente plus que les noms qui comprennent Scout. Vous pouvez effectuer une sélection parmi ceux-ci ou tous les afficher en cliquant sur Sélectionner tous les résultats de la recherche.

Ce filtre textuel est extrêmement pratique pour affiner une recherche ou lorsque la liste des possibilités est très longue, comme avec des numéros d'articles.

9 Sélectionnez la feuille Tableau, puis sélectionnez la cellule A55.

Remarquez que la ligne d'en-tête de tableau se déplace et reste toujours visible.

10 Cliquez sur la flèche à côté de Couleur, puis Sélectionnez Noir. Seules les cartes noires s'affichent. Les filtres fonctionnent exactement comme avec une plage de données normale.

Vous pouvez filtrer et trier indépendamment de l'emplacement. Enregistrez et fermez le classeur TP45.xlsx.

103

CAPTURES

Les copies d'écran présentées dans ce livre sont réalisées avec Excel 2013 sur un ordinateur exécutant Windows 8. Si vous possédez un autre système d'exploitation ou si la fenêtre de votre programme est de taille différente, vous pourriez remarquer certaines différences.

INTRODUCTION

ZOOM

Lorsque cela est nécessaire, les captures d'écran sont recadrées sur la zone nécessaire à la compréhension.

PUCE

Les puces des pas à pas vous aident à suivre l'ordre de lecture de l'exercice.

L'interface d'Excel

Depuis Excel 2007, l'interface d'Excel se présente sous forme d'un **Ruban**. Les fonctions qui permettent d'agir sur les éléments d'un document sont rassemblées dans des **onglets**, tandis que les fonctions de gestion générale du document se trouvent en un emplacement unique situé à l'extrémité gauche du Ruban : l'onglet **Fichier**. Celui-ci permet de passer en mode **Backstage**. Ce mode rassemble toutes les fonctions générales de gestion d'un document ou classeur Excel, dont l'ouverture, l'enregistrement ou l'impression d'un classeur.

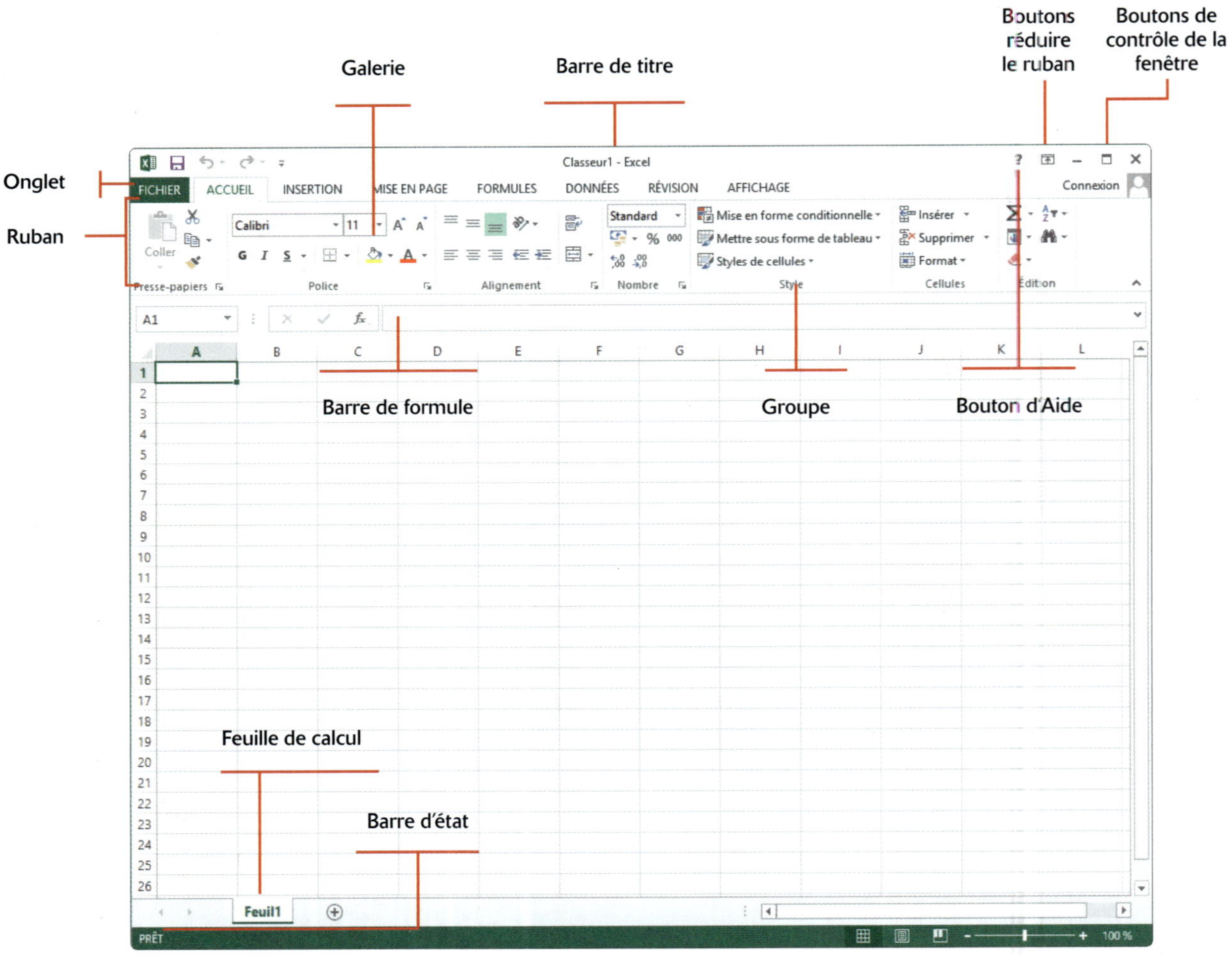

Terminologie

Avant de pouvoir employer efficacement Excel, il est indispensable de maîtriser certains termes :

- Un fichier ou document Excel est nommé **classeur**. Il contient une ou plusieurs feuilles de calcul (une par défaut, nommée Feuil1), présentées sous forme d'onglets en bas de page.
- Une **feuille de calcul** est constituée de lignes (numérotées à l'aide de chiffres) et de colonnes (étiquetées à l'aide de lettres).
- Une **cellule** est l'intersection entre une ligne (horizontale) et une colonne (verticale) de la feuille de calcul. Elle est identifiée par la combinaison de la lettre de sa colonne et du numéro de sa ligne. Ainsi, la première cellule en haut à gauche de la feuille de calcul est la cellule A1. De même, C4 désigne la cellule à l'intersection de la 3e colonne et la 4e ligne.
- Vide par défaut, une cellule de feuille de calcul peut recevoir un **contenu**, classiquement nommé valeur. Une valeur peut être une **valeur littérale** numérique (3,1415927, 58 %, ou 1984) ou alphanumérique (Tableau2, Titre ou Nom) une **formule** (une expression représentant un calcul en fonction de données) ou même d'autres **objets** (images, sons, vidéos, etc.). Excel propose un grand nombre d'opérateurs et de fonctions intégrées afin d'effectuer des calculs mathématiques, statistiques, financiers, etc.
- Une cellule possède également un **style**, qui se décompose en style de valeur (dépendant du type de données considérées) et style de cellule (indépendant du contenu). Par exemple, s'il s'agit d'un nombre, il est possible de choisir si Excel l'affiche en tant qu'entier, en tant que nombre à virgule (et le nombre de chiffres après la virgule qui vont être affichés), avec un symbole monétaire, comme pourcentage, etc. Une date peut également être affichée de diverses façons. Le style de cellule est indépendant de la valeur qu'elle contient : c'est une apparence visuelle particulière (police, taille, couleur, bordure, image de fond, etc.).
- Une cellule Excel peut renfermer jusqu'à 65 000 caractères. La quantité de texte affichable dans une cellule dépend de la largeur de la colonne qui contient la cellule, de la mise en forme de la cellule et de son contenu.
- Lorsqu'une feuille de calcul est active, une cellule au moins est active et porte donc le nom de **cellule active**. Elle est généralement représentée avec une bordure plus épaisse. Le contenu d'une cellule active est affiché dans la barre de formule et son adresse (ou son nom si vous lui en avez attribué un) dans la zone d'adresse située en haut à gauche.

INTRODUCTION

Prise en main

Les TP de cette première partie procurent les connaissances de base nécessaires au travail avec Excel.

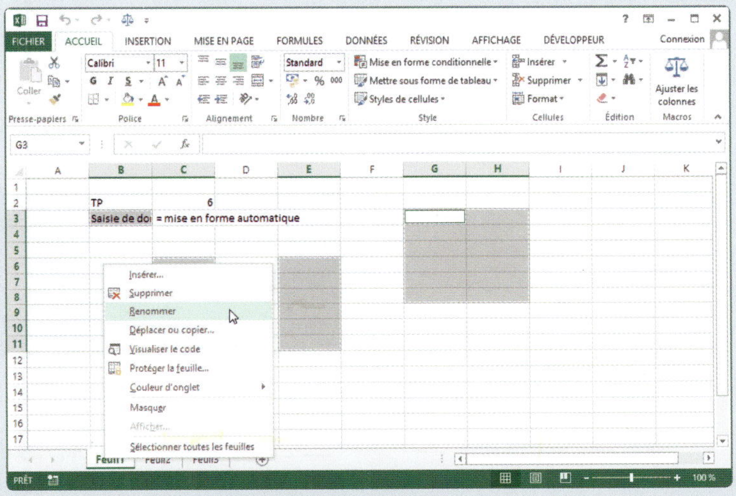

Vous y découvrirez les diverses manières de lancer le programme, comment ouvrir et enregistrer des classeurs Excel de différentes façons et les gérer, notamment en déplaçant, insérant et copiant des feuilles de calcul.

Vous apprendrez également à vous déplacer dans une feuille de calcul et à sélectionner des cellules, où qu'elles soient situées dans celle-ci.

TP 1

Lancement d'Excel

Après avoir installé Excel 2013, isolément ou lors d'une installation d'Office 2013, vous pouvez le lancer de différentes façons, certaines variantes étant liées à votre système d'exploitation.

Prérequis : néant
Fichier employé : néant
Temps de réalisation : 5 minutes

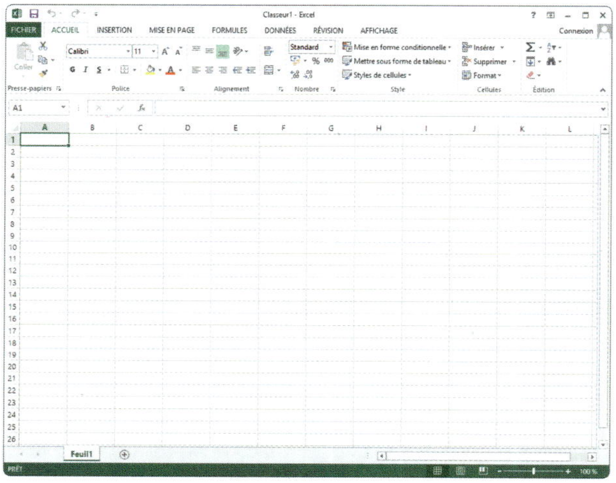

1 Jusqu'à Windows 7 compris, choisissez Démarrer > Tous les programmes, puis sélectionnez Microsoft Office, puis Microsoft Excel 2013.

2 Cliquez sur le bouton de barre des tâches associé (Windows 7 ou et 8), s'il existe.

3 Cliquez sur l'icône du Bureau, s'il en existe une (tous systèmes d'exploitation).

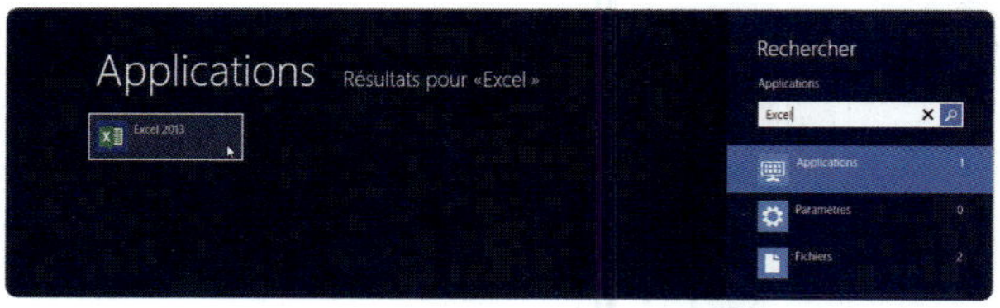

4 Avec Windows 8, cliquez sur la dalle Excel 2013 de l'écran Accueil ou sur Excel 2013 dans l'écran Toutes les applications. Ou, toujours dans l'écran Accueil, cliquez sur Rechercher, saisissez **Excel** et confirmez par ENTRÉE. Ou, depuis le Bureau, effectuez un clic droit dans le coin inférieur gauche, choisissez Exécuter, saisissez **Excel** et confirmez par ENTRÉE.

Toutes ces méthodes aboutissent à l'écran d'ouverture d'un classeur récent ou de création d'un nouveau classeur, détaillé dans le TP suivant.

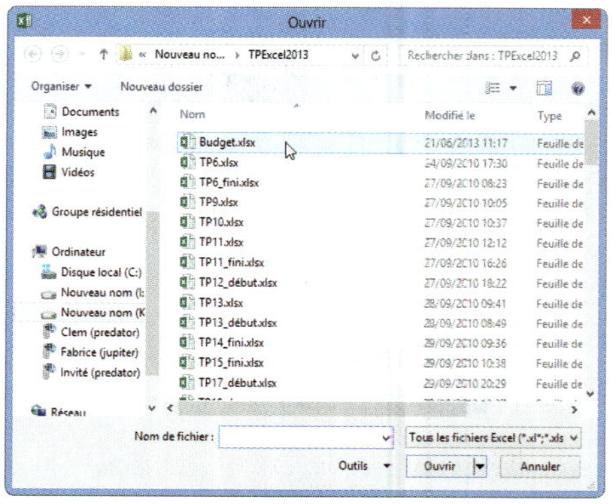

5 Dernière méthode, pour tous les systèmes d'exploitation, naviguez à l'aide de l'Explorateur Windows jusqu'à l'emplacement de stockage de vos fichiers, puis double-cliquez sur un fichier dont l'extension est associée à Excel (par exemple, .xls pour un fichier Excel jusqu'à 2007, .xlsx ensuite). Vous pouvez également effectuer dessus un clic droit et sélectionner Ouvrir dans le menu contextuel. Le document concerné s'ouvre directement dans le programme.

TP 2

Ouverture d'un fichier

Par défaut, Excel s'ouvre en proposant d'ouvrir un classeur existant ou de créer un nouveau classeur.

Prérequis : TP 1
Fichier employé : néant
Temps de réalisation : 5 minutes

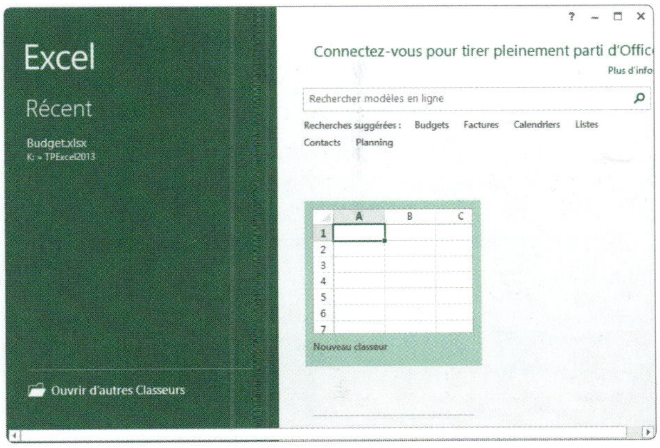

1 Dans la page qui s'affiche lors du lancement d'Excel, dans la section Modèles disponibles, cliquez soit sur Nouveau classeur (le modèle par défaut), soit sur un des modèles proposés.

Vous pouvez également créer un classeur d'après un classeur existant ou choisir un des modèles proposés par Office.com. Pour rechercher d'autres modèles, cliquez sur un des mots-clés proposés ou saisissez un mot-clé dans la zone Rechercher modèles en ligne et cliquez sur la flèche. Vous devez pour cela disposer d'une connexion Internet.

2 Pour ouvrir un classeur récemment employé, cliquez sur celui-ci dans la liste Récent. Si le fichier recherché n'est pas présent dans Récent, cliquez sur Ouvrir d'autres classeurs. Passez à l'étape 4.

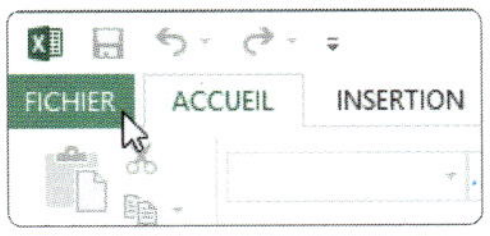

3 Si Excel était ouvert, cliquez sur l'onglet Fichier, puis cliquez sur Ouvrir.

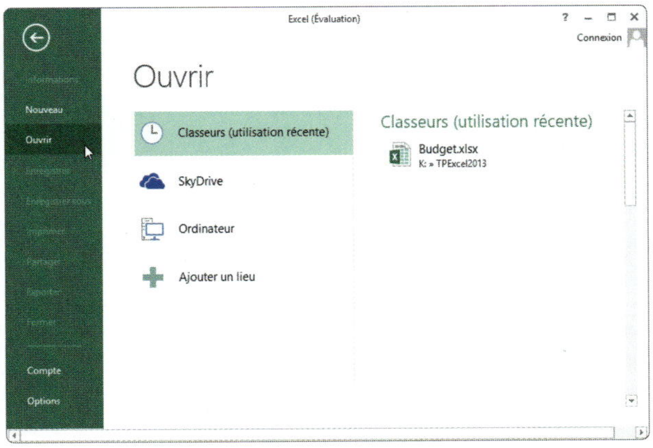

4 Cette page présente également les classeurs récemment employés. Si le classeur recherché n'y figure pas, cliquez sur Ordinateur puis naviguez jusqu'au fichier concerné et double-cliquez dessus.

Si Excel n'est pas ouvert, procédez comme expliqué à l'étape 5 du précédent TP.

TP 3

Enregistrement d'un fichier

Plusieurs méthodes sont possibles pour enregistrer votre travail. Excel propose plusieurs formats de fichiers. Outre les formats par défaut (.xsls ou .xlsx), il s'agit des formats texte (.txt ou .prn) et d'autres formats, permettant par exemple de faciliter des transferts entre logiciels.

Prérequis : TP 1 et 2
Fichier employé : néant
Temps de réalisation : 5 minutes

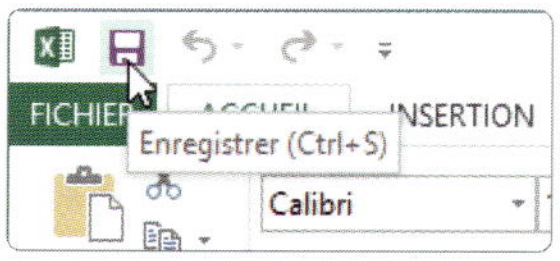

1 Ouvrez un nouveau fichier, puis cliquez dans la barre d'outils Accès rapide sur l'icône Enregistrer… ou cliquez sur l'onglet Fichier et choisissez Enregistrer.

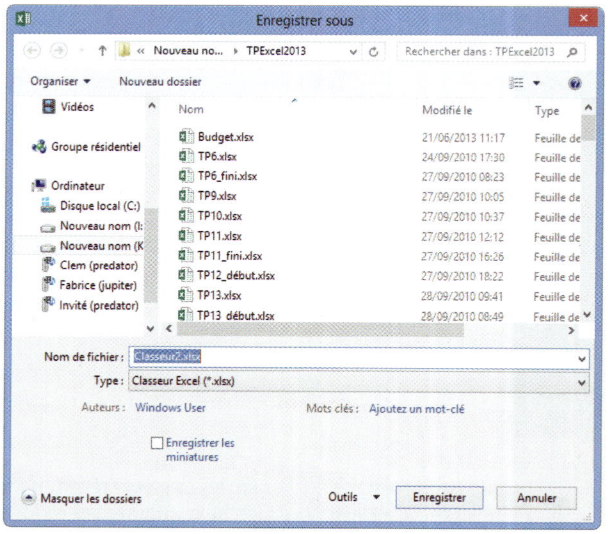

2 S'il s'agit du premier enregistrement de ce fichier, la boîte de dialogue Enregistrer sous s'affiche. Naviguez jusqu'à l'emplacement de stockage souhaité et saisissez un nom pour le fichier, qui possède en principe un nom par défaut (par exemple, Classeur1.xsls). Si le fichier avait déjà été enregistré, la nouvelle version écrasera l'ancienne, sous le même nom et au même emplacement.

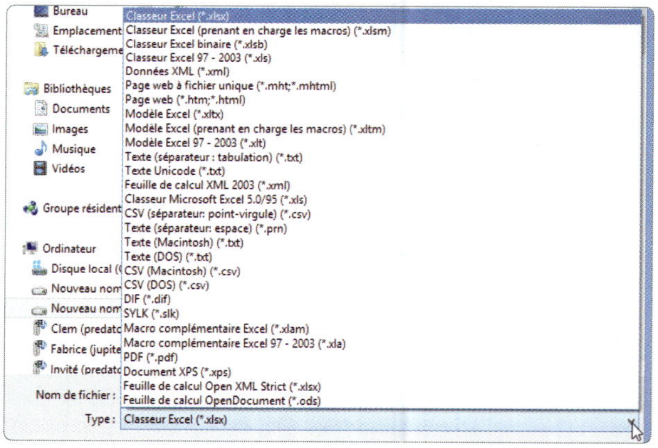

3 Pour modifier le nom, l'emplacement ou le format de sauvegarde d'un fichier, cliquez sur l'onglet Fichier et choisissez Enregistrer sous. La boîte de dialogue Enregistrer sous s'affiche.

Naviguez jusqu'au nouvel emplacement de stockage souhaité et modifiez le nom du fichier. Vous pouvez choisir un autre format que le format par défaut, en cliquant sur la flèche déroulante située à côté de Type et en sélectionnant le format adéquat dans la longue liste qui s'affiche. Remarquez la présence du format OpenDocument (.osd).

Les fichiers enregistrés sous un autre format que le format Excel peuvent perdre tout ou partie de leurs attributs de mise en forme ou des caractéristiques propres à Excel.

TP 4 Gestion d'un classeur

Pour pouvoir travailler efficacement avec un tableur, vous devez être en mesure d'y naviguer à votre guise, ainsi que d'ajouter ou de supprimer à volonté des feuilles d'un classeur. Outre les icônes et commandes principales du ruban, un certain nombre de raccourcis clavier facilitent la navigation. Le nombre maximum de feuilles d'un classeur n'est limité que par la quantité de mémoire disponible.

Prérequis : TP 1 et 2
Fichier employé : néant
Temps de réalisation : 5 minutes

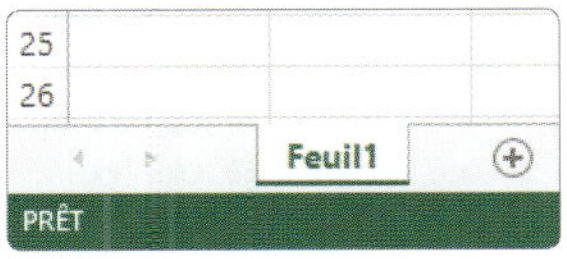

1 Ouvrez un classeur Excel vierge. Vous voyez en bas à gauche de la fenêtre la feuille de ce classeur affichée sous la forme d'onglet et nommée par défaut **Feuil1**. L'onglet de la fenêtre active (celle qui est affichée à l'écran) figure en surbrillance.

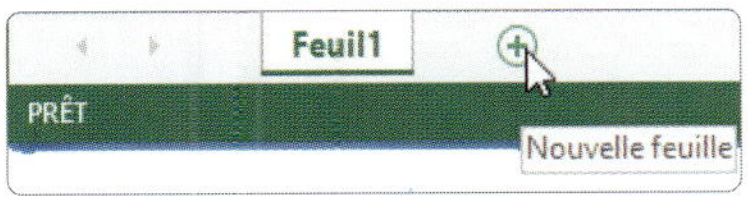

2 Pour ajouter une feuille de calcul, dans le volet Accueil, dans le groupe Cellule, cliquez sur Insérer une feuille, ou cliquez sur le bouton Plus situé à droite de l'onglet de feuille de calcul. La nouvelle feuille apparaît dans le classeur, avec son nom par défaut (normalement **Feuil2**).

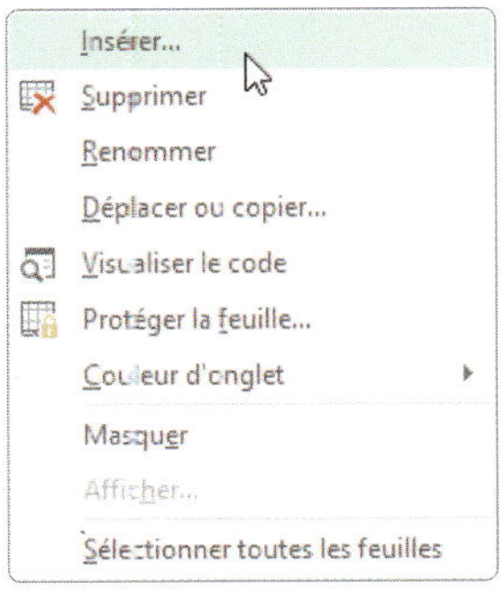

3 Vous pouvez également effectuer un clic droit sur un onglet de feuille de calcul (en bas à gauche de la fenêtre) et choisir Insérer dans le menu contextuel.

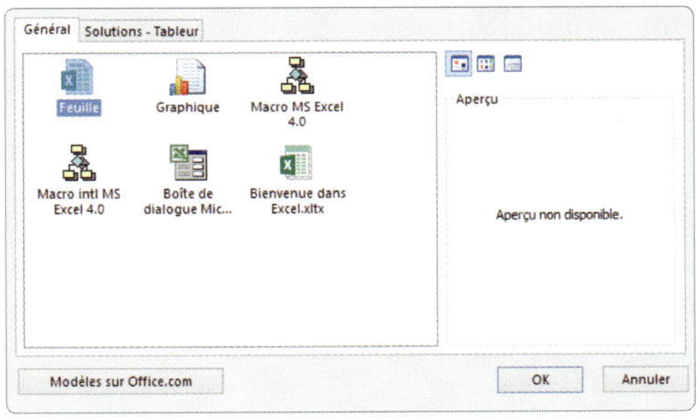

4 Dans la fenêtre qui s'ouvre, cliquez sur Feuille de calcul. La nouvelle feuille apparaît dans le classeur, avec un nom par défaut.

5 Cliquez sur l'onglet **Feuil2** : celle-ci s'affiche à l'écran et l'onglet **Feuil2** est marqué en surbrillance.

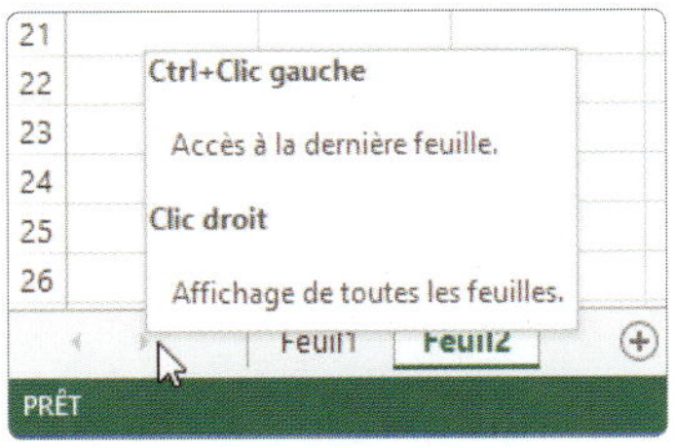

6 Cette méthode n'est toutefois pas très pratique si votre classeur contient un très grand nombre d'onglets. Excel propose une alternative très efficace : effectuez un clic droit sur les flèches situées en bas à gauche pour afficher la liste des feuilles : une liste s'affiche. Cliquez dans la liste sur la feuille souhaitée pour l'activer.

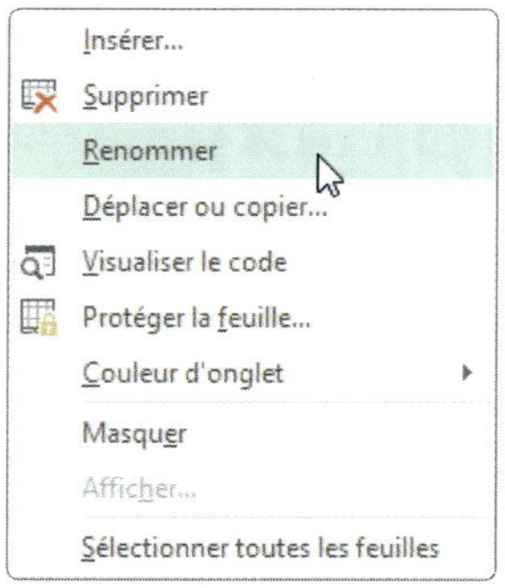

7 Pour **renommer une feuille de calcul**, effectuez un clic droit sur un onglet de feuille de calcul (en bas à gauche de la fenêtre) et choisissez Renommer dans le menu contextuel. Le nom de la feuille se met en surbrillance : saisissez le nouveau nom, puis appuyez sur ENTRÉE ou cliquez n'importe où sur la feuille de calcul. Vous pouvez alternativement double-cliquer sur l'onglet de la feuille pour mettre son nom en surbrillance et procéder comme il vient d'être décrit.

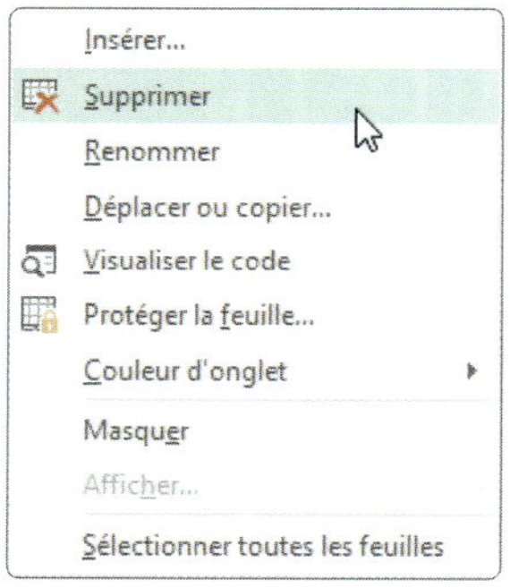

8 Pour **supprimer une feuille de calcul**, effectuez un clic droit sur son onglet et choisissez Supprimer dans le menu contextuel. La feuille disparaît définitivement du classeur.

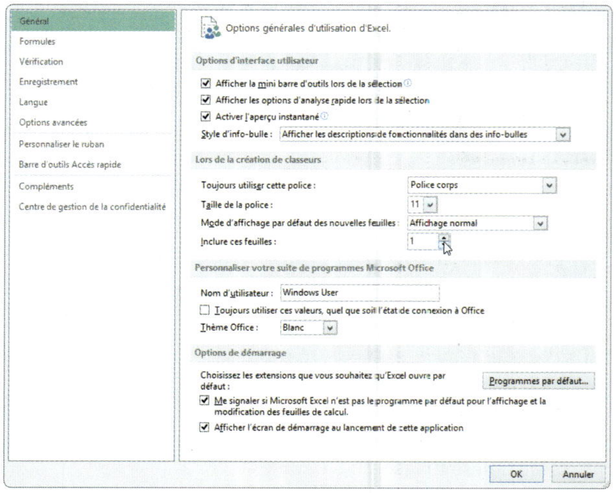

9 Un nouveau classeur possède par défaut une feuille de calcul. Pour modifier ce nombre par défaut, cliquez sur l'onglet Fichier, puis choisissez Options.

Dans Général, sous Lors de la création de classeurs, cliquez sur les flèches situées à côté de Inclure ces feuilles pour modifier la valeur par défaut de 1. Cliquez ensuite sur OK, puis sur n'importe quel onglet pour revenir à votre feuille de calcul active.

TP 5 Déplacement et copie de feuille de calcul

Après avoir ajouté et renommé des feuilles de calcul à votre classeur, vous souhaiterez parfois les réorganiser (par exemple, placer une feuille Synthèse en tête) ou réemployer une feuille laborieusement créée dans un autre classeur.

Prérequis : TP 1 à 4
Fichier employé : néant
Temps de réalisation : 5 minutes

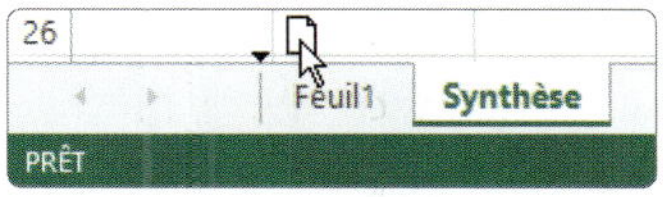

1 Dans un classeur vierge, créez une nouvelle feuille de calcul et renommez-la en **Synthèse**, en suivant les étapes du TP 4. Cliquez ensuite sur l'onglet **Synthèse** et, en maintenant le bouton de la souris enfoncé, glissez-déposez l'onglet à gauche de l'onglet **Feuil1**.

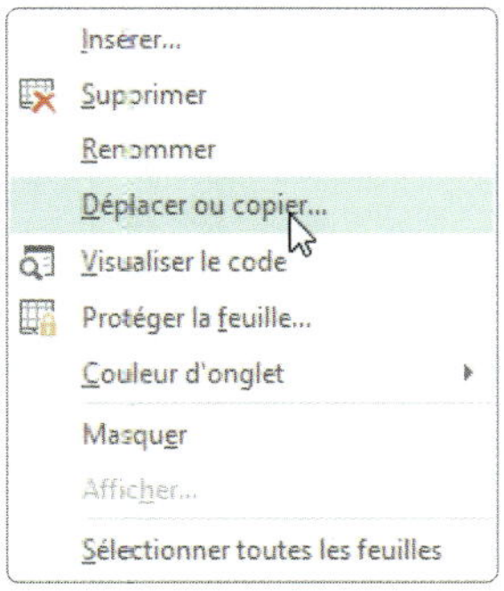

2 Une autre méthode peut être employée. Effectuez un clic droit sur l'onglet de la feuille concernée et choisissez Déplacer et copier.

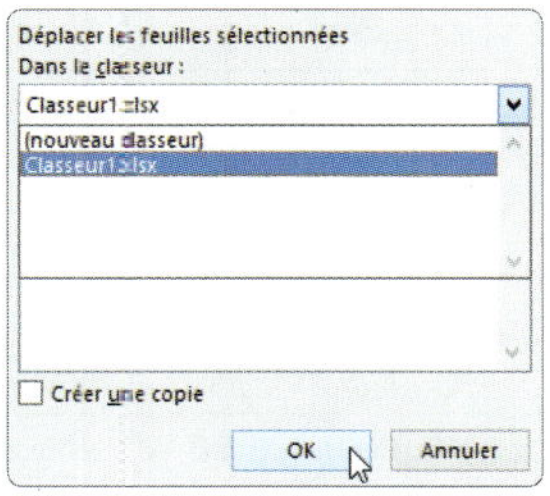

3 Dans la boîte de dialogue qui s'ouvre, cliquez sur la flèche située sous Dans le classeur : vous pouvez choisir de déplacer une feuille de calcul vers le même classeur, un autre classeur ouvert (il n'y en a pas ici) ou même un nouveau classeur. Sélectionnez **Classeur1**, le seul classeur ouvert.

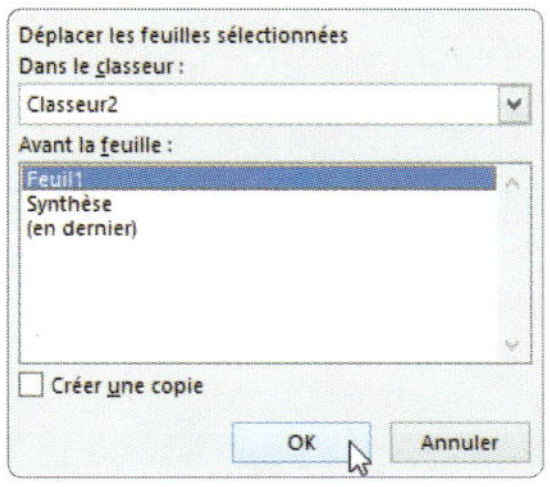

4 Dans la zone Avant la feuille, choisissez **Feuil1** puis cliquez sur OK : la feuille de calcul **Synthèse** vient s'insérer avant la **Feuil1**.

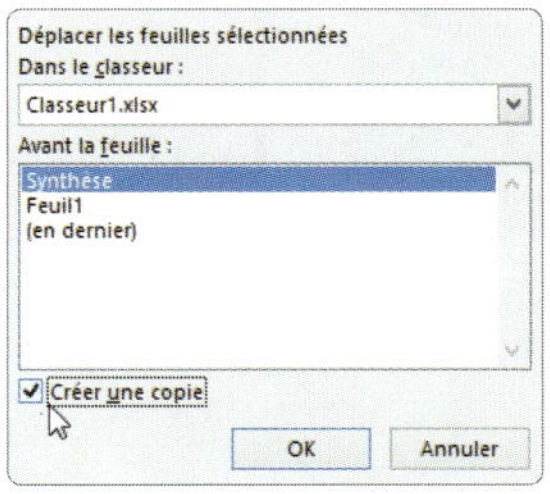

5 Cette même boîte de dialogue permet également de copier une feuille de calcul à l'emplacement de votre choix du même classeur, d'un autre classeur ouvert ou d'un nouveau classeur. Pour ce faire, cochez la case Créer une copie, effectuez vos sélections puis cliquez sur OK.

Vous pouvez fermer le classeur sans l'enregistrer, ou poursuivre avec ce classeur pour le TP suivant.

TP 6

Navigation dans une feuille de calcul

Il est important de savoir rapidement vous déplacer dans une feuille de calcul. Vous pouvez vous déplacer dans une feuille de calcul à l'aide des touches fléchées du clavier et des barres de défilement situées en bas et à droite, ou de raccourcis clavier. La cellule active est encadrée de vert.

Prérequis : TP 1 et 2.
Fichier employé : néant.
Temps de réalisation : 5 minutes

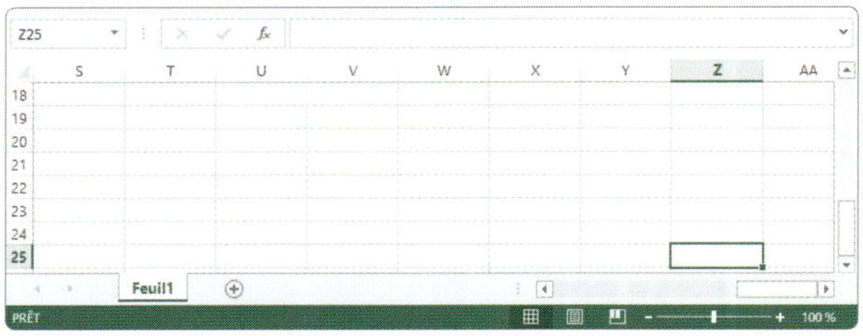

1 Ouvrez un classeur vierge. Saisissez directement **Z25** dans la case d'adresse située en haut à gauche. La cellule Z25 devient la cellule active et s'affiche à l'écran.

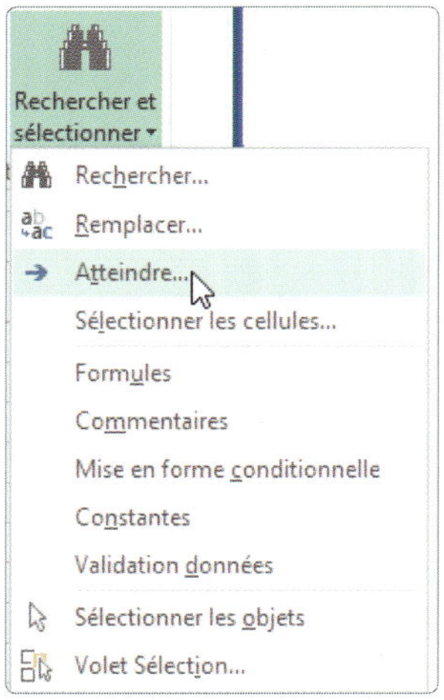

2 Dans l'onglet Accueil, dans le groupe Édition, cliquez sur Rechercher et sélectionner. Dans la liste, cliquez sur Atteindre.

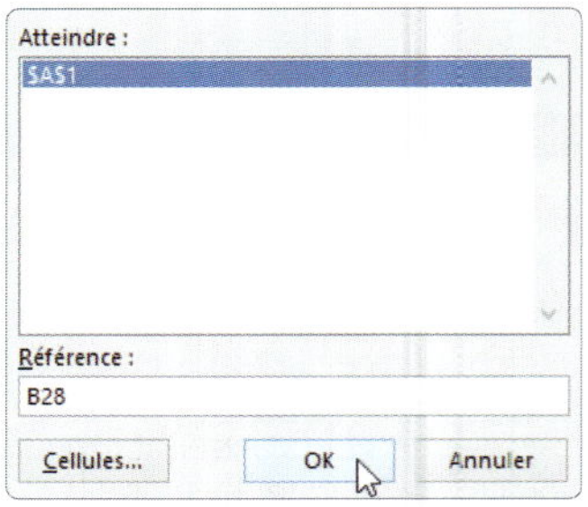

3 Dans la boîte de dialogue qui s'affiche, saisissez B28. La cellule B28 devient la cellule active et s'affiche à l'écran. Fermez le classeur sans l'enregistrer.

Racc. clavier	Effet
Tabulation	+ une cellule vers la droite.
Maj+Tab	+ une cellule vers la gauche.
Entrée	+ une cellule vers le bas.
Ctrl+Orig	Retour à la cellule A1 (l'origine) depuis n'importe quel point de la feuille de calcul.
Ctrl+Fin	Vers la dernière cellule possédant un quelconque contenu (si le classeur est vide, vous revenez à la cellule A1).
Orig	Vers le début de la ligne courante.
Pg.Suiv	+ un écran vers le bas.
Pg.Préc.	+ un écran vers le haut.
Alt+ Pg.Suiv	+ un écran vers la droite.
Alt+ Pg.Préc.	+ un écran vers la gauche.
Ctrl+ Pg.Suiv	Vers la feuille de calcul suivante du classeur.
Ctrl+ Pg.Préc.	Vers la feuille de calcul précédente du classeur.

4 Excel propose de nombreux raccourcis clavier qui facilitent le travail avec ce logiciel.

TP 7 Sélection de cellules

Un tableur est un formidable outil de manipulation de données. Qu'il s'agisse toutefois de référencer des cellules isolées ou des plages de cellules, que ce soit pour les besoins d'une formule, pour leur attribuer un format de cellule ou un style, il est nécessaire de maîtriser les outils et techniques permettant de sélectionner rapidement toutes les cellules nécessaires.

Prérequis : TP 1 à 6
Fichier employé : néant
Temps de réalisation : 5 minutes

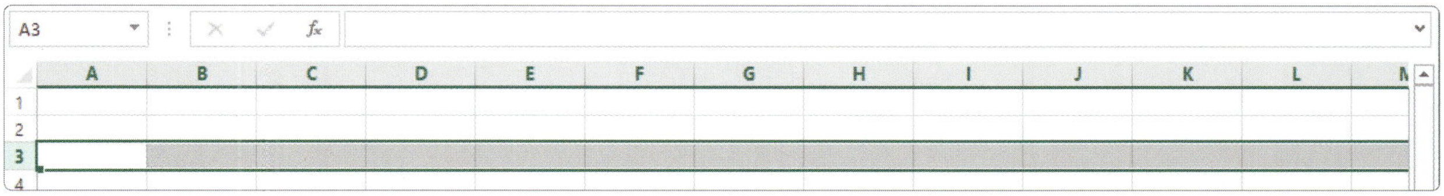

1 Ouvrez un classeur vierge. Cliquez sur le numéro 3 dans la barre de gauche (en-tête de ligne). Vous sélectionnez en totalité la ligne. Vous pouvez également cliquer sur une cellule puis appuyer simultanément sur Maj+Barre d'espace pour sélectionner la totalité de la ligne. De la même façon, pour sélectionner la totalité d'une colonne, cliquez sur sa lettre dans la barre d'en-tête ou cliquez sur une cellule de la colonne puis appuyez simultanément sur Ctrl+Barre d'espace.

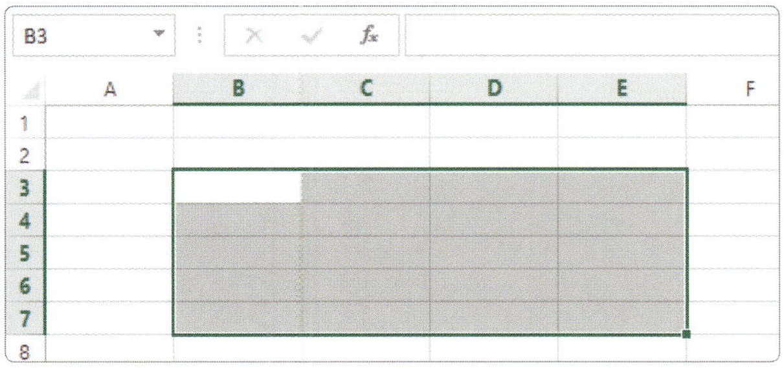

2 Cliquez sur la cellule B3, puis, en gardant le bouton gauche appuyé, déplacez le rectangle de sélection qui apparaît jusqu'à la cellule E7 : vous avez sélectionné une **plage de cellules** (appelée aussi bloc de cellules).

Remarquez que la zone d'adresse (en haut à gauche) indique le nombre de lignes et de colonnes présentes dans la sélection pendant celle-ci. La cellule de début s'affiche d'une couleur différente (en blanc). Elle appartient pourtant à la sélection au même titre que les autres cellules du cadre !

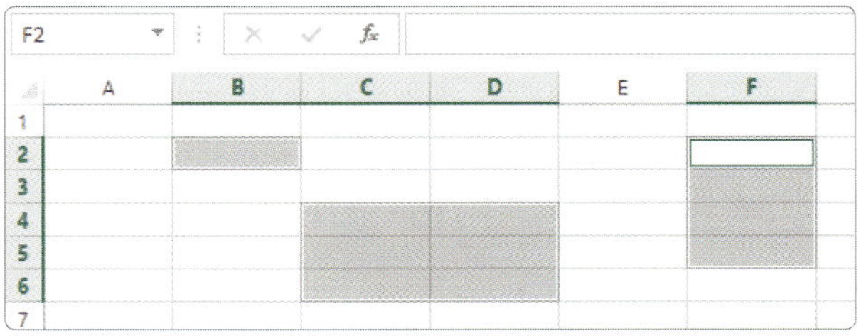

3 Il est possible dans une même sélection d'avoir des cellules disjointes (non contiguës), c'est-à-dire non collées les unes aux autres. Pour ce faire, sélectionnez les cellules ou les plages de cellules en maintenant enfoncée la touche Ctrl.

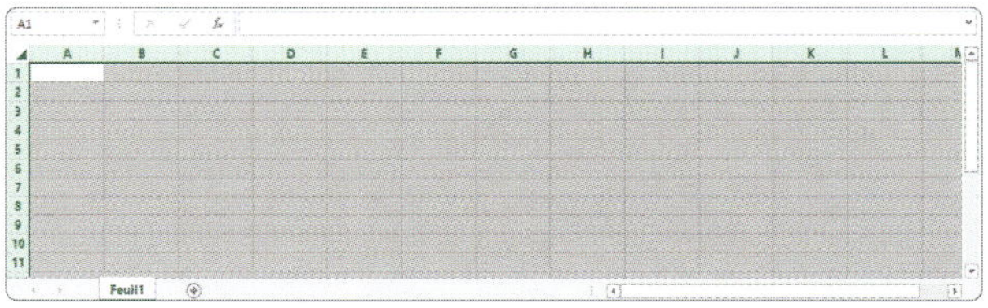

4 Cliquez enfin sur le carré vide présent en haut à gauche de la feuille de calcul : vous sélectionnez la totalité des cellules de la feuille de calcul.

Saisie et importation de données

L'intérêt d'une feuille de calcul vient des données qui s'y trouvent. Vous pouvez les saisir manuellement, recourir à des listes de données automatiques ou personnalisées, ou bien les importer depuis diverses sources, y compris des pages web.

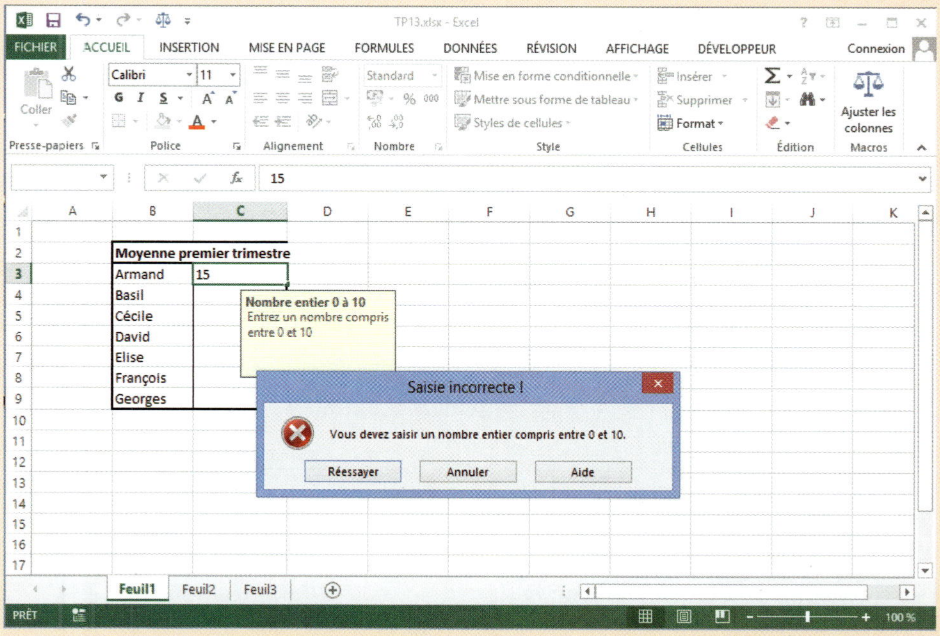

Il est important de comprendre les différents styles de données, de savoir jouer sur la hauteur des lignes et la largeur des colonnes. Excel permet en outre de valider automatiquement une saisie de données. Vous découvrirez tout cela dans les TP de cette partie.

TP 8

Saisie de données

Excel tente d'interpréter toute saisie effectuée dans une cellule. Par défaut (c'est-à-dire sans action contraire de votre part), les données reconnues comme des nombres sont alignées à droite dans la cellule, tandis que celles identifiées comme du texte sont automatiquement alignées à gauche.

Prérequis : TP 1 et 2
Fichier employé : néant
Temps de réalisation : 15 minutes

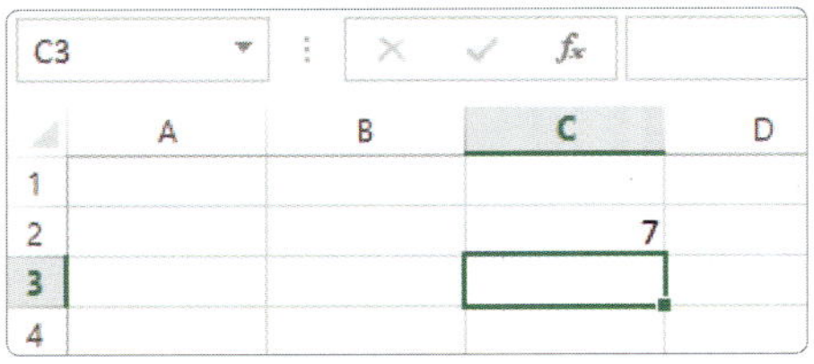

1 Ouvrez un classeur vierge, puis cliquez dans la feuille Feuil1 sur la cellule C2. Saisissez **7**, puis appuyez sur la touche ENTRÉE. Le nombre saisi apparaît dans la cellule et le curseur se déplace vers la cellule suivante (en dessous ou à droite selon le paramétrage retenu).

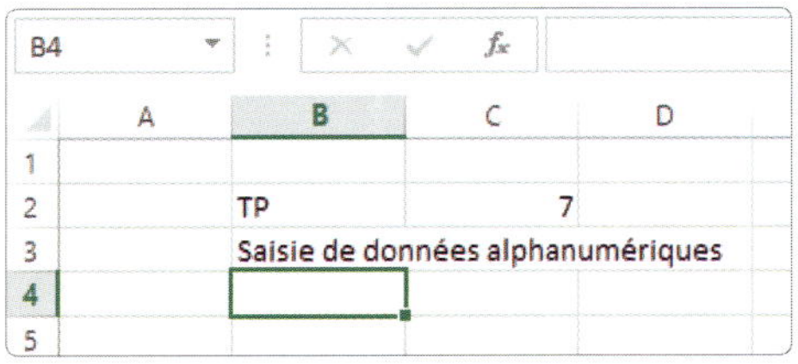

2 Cliquez sur la cellule B2. Saisissez **TP**, puis appuyez sur ENTRÉE. Cliquez sur la cellule B3, puis saisissez **Saisie de données alphanumériques**. Appuyez sur ENTRÉE.

Lorsque vous saisissez des lettres dans une cellule, Excel les interprète en tant que données alphanumériques : il n'est plus possible d'utiliser des outils mathématiques sur ces données.

Excel applique automatiquement certains effets à vos entrées alphanumériques :

- Le texte est automatiquement aligné à gauche. Les nombres considérés comme du texte à cause de l'inclusion de caractères non numériques (un numéro de téléphone renfermant des points ou des espaces) sont également traités de la sorte.
- Le texte ne passe pas à la ligne, sauf action spécifique de votre part. Si vous saisissez un texte qui excède la largeur d'une cellule, celui-ci semblera se déverser dans la cellule suivante. S'il y a déjà des données dans la cellule suivante, le texte sera tronqué. Cela signifie que l'excédent de texte ne sera pas affiché à moins que vous n'élargissiez la colonne (nous verrons cela plus tard). Le texte tronqué n'est pas supprimé, mais simplement masqué. Vous pouvez le vérifier en examinant la barre de formule.
- Par défaut, le texte est affiché dans une police prédéfinie (Calibri 11 par défaut). Ce paramètre est modifiable.

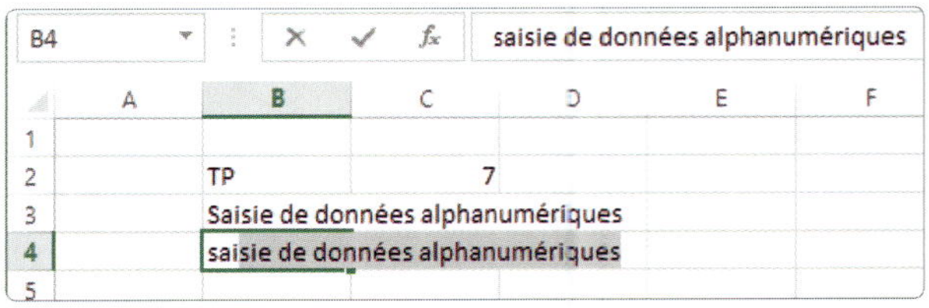

3 Cliquez sur la cellule B4, puis saisissez **sai**. Excel complète automatiquement l'entrée pour vous proposer Saisie de données alphanumériques : ce que vous aviez saisi dans la cellule supérieure.

Lorsque vous commencez à taper une entrée qui ressemble à une entrée présente ailleurs, Excel peut compléter automatiquement l'entrée à votre place.

En outre, si vous orthographiez mal un nom commun, Excel le corrigera à votre place : il contient des entrées Correction automatique qu'il partage avec les autres programmes de la suite Office. Elles corrigent les fautes classiques, les problèmes de casse, etc. Cette fonction de correction automatique peut toutefois être aussi utile que parfois exaspérante.

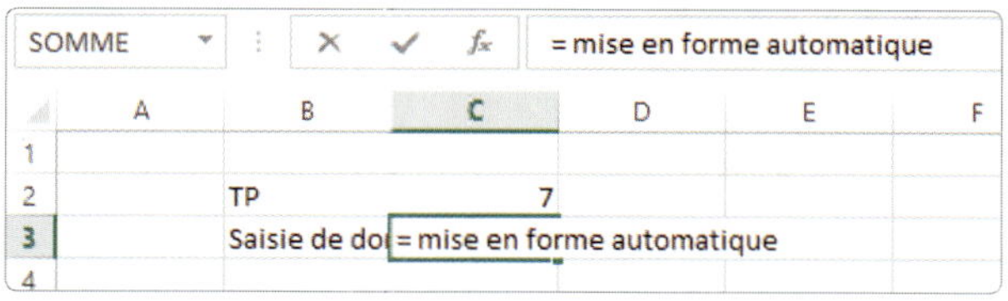

4 Supprimez l'entrée de la cellule B4 (cliquez sur la cellule et appuyez sur la touche SUPPR). Cliquez sur la cellule C3 et saisissez **= mise en forme automatique**, puis appuyez sur ENTRÉE.

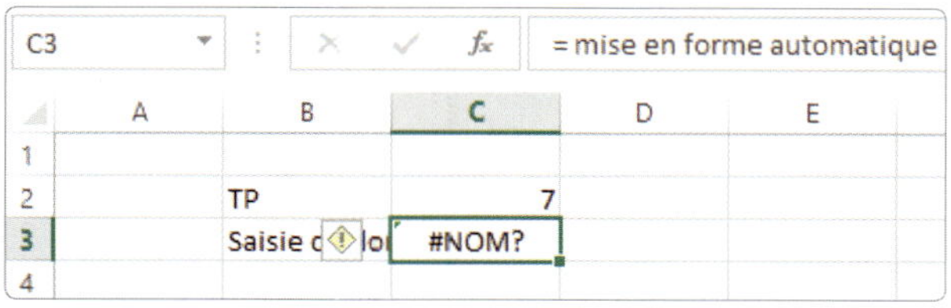

5 Excel affiche dans la cellule #NOM?, au lieu de ce que vous venez de saisir, et affiche à côté une petite icône de point d'exclamation. La présence du signe = lui a fait interpréter cette entrée comme numérique.

Remarquez en outre que, comme nous l'avons signalé après l'étape 2, le texte de la cellule B3 apparaît tronqué.

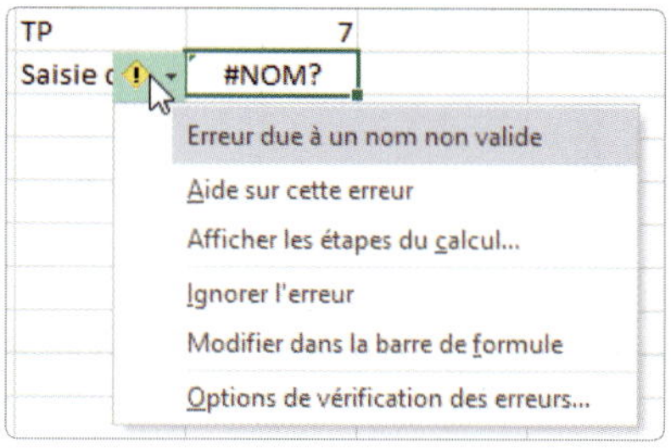

6 Cliquez sur l'icône : une boîte vous signale qu'il s'agit d'une erreur due à un nom non valide. Cliquez sur Corriger dans la barre de formule et ajoutez un espace avant le signe =. Appuyez sur ENTRÉE.

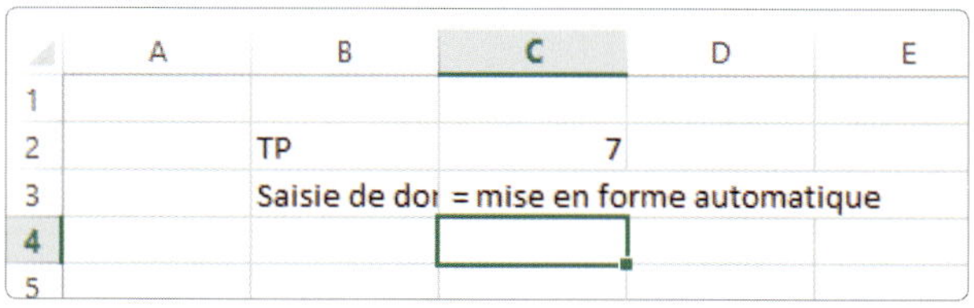

7 Excel affiche cette fois correctement la phrase saisie.

Pour entrer un nombre (ou d'ailleurs certains symboles mathématiques, comme le signe =) sans qu'il ne soit reconnu comme nombre, débutez simplement votre saisie par un espace, qui sera automatiquement supprimé dès l'appui sur la touche ENTRÉE.

Enregistrez le classeur sous le nom **TP8.xlsx** et fermez-le.

TP 9

Listes de données

Il est fréquent de devoir saisir une liste de termes répétitifs, qu'il s'agisse d'en-têtes de lignes ou de colonnes ou de données. Excel propose des listes déjà prédéfinies. Ces listes permettent de saisir une information dans une cellule, puis de la faire glisser de manière à créer une liste consécutive d'informations.

Prérequis : TP 7
Fichier employé : néant
Temps de réalisation : 5 minutes

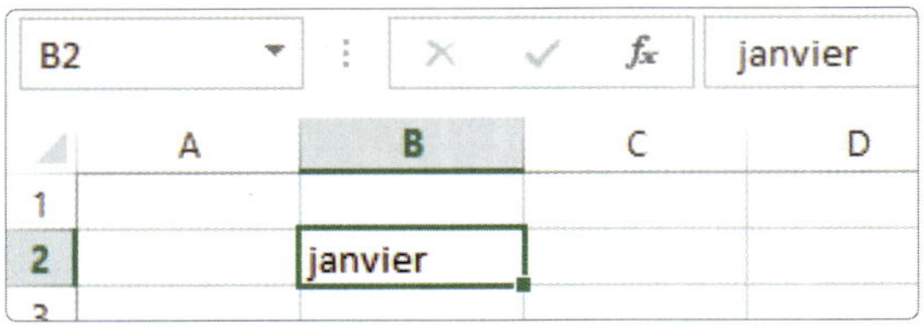

1 Ouvrez un classeur vierge. Cliquez sur la cellule B2, puis saisissez le texte **janvier**.

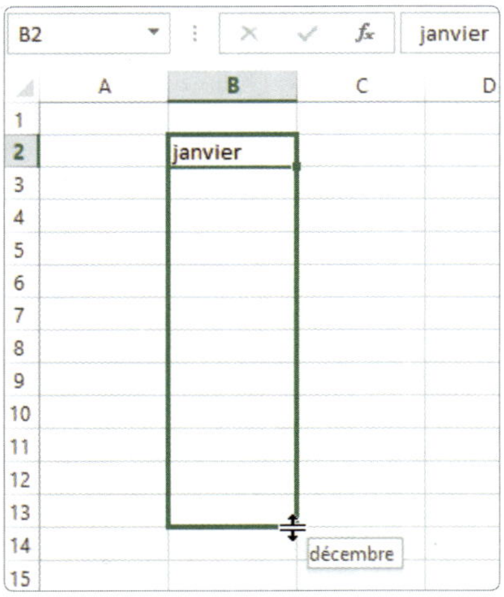

2 Sélectionnez la cellule, puis placez le pointeur de la souris sur le coin inférieur droit du bord de celle-ci. Il se transforme en signe + gras. Cliquez puis faites glisser le pointeur sans relâcher le bouton de la souris vers le bas jusqu'à la cellule B13. Remarquez qu'un encadré affiche le terme de la liste, selon la ligne sur laquelle se trouve le pointeur de la souris. Lorsque vous relâchez le bouton, les cellules mises en évidence affichent les noms des mois. Vous aurez tout aussi bien pu créer cette liste horizontalement vers la droite.

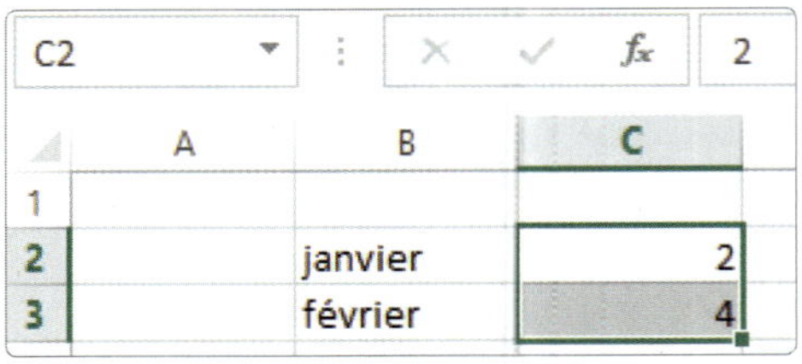

3 Cela fonctionne de la même façon avec une suite numérique. Saisissez **2** dans la cellule C2, puis **4** dans la cellule C3. Sélectionnez ensemble les deux cellules C2 et C3 : cliquez sur la cellule C2, appuyez sur la touche Maj et laissez-la enfoncée puis cliquez sur C3 : les deux cellules sont sélectionnées.

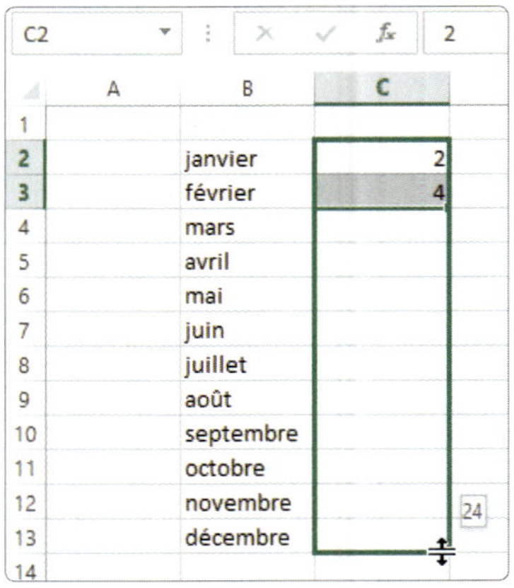

4 Cliquez sur le coin inférieur droit du bord de la sélection, puis faites glisser vers le bas jusqu'à la cellule C13. Lorsque vous relâchez le bouton, les cellules mises en évidence affichent la suite de la séquence numérique : ici, un incrément successif de 2. Enregistrez le classeur sous le nom **TP9.xslx**. Si vous poursuivez immédiatement avec le TP suivant, ne le fermez pas.

TP 10 Liste personnalisée

Vous pouvez créer une liste soit à partir d'éléments déjà présents dans une feuille de calcul, soit la créer intégralement. Une liste personnalisée peut contenir du texte, des chiffres ou les deux.

Prérequis : TP 8 et 9.
Fichier employé : TP9 ou TP10_début.xlsx
Temps de réalisation : 15 minutes

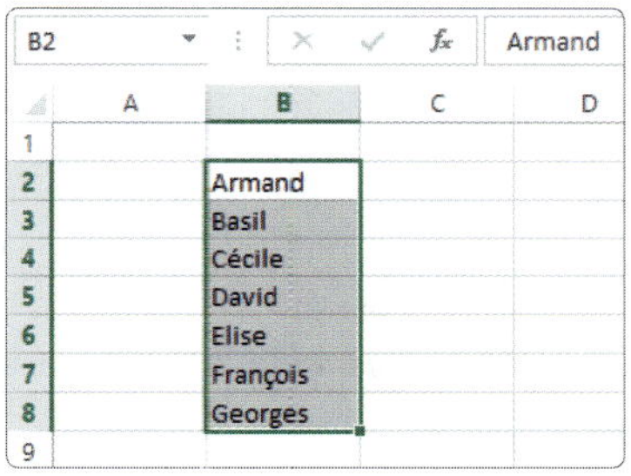

1 Ouvrez le classeur TP9.xlsx ou TP10_début.xlsx et enregistrez-le sous le nom TP10.xlsx. Placez-vous dans la feuille Feuil2 et saisissez dans la plage B2 à B8 la suite de prénoms suivante (un par ligne, sans les virgules) : **Armand**, **Basil**, **Cécile**, **David**, **Elise**, **François**, **Georges**. Sélectionnez ensuite la plage B2 à B8 : cliquez sur la cellule B2, appuyez sur la touche MAJ et cliquez sur la cellule B8.

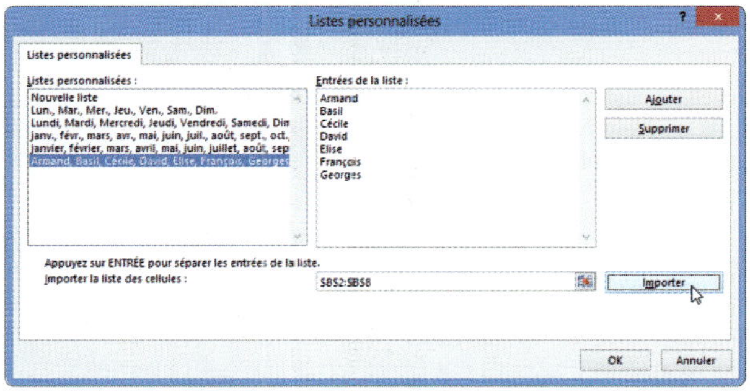

2 Cliquez sur Fichier, puis choisissez Options. Dans la fenêtre qui s'affiche, cliquez à gauche sur Options avancées, puis faites défiler la fenêtre jusqu'en bas pour cliquer sous Général sur Modifier les listes personnalisées. L'entrée Nouvelle liste devrait être sélectionnée. Pour utiliser comme nouvelle liste la plage sélectionnée, cliquez sur le bouton Importer : la liste des prénoms s'affiche à droite dans la zone Entrées de la liste, ainsi que comme nouvelle liste personnalisée dans le volet de gauche.

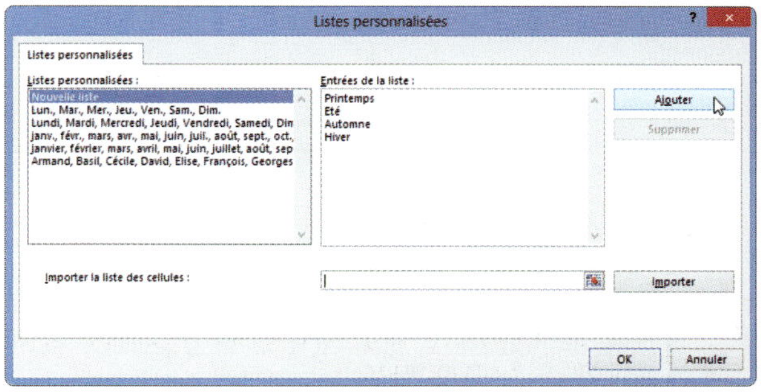

3 Cliquez sur l'entrée Nouvelle liste, puis saisissez dans la zone Entrées de la liste les éléments suivants, sans les virgules, en appuyant sur ENTRÉE après chaque élément : **Printemps**, **Été**, **Automne**, **Hiver**. Lorsque la liste est complète, cliquez sur Ajouter. Cliquez deux fois sur OK.

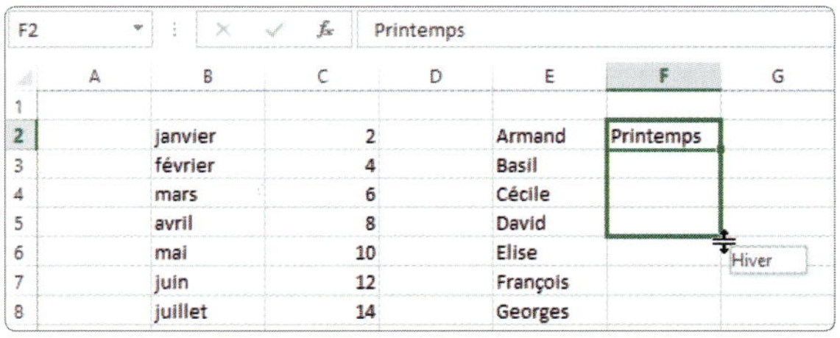

4 Cliquez sur l'onglet Feuil1. Cliquez sur la cellule E2. Saisissez **Armand**. Placez le pointeur de la souris sur le coin inférieur droit du bord de la cellule, puis faites glisser le pointeur sans relâcher le bouton de la souris vers le bas jusqu'à la cellule E8 : la liste des prénoms apparaît. De même, cliquez sur la cellule F2, saisissez **Printemps** puis cliquez sur le coin inférieur droit et faites glisser le pointeur sans relâcher le bouton de la souris vers le bas jusqu'à la cellule F5 : les quatre saisons apparaissent.

Enregistrez puis fermez le classeur TP10.xlsx.

TP 11

Styles de données

Qu'une cellule contienne une valeur littérale saisie par vous-même ou le résultat d'une formule, vous affectez un style à ces données en définissant ce que l'on appelle le format de la cellule : cela conditionne la manière dont la valeur va être représentée par Excel. Soyez bien conscient qu'il ne s'agit que d'une représentation des données du contenu réel de la cellule. Seule la barre de formule affiche exactement le contenu d'une cellule.

Prérequis : TP 8
Fichier employé : néant.
Temps de réalisation : 15 minutes

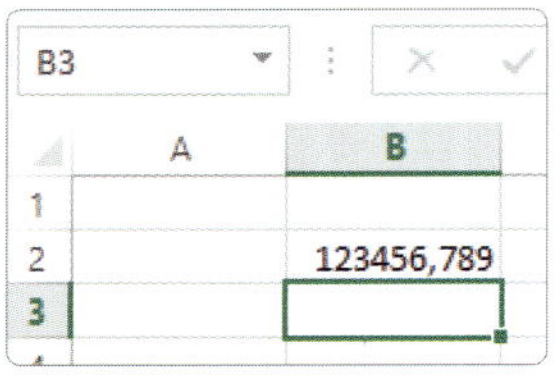

1 Dans un nouveau classeur, sélectionnez la cellule B2 et saisissez le nombre **123456,789** (avec la virgule) puis appuyez sur ENTRÉE.

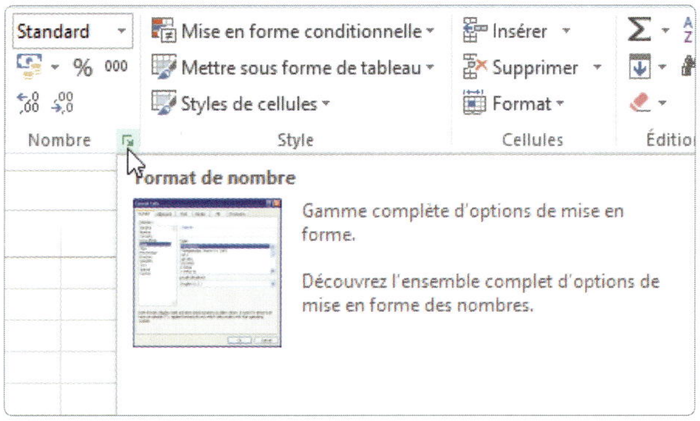

2 Sélectionnez à nouveau la cellule B2, puis cliquez dans le groupe Nombres de l'onglet Accueil sur le bouton du coin inférieur gauche, nommé Format de cellule : nombre. Excel affiche une boîte de dialogue proposant une série de formats classés par catégorie : Nombre, Pourcentage, Monétaire, Date, Heure, Scientifique, Fraction, Texte, etc. Lorsque vous choisissez un format dans le volet de gauche, un aperçu vous est fourni dans le volet de droite. Celui-ci propose également les options applicables à ce format. Explorez les différentes possibilités. Pour choisir un style (ou format), vous pouvez également recourir à la liste déroulante située en haut du groupe Nombre ou cliquer directement sur un des boutons de style proposés.

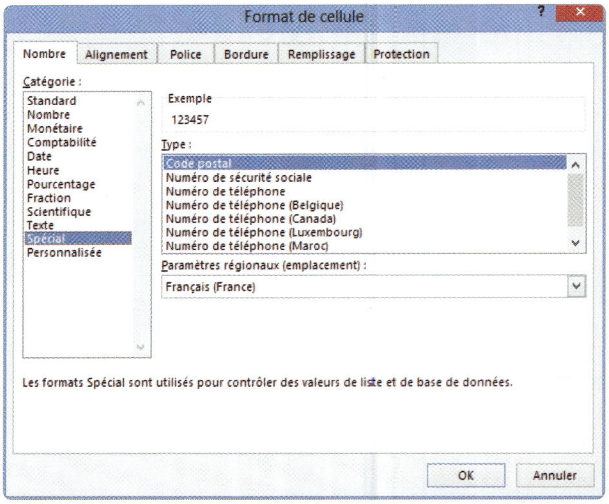

3 Le format Spécial propose des formats prédéfinis pour les codes postaux, les numéros de téléphone de différents pays, les numéros de Sécurité Sociale, etc. Bien que très ciblés, ils n'en sont pas moins utiles.

4 Il est possible de créer des formats personnalisés. Cliquez dans la liste de gauche sur Personnalisé. La création d'un style personnalisé peut être complexe, mélanger nombres et textes et afficher plusieurs couleurs. Le mieux est de vous livrer à vos propres expériences à partir des formats personnalisés proposés par Excel. Voici quelques exemples :

Valeur dans la cellule	Affichage souhaité	Utilisez ce code
1234,59	1234,6	####,#
8,9	8,900	#,000
.631	0,6	0,#
1234,568	1234,57	#,0#
44,398, 102,65 et 2,8	en alignant les décimales	? ??, ?? ?
5,3	5 3/10	# ?? ?/ ?? ?
12000	12 000	# ##0

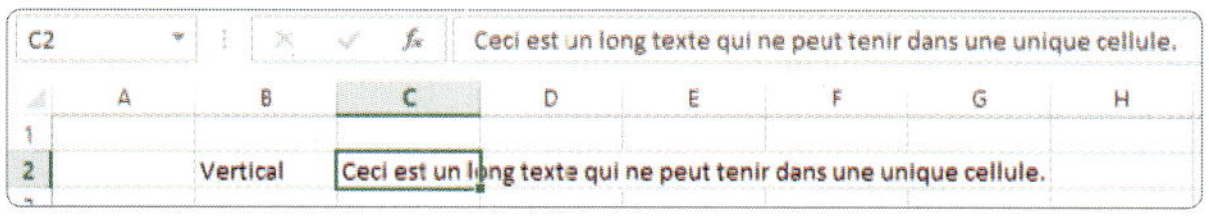

5 Il est également possible de modifier le style d'un texte. Ajoutez une feuille Feuil2. Dans la cellule B2, saisissez **Vertical**. Dans la cellule C2, saisissez **Ceci est un texte long qui ne peut pas tenir dans une unique cellule**.

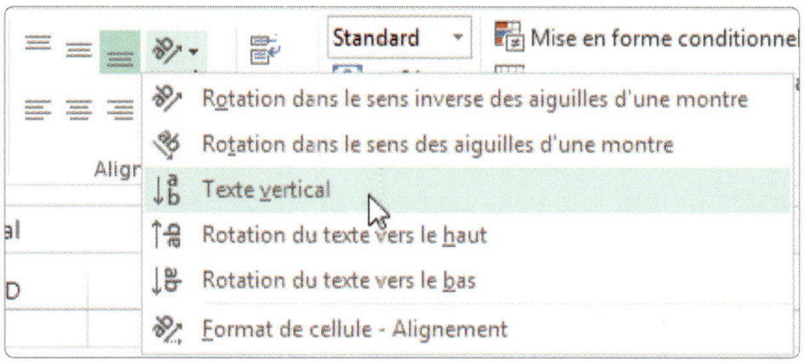

6 Sélectionnez la cellule B2, puis cliquez dans le groupe Alignement de l'onglet Accueil sur le bouton Orientation. Choisissez dans la liste Texte vertical.

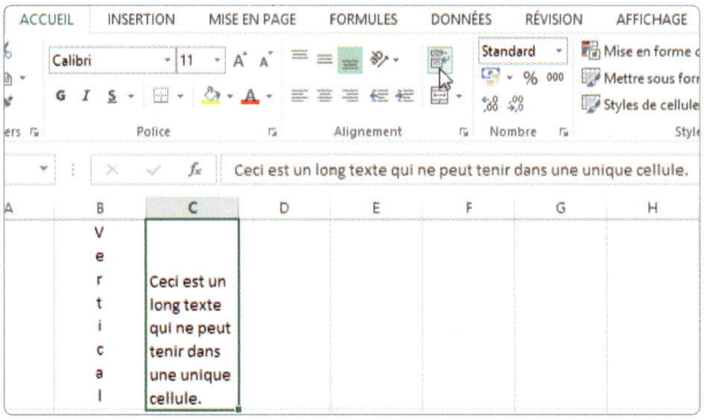

7 Le mot Vertical se place verticalement dans la cellule B2. La ligne 2 s'est automatiquement agrandie.
Sélectionnez la cellule C2, puis cliquez sur le troisième bouton du groupe Alignement de l'onglet Accueil, nommé Renvoyer à la ligne automatiquement. Le texte automatiquement renvoyé à la ligne, la colonne C s'élargissant pour accepter au mieux le texte.

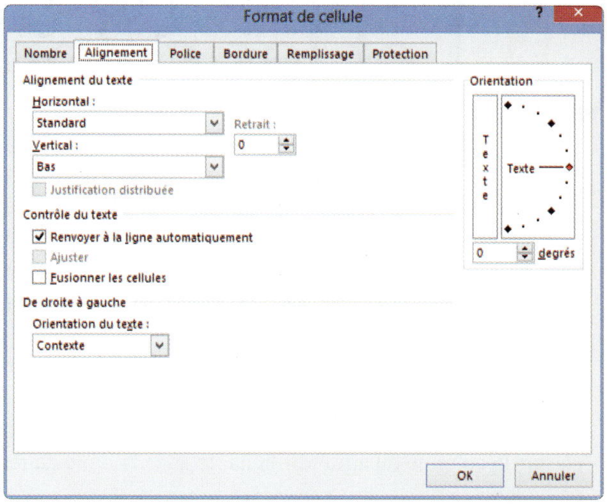

8 La cellule C2 étant toujours sélectionnée, cliquez sur le petit bouton à droite en bas du groupe Alignement : cela ouvre la boîte de dialogue Format de cellule sur l'onglet Alignement. Cette boîte de dialogue permet de gérer plus finement la mise en forme de la cellule.

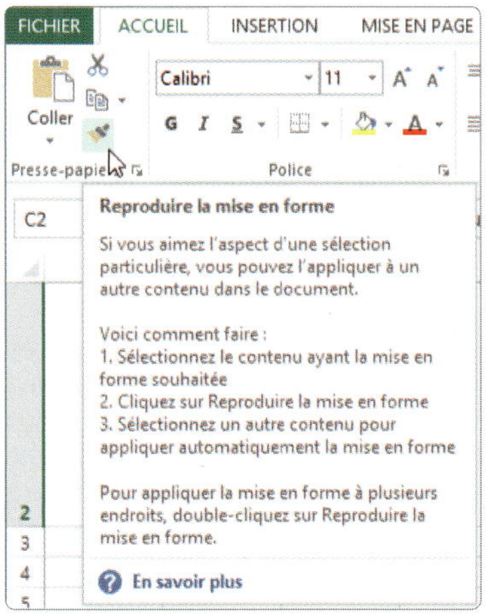

9 Vous pouvez affecter simultanément un même style à plusieurs cellules, contiguës ou non. Pour ce faire, il suffit de sélectionner la zone concernée, puis d'appliquer le format retenu. Vous pouvez également copier une mise en forme d'une cellule dans une autre à l'aide de l'outil Reproduire la mise en forme, situé dans le groupe Presse-Papiers de l'onglet Accueil.

Enregistrez le classeur sous le nom **TP11.xlsx**, puis fermez-le.

TP 12 Travail sur les lignes et les colonnes

Avec Excel, les cellules d'une nouvelle feuille de calcul utilisent par défaut le format Standard. Excel ajuste automatiquement la largeur de colonne afin d'afficher les nombres saisis. À l'exception des formats de dates et de certains formats personnalisés, si vous appliquez un format numérique donné à une cellule, Excel élargit automatiquement la cellule (et sa colonne) pour s'adapter au format sélectionné, arrondissant si nécessaire les décimales. Si la largeur de la cellule ne permet pas d'afficher un nombre selon le format retenu, elle affiche des signes dièse (###) : c'est le cas de la valeur monétaire et de la date longue dans la copie d'écran ci-après. Pour voir la valeur contenue dans la cellule, vous devez élargir la colonne. De même, si une cellule contient un texte trop long, tronqué par la présence d'une valeur dans la cellule suivante, comme dans le cas d'un des intitulés de colonne ou de la cellule, vous devrez élargir la colonne ou agrandir la hauteur de la ligne en renvoyant le texte à la ligne, comme vous l'avez fait dans le TP précédent.

Prérequis : TP 8 et 11
Fichier employé : TP12_début.xlsx
Temps de réalisation : 5 minutes

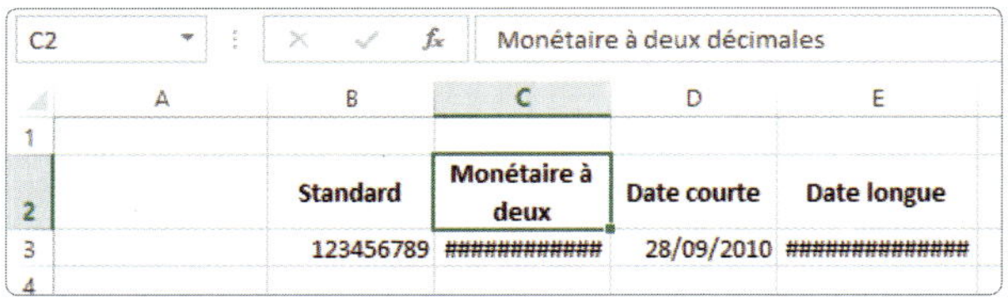

1 Ouvrez le fichier TP12_début, et enregistrez-le sous le nom **TP12.xlsx**. Examinez la feuille Feuil1 : vous voyez les signes dièse affichés dans les colonnes D et E, ainsi que le texte tronqué de la cellule C2. Il est facile de remédier à ce dernier problème : cliquez sur la cellule C2, puis cliquez sur le troisième bouton du groupe Alignement de l'onglet Accueil, nommé Renvoyer à la ligne automatiquement. Le texte est automatiquement renvoyé à la ligne, la colonne C s'élargissant et la ligne 2 augmentant sa hauteur mais pas assez pour afficher tout le texte.

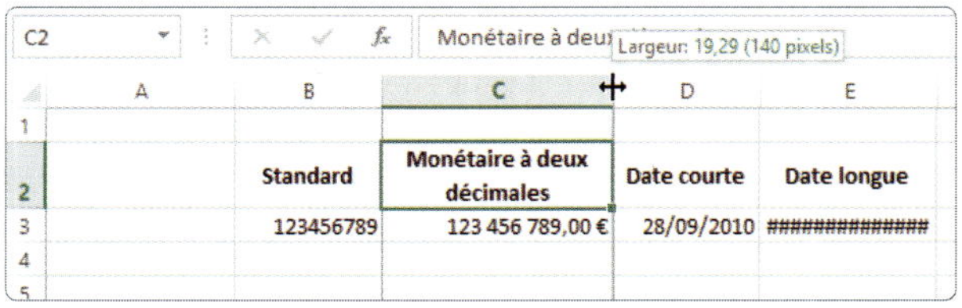

2 Placez le curseur de la souris dans les lettres d'en-têtes de colonne, sur la ligne qui sépare les colonnes C et D. Le pointeur se transforme d'une flèche en une ligne verticale traversée d'une flèche bicéphale horizontale. Cliquez et glissez-déposez la ligne de séparation vers la droite, puis relâchez le bouton de la souris. Si la valeur n'apparaît pas, recommencez. Remarquez que vous pouvez faire de même vers la gauche pour réduire la largeur d'une colonne.

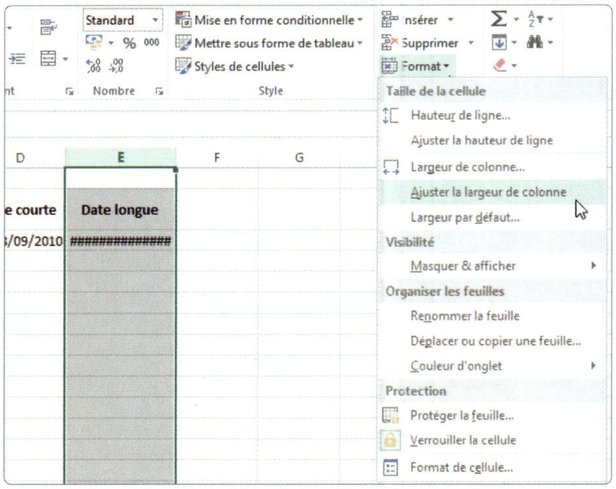

3 Cliquez dans l'en-tête de colonne sur la lettre E pour sélectionner la colonne, puis choisissez dans le groupe Cellule de l'onglet Accueil l'option Format.

Vous pouvez alors choisir Largeur de colonne et entrer une largeur explicite, ou choisir Ajuster la largeur de colonne de façon à ce que la largeur de la colonne s'adapte à la meilleure valeur possible.

Bien sûr, vous pouvez employer cette dernière solution sur une sélection multiple de colonnes pour les élargir simultanément.

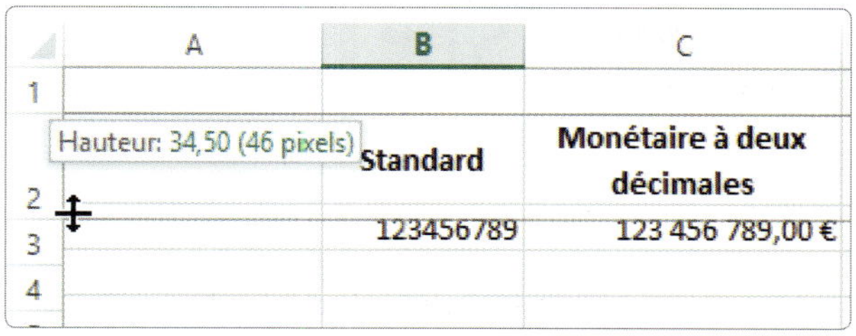

4 Pour modifier la hauteur d'une ligne, placez le curseur de la souris dans la colonne des numéros de ligne, sur la ligne qui sépare deux lignes. Le pointeur se transforme d'une flèche en un trait horizontal barré d'une flèche bicéphale verticale. Cliquez et glissez la ligne de séparation vers le haut ou vers le bas, puis relâchez le bouton de la souris lorsque la hauteur semble correcte. Vous pouvez faire de même vers le haut pour réduire si nécessaire la hauteur d'une ligne.

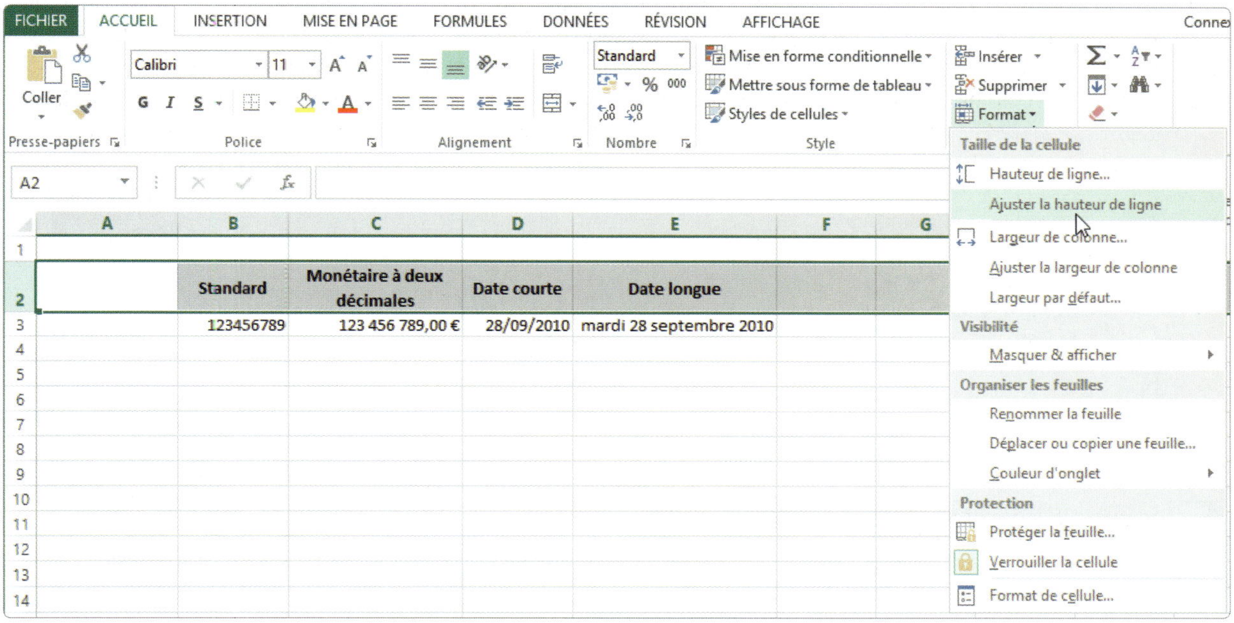

5 Comme pour modifier la largeur des colonnes, il existe une autre solution. Cliquez dans l'en-tête de ligne sur 2 pour sélectionner la ligne, puis choisissez dans le groupe Cellule de l'onglet Accueil l'option Format.

Choisissez Hauteur de ligne et entrez une largeur explicite, ou choisissez Ajuster la hauteur de ligne de façon à ce que la hauteur de la ligne s'adapte à la meilleure valeur possible.

Vous pouvez employer cette dernière solution sur une sélection multiple de lignes pour ajuster simultanément leur hauteur.

Enregistrez et fermez le fichier TP12.xlsx.

TP 13 Validation de la saisie

Excel dispose d'un outil de validation de la saisie peu connu et trop rarement employé. Il permet pourtant de placer des contraintes (éventuellement allant jusqu'à l'interdiction de toute saisie) sur des cellules « stratégiques » de votre feuille, en affichant le cas échéant un message d'alerte, fondé sur des conditions ou le résultat de formules.

Prérequis : TP 8 et 11
Fichier employé : TP13_début.xlsx
Temps de réalisation : 10 minutes

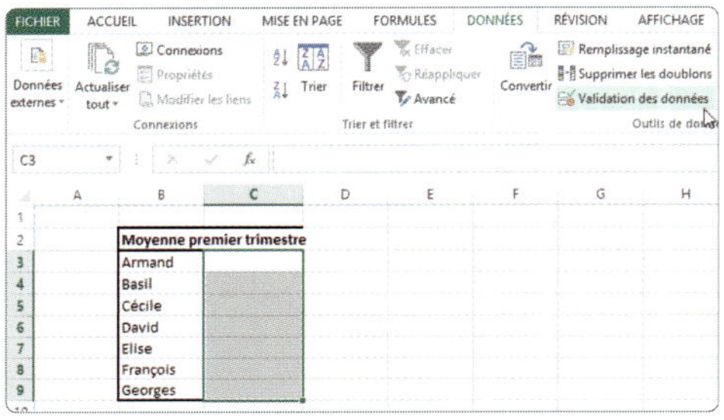

1 Ouvrez le classeur TP13_début, puis enregistrez-le sous le nom **TP13.xlsx**.

Sélectionnez sur la feuille Feuil1 la plage C3-C9. Cliquez sur l'onglet Données. Cliquez dans le groupe Outils de données sur la commande Validation des données.

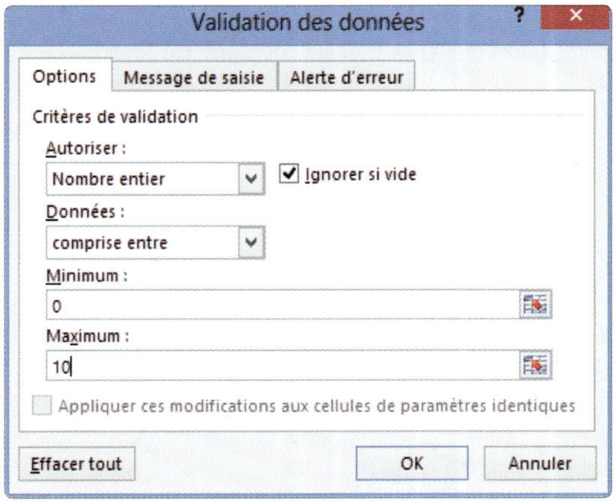

2 Nous voulons limiter ici la saisie dans la plage C3-C9 à un nombre entier compris entre 2 valeurs, 0 et 10. Renseignez l'onglet Options de la boîte de dialogue d'après la copie d'écran précédente.

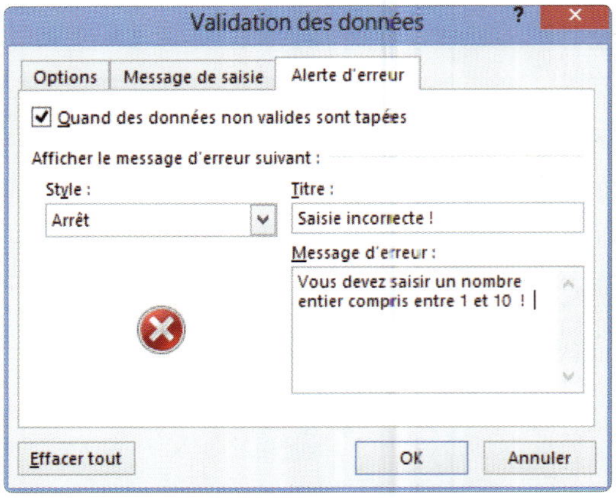

3 Renseignez l'onglet Alerte d'erreur comme dans la copie d'écran précédente. Dans l'onglet Message de saisie, saisissez comme titre **Nombre entier 1-10** et comme message de saisie **Saisir un nombre entier compris entre 0 et 10**.

Ce message s'affichera dès que vous sélectionnez une cellule de la plage.

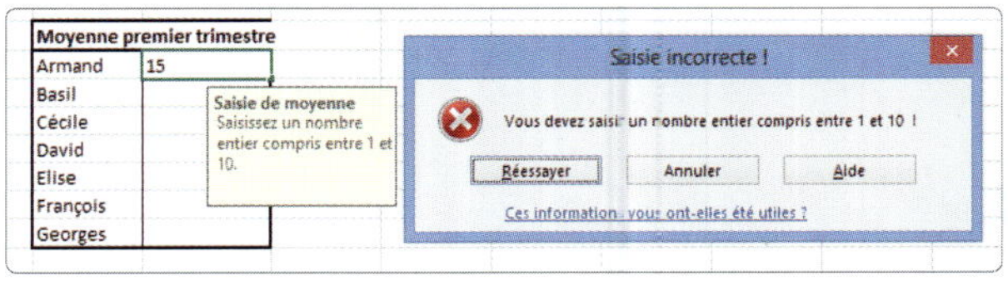

4 Validez en cliquant sur OK. Sélectionnez une des cellules de la plage (par exemple, C3) : une info-bulle signale que la cellule n'accepte que des nombres entiers compris entre 1 et 10. Saisissez 15, puis appuyez sur Entrée : la saisie non conforme est refusée et un message d'erreur est affiché.

Enregistrez puis fermez le classeur TP13.xlsx.

TP 14

Importation de données

Il n'est pas toujours nécessaire de devoir ressaisir tout un ensemble de données : celles-ci peuvent déjà être présentes dans un autre fichier, qui n'est toutefois pas au format Excel. Excel reconnaît sans problème des fichiers Office, en particulier des fichiers Access, mais également des fichiers créés dans d'autres programmes.

Prérequis : néant
Fichier employé : livres.txt
Temps de réalisation : 5 minutes

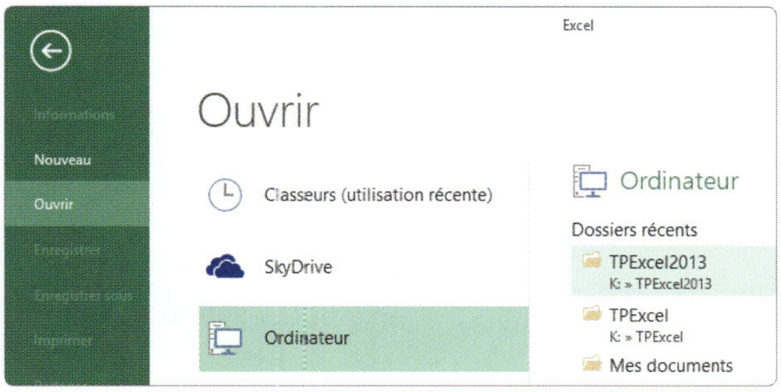

1 Cliquez sur l'onglet Fichier et choisissez Ouvrir. Cliquez sur Ordinateur, puis naviguez jusqu'au dossier des fichiers d'exercices.

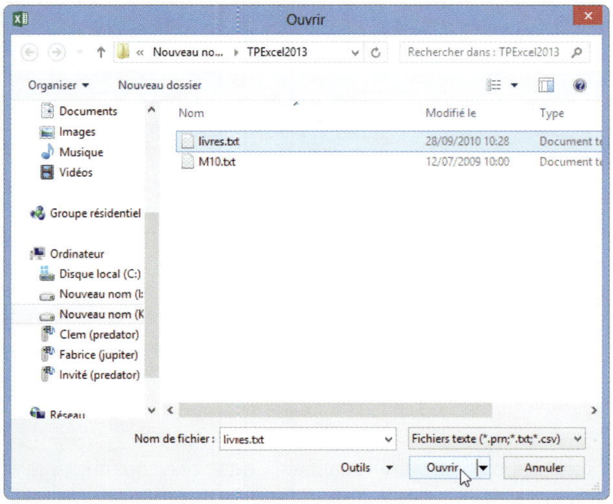

2 Sur la ligne Nom du fichier, choisissez dans la liste de droite Fichiers texte, puis cliquez dans le dossier des fichiers d'exercices sur **livres.txt**. Cliquez sur Ouvrir.

Les fichiers texte sont le plus petit dénominateur commun des fichiers de données, car ils peuvent être gérés par quasiment n'importe quel logiciel sur n'importe quelle plate-forme. Les données des gros ordinateurs, par exemple, sont souvent distribuées au format texte.

Lors de l'importation de fichiers tiers, l'importation des formules et d'éventuelles macros peut ne pas être parfaite, voire ne pas être prise en charge. Cela fonctionne parfaitement pour des données, moins bien pour d'autres éléments, y compris parfois la mise en forme.

Selon les cas, Excel permet l'importation directe avec la commande standard Fichier > Ouvrir ou lance l'assistant Texte. Il procède ensuite par étapes. Il va l'importer en fonction des instructions que vous donnez et diviser les données en lignes et en colonnes sur une feuille de calcul.

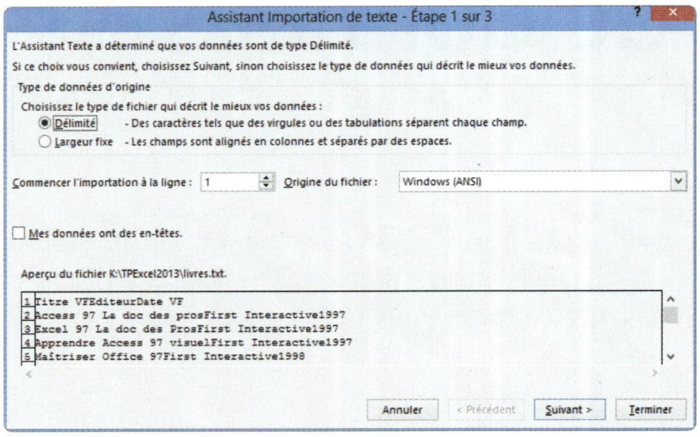

3

Dans le premier écran de l'assistant Texte, vous spécifiez si le fichier de texte est délimité ou à largeur fixe. Délimité signifie que les données du fichier sont séparées par un caractère spécial, souvent un point-virgule ou une tabulation. Les fichiers à largeur fixe n'ont pas de séparateurs, mais seulement des espaces qui font en sorte que chaque champ commence toujours au même numéro de colonne. L'assistant montre généralement un aperçu du fichier, ce qui permet de déterminer le meilleur choix. Ici l'assistant a correctement déterminé que le fichier était de type Délimité. Vous spécifiez également dans cet écran si l'importation doit débuter à la première ligne. Cliquez sur Suivant.

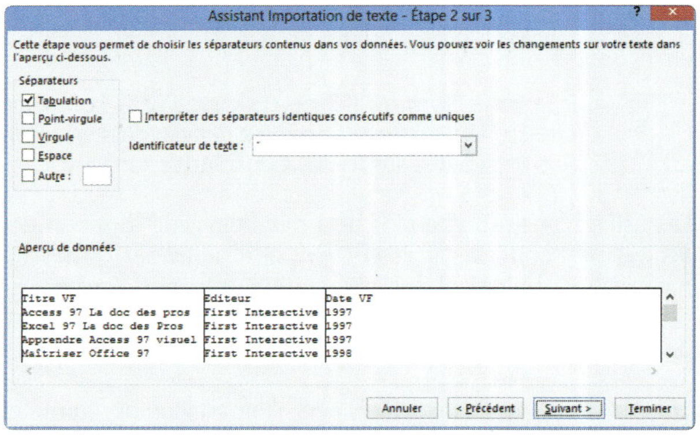

4

Comme vous avez choisi Délimité, vous devez spécifier le caractère de délimitation (séparateur). L'aperçu permet de répondre à cette question. Les tabulations ressemblent souvent à de petites boîtes. Si vous en voyez régulièrement alignées entre les champs de chaque ligne de texte, c'est que le contenu du fichier est délimité avec des tabulations. Si le caractère de délimitation ne figure pas parmi les choix proposés, saisissez-le dans la boîte Autre. Vous verrez la boîte Aperçu de données se mettre aussitôt et automatiquement à jour.

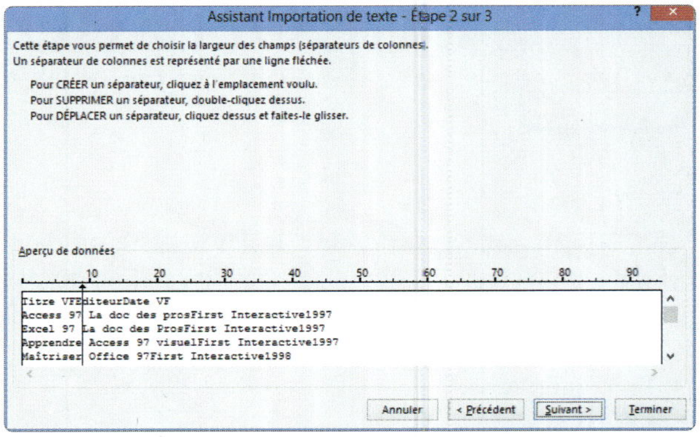

5

Si vous aviez choisi Largeur fixe, vous devez indiquer où commence chaque colonne. L'assistant d'importation de texte peut en effet avoir reçu une limite de colonne erronée ou en avoir manqué quelques-unes.

Vous pouvez ajouter, supprimer ou déplacer les limites de colonnes en cliquant dessus et en les tirant dans la fenêtre Aperçu de données. Le fichier livres.txt est de type délimité : il est impossible de correctement définir des largeurs fixes.

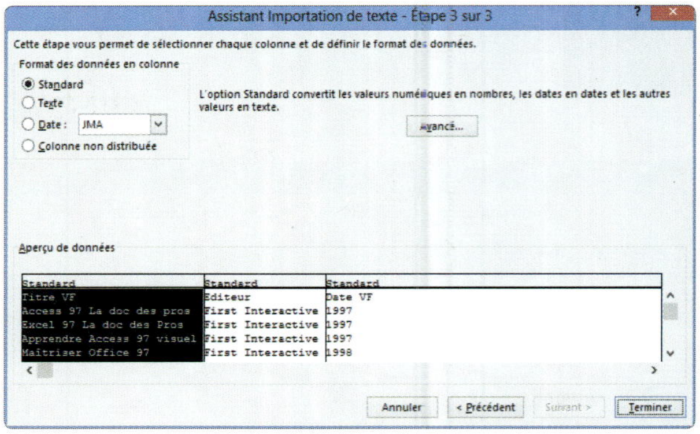

6

Vérifiez ou confirmez le type de données de chaque colonne : standard, texte, date, nombre, etc. Les types identifiés par défaut sont généralement parfaits, sauf situations spécifiques. Il ne vous reste plus qu'à cliquer sur Terminer pour achever l'importation.

Excel propose en outre l'Assistant Conversion, qui applique la puissance de l'Assistant Importation de texte à des données présentes dans votre feuille de calcul. Il est utile quand vous collez des données manuellement à partir d'un fichier texte, par exemple, ou si vous récupérez des champs de texte longs dans une base de données, que vous préférez répartir dans des colonnes séparées. Nous avons ici importé le fichier livres.txt délimité comme un fichier à largeur fixe d'une seule colonne.

7 Sélectionnez les cellules concernées (si une colonne ne comporte pas d'autres données que celles à répartir, sélectionnez-la intégralement), puis choisissez Convertir dans l'onglet Données, pour lancer l'assistant.

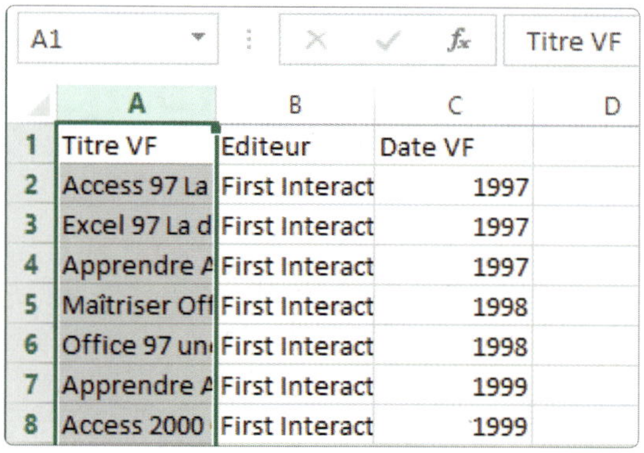

8 Toute la suite est exactement identique à l'emploi traditionnel de l'Assistant Importation de texte et aboutit au même résultat.

Enregistrez le classeur sous le nom **TP14.xlsx**, puis fermez-le.

TP 15

Importation de données depuis le Web

Il est souvent possible d'accéder à des données contenues dans une page web. Excel est doté depuis la version Office 2000 d'une fonction *Nouvelle requête sur le Web*, capable d'atteindre une page web, d'en lire le contenu et de transférer les informations dans Excel. Si vous consultez fréquemment certaines pages web, c'est le meilleur moyen pour pouvoir manipuler ces informations avec Excel !

Cet exercice nécessite que vous disposiez d'une connexion Internet active et d'un navigateur installé sur votre ordinateur.

Prérequis : néant
Fichier employé : néant
Temps de réalisation : 5 minutes

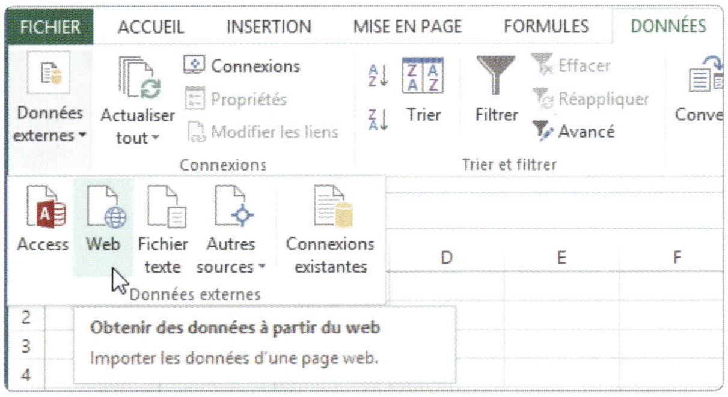

1 Dans un classeur vierge, créez une nouvelle requête web en sélectionnant dans l'onglet Données l'option Données externes > À partir du site Web.

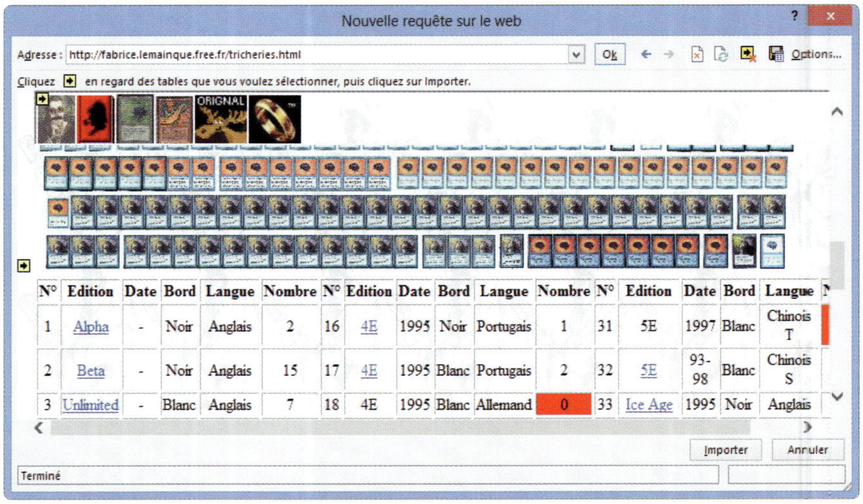

2 Internet Explorer s'ouvre sur votre page d'accueil, dans une boîte de dialogue Nouvelle requête sur le Web. Entrez l'adresse Web (URL) de la page à analyser, ici **http://fabrice.lemainque.free.fr/tricheries.html**. Si vous ne connaissez pas précisément l'adresse, recherchez-la avec votre navigateur web.

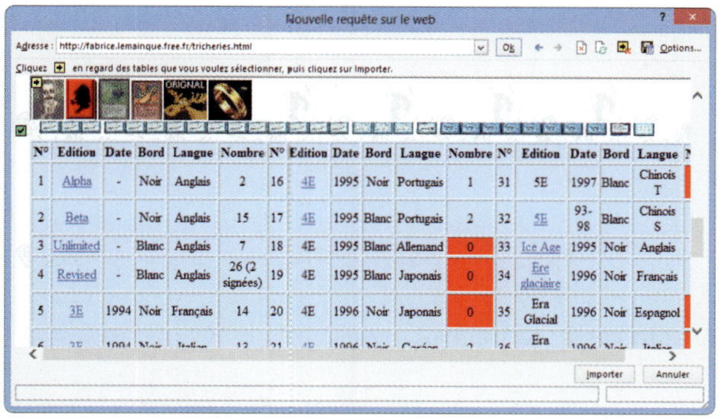

3 Décidez si Excel doit récupérer toute la page ou uniquement une ou plusieurs tables (tableaux) en cliquant sur les petites icônes affichées en jaune. Le tableau sélectionné apparaît encadré d'une bordure. Une fois un tableau sélectionné, il apparaît ombré, tandis que son icône devient verte. Vous pouvez sélectionner d'autres tableaux ou en désélectionner à votre guise.

En cliquant sur Options, vous pouvez aussi choisir d'importer les données comme texte mis en forme ou brut, ainsi que sélectionner d'autres options. Choisissez Importer lorsque vous êtes prêt à commencer l'importation.

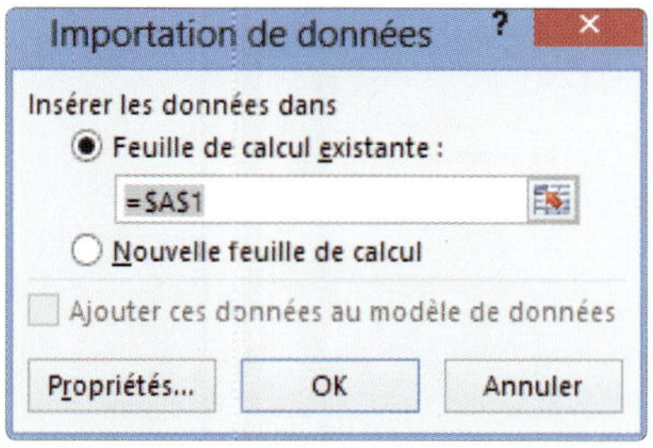

4 Il vous est demandé de confirmer l'emplacement d'importation des données : vous pouvez choisir une cellule précise d'une feuille précise.

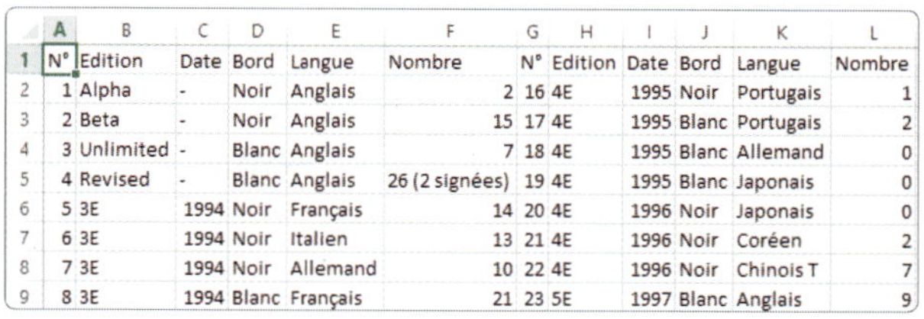

	A	B	C	D	E	F	G	H	I	J	K	L
1	N°	Edition	Date	Bord	Langue	Nombre	N°	Edition	Date	Bord	Langue	Nombre
2	1	Alpha	-	Noir	Anglais	2	16	4E	1995	Noir	Portugais	1
3	2	Beta	-	Noir	Anglais	15	17	4E	1995	Blanc	Portugais	2
4	3	Unlimited	-	Blanc	Anglais	7	18	4E	1995	Blanc	Allemand	0
5	4	Revised	-	Blanc	Anglais	26 (2 signées)	19	4E	1995	Blanc	Japonais	0
6	5	3E	1994	Noir	Français	14	20	4E	1996	Noir	Japonais	0
7	6	3E	1994	Noir	Italien	13	21	4E	1996	Noir	Coréen	2
8	7	3E	1994	Noir	Allemand	10	22	4E	1996	Noir	Chinois T	7
9	8	3E	1994	Blanc	Français	21	23	5E	1997	Blanc	Anglais	9

5 Un petit délai est nécessaire pour l'importation des données, après quoi celles-ci apparaissent à l'écran, prêtes à l'usage.

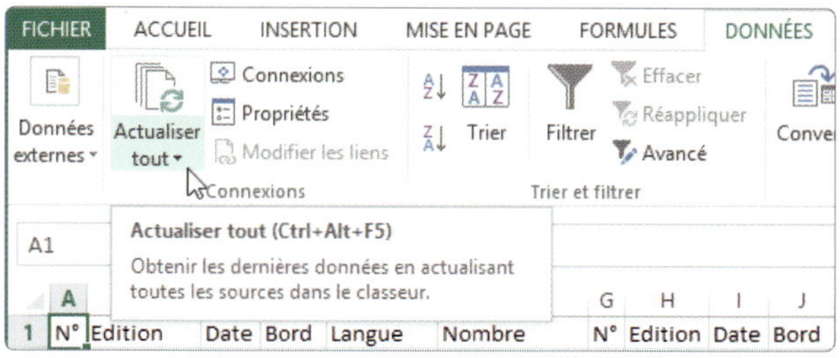

6 Vous pouvez actualiser les données en cliquant n'importe où à l'aide du bouton droit de la souris et en choisissant Actualiser, ou en utilisant le bouton Actualiser tout du groupe Connexion de l'onglet Données. En cliquant sur Propriétés dans ce même groupe, vous pouvez configurer une fréquence d'actualisation régulière ou pour une actualisation à l'ouverture de la feuille de calcul.

Enregistrez le classeur sous le nom **TP15.xlsx**, puis fermez-le.

Formules et fonctions

Le principal intérêt d'Excel est de permettre l'automatisation des calculs : effectuer des opérations dans une cellule en fonction des valeurs présentes dans d'autres cellules. Excel recalcule toutes les valeurs à chaque changement d'une valeur d'une cellule.

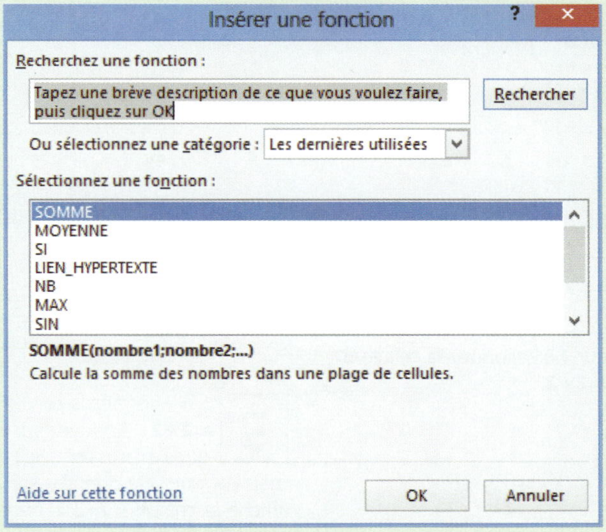

Le nom de **formule** s'applique à l'expression qui permet à Excel d'effectuer automatiquement un calcul soit interne, soit plus fréquemment à partir des valeurs d'autres cellules et d'afficher un résultat.

Une formule ou expression se décompose en plusieurs éléments bien distincts :

- Zéro, une ou plusieurs références à une ou plusieurs cellules ;
- Zéro, un ou plusieurs opérateurs ;
- Zéro, une ou plusieurs fonctions.

Une **fonction** est une formule prédéfinie dans Excel ou programmée par l'utilisateur, qui permet d'obtenir plus facilement un résultat. Excel propose plus de 400 fonctions intégrées permettant de réaliser des manipulations de données.

Les TP de cette partie montrent comment saisir des formules, référencer des cellules et des plages de cellules, employer les opérateurs et les fonctions, copier des formules et corriger les éventuelles erreurs présentes dans les formules.

TP 16 Saisie de formules

Après avoir entré des données dans une cellule, validez la saisie en appuyant sur la touche ENTRÉE pour rendre active la cellule située en dessous ou sur la touche TAB pour passer à la cellule de droite. Vous pouvez aussi recourir aux touches fléchées pour valider et passer à la case suivante dans la direction de la flèche. Tant que la saisie n'est pas achevée (le curseur clignote dans la cellule ou dans la barre de formule), la plupart des commandes du tableur ne peuvent être exécutées.

Pour annuler une saisie en cours, appuyez sur ECHAP ou cliquez sur le bouton Annuler (le X rouge dans la barre de formule) afin d'annuler l'entrée et de recommencer.

Si vous avez déjà appuyé sur ENTRÉE après avoir terminé une saisie, vous pouvez resélectionner la cellule et appuyer sur SUPPR pour effacer son contenu.

Prérequis : néant
Fichier employé : néant
Temps de réalisation : 10 minutes

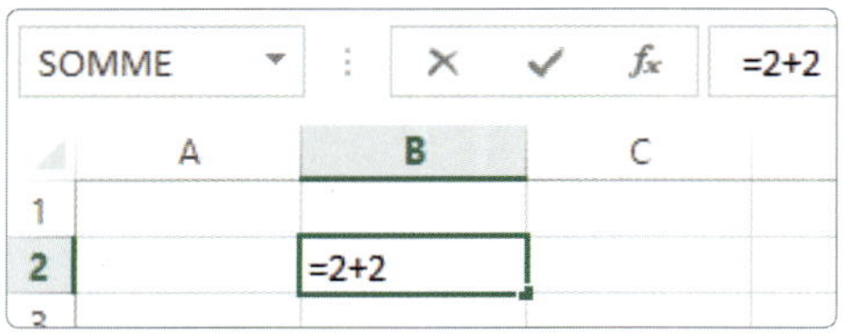

1 Ouvrez un nouveau classeur. Sélectionnez la cellule B2, puis saisissez l'expression **=2+2**.

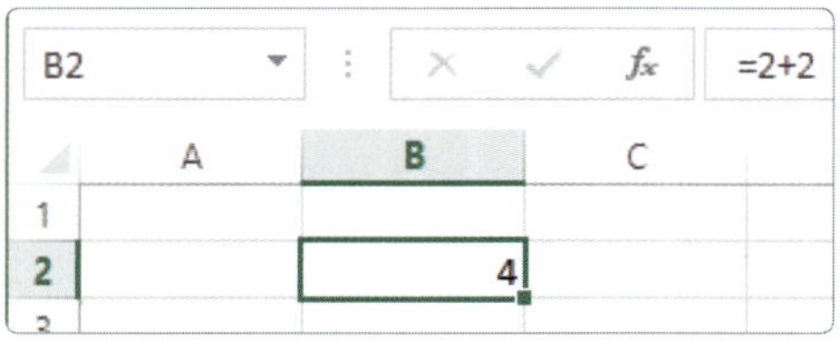

2 Appuyez sur ENTRÉE. Excel interprète la formule et affiche le résultat correspondant. Vous voyez apparaître dans la cellule le chiffre 4, et non la formule que vous avez entrée. Cliquez à nouveau (une seule fois) sur la cellule B2. Celle-ci affiche toujours 4, mais vous voyez dans la barre de formule le contenu réel de la cellule, soit = 2+2.

Une formule débute toujours par le caractère =.

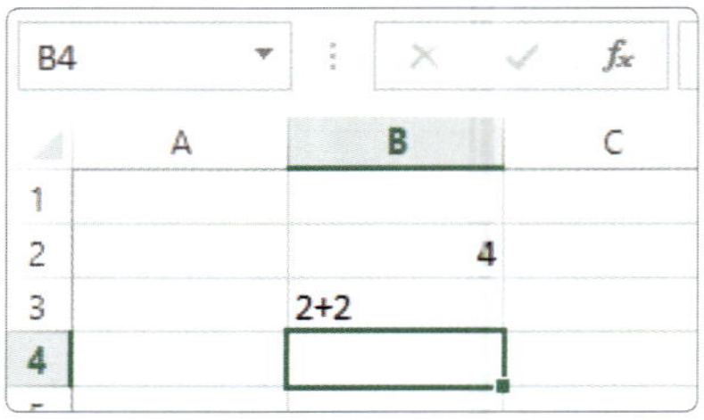

3 Sélectionnez la cellule B3, puis saisissez **2+2** (au lieu de **=2+2**). Appuyez sur ENTRÉE. La présence du signe + fait que l'expression n'est pas reconnue comme une formule mais comme une donnée alphanumérique : la cellule contient et affiche la chaîne « 2+2 ». Ne souriez pas, c'est une erreur bien plus fréquente qu'il n'y paraît !

Pour rectifier, cliquez dans la cellule et ajoutez un signe égal au début de la chaîne dans la barre de formule : tout rentre dans l'ordre.

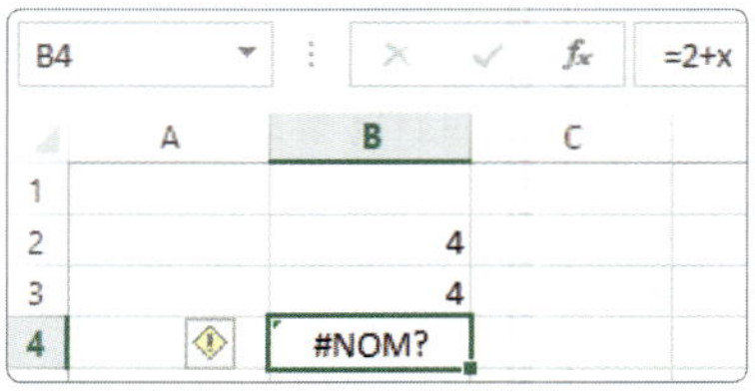

4 Sélectionnez la cellule B4, saisissez **=2+x** et appuyez sur ENTRÉE. Excel affiche un message d'erreur, ici #NOM!, parce qu'il ne comprend pas à quoi correspond *x*. Si la formule saisie après le signe égal (=) ne possède pas une syntaxe correcte, Excel affiche un message d'erreur précédé du caractère #.

Enregistrez le classeur sous le nom **TP16.xlsx**, puis fermez-le.

TP 17 Opérateurs

Dans le TP précédent, vous avez employé un opérateur, celui de l'addition : +. Les expressions peuvent comporter différents types d'**opérateurs**, classiquement répartis en trois catégories : opérateurs arithmétiques, de comparaison et texte.

Prérequis : TP 16
Fichier employé : TP17_début.xlsx
Temps de réalisation : 10 minutes

Opérateur	Formule	Résultat
addition	1+2	3
soustraction	2-1	1
inversion	-1	-1
multiplicatic	2*3	6
division	4/2	2
puissance	2^2	4

1 Ouvrez le classeur TP17_début et enregistrez-le sous le nom **TP17.xlsx**. Affichez si nécessaire la première feuille, Opérateurs arithmétiques. Vous voyez dans la colonne B le nom de l'opérateur employé et dans la colonne C la formule contenue dans la colonne D, mais affichée sous forme de texte : nous avons omis l'obligatoire signe = qui ferait que la formule serait reconnue comme telle. La colonne D contient la formule réelle, mais n'en affiche donc que le résultat.

Les opérateurs arithmétiques sont toujours accompagnés de constantes ou de références à des cellules. Ces valeurs sont nommées **opérandes**.

Opérateur	Formule	Résultat
égalité	1=2	FAUX
infériorité stricte	2<1	FAUX
infériorité stricte	1<=1	VRAI
supériorité stricte	2>1	VRAI
supériorité	1>=1	VRAI
différence	1<>2	VRAI
supériorité	"A">"B"	FAUX
différence	"Adrien"<>"Jean"	VRAI

2 Cliquez sur la feuille Opérateurs de comparaison. Les opérateurs de comparaison, ou opérateurs relationnels sont employés dans des structures conditionnelles qui permettent de tester si une condition est vraie ou non. Ces structures peuvent être associées ou combinées. Les opérateurs de comparaison sont souvent nommés opérateurs relationnels. Leur résultat sera toujours une valeur booléenne Vrai ou Faux. Les opérandes d'un opérateur de comparaison ne sont pas forcément des nombres : ainsi, A est plus petit que B.

Opérateur	Formule	Résultat
Concaténation	1&2	12
Concaténation	256&" €"	256 €

3 Cliquez sur la feuille Opérateur de concaténation. L'opérateur de concaténation, noté &, permet de joindre deux valeurs textuelles. Si vous l'appliquez à des nombres, vous obtenez un chiffre composé des deux nombres initiaux et non une somme.

4 Les opérateurs possèdent un ordre de priorité que vous pouvez modifier à l'aide de parenthèses. Le tableau suivant présente la priorité des opérateurs par ordre décroissant :

Opérateur	Description
()	Parenthèses
: (deux-points), (virgule) (espace simple)	Opérateurs de référence
–	Négation (comme dans –1)
%	Pourcentage
^	Exposant
* et /	Multiplication et division
+ et –	Addition et soustraction
&	Concaténation de deux chaînes de texte
= < > <= >= <>	Opérateurs de comparaison

Lorsque deux opérateurs possèdent la même priorité, le calcul s'effectue de la gauche vers la droite.

Enregistrez puis fermez le classeur TP17.xlsx.

TP 18 Référencement d'une cellule

Les formules présentées dans les deux TP précédents étaient très simples, puisque n'employant qu'un opérateur et des constantes (nombres ou textes). Le plus souvent, vous voudrez manipuler des données provenant de différentes cellules dans des calculs. Pour ce faire, il est nécessaire de pouvoir y faire référence. Il existe plusieurs façons d'y parvenir.

Prérequis : TP 16 et 17
Fichier employé : TP18_début.xlsx
Temps de réalisation : 10 minutes

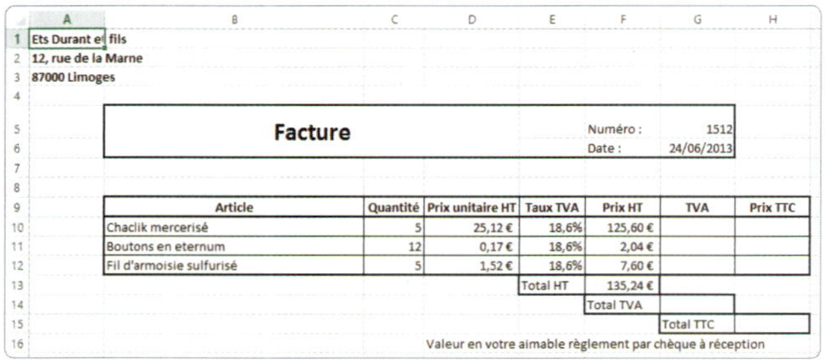

1 Ouvrez le classeur TP18_début et enregistrez-le comme **TP18.xlsx**. Affichez la première feuille, Feuil1, si elle n'est pas déjà active. Vous voyez un squelette de facture, dans lequel les formules sont pour le moment absentes. Regardez la colonne G. Elle doit contenir le montant de la TVA pour les articles figurant dans les lignes successives, obtenu en multipliant le total hors taxes pour l'article (colonne F) par le taux de TVA applicable (colonne E).

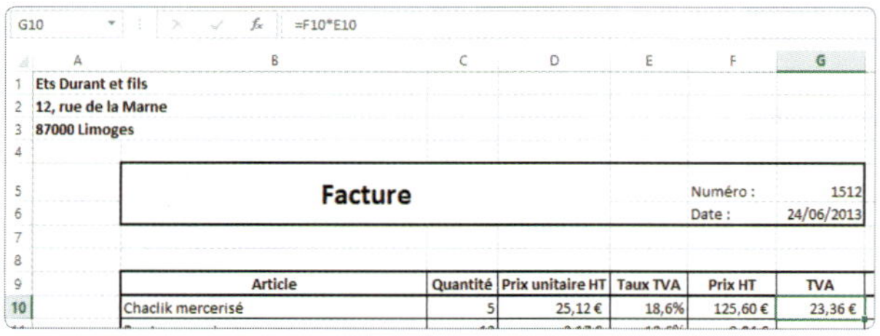

2 Sélectionnez la cellule G10, et saisissez **=F10*E10**. Cliquez n'importe où dans la feuille ou appuyez sur ENTRÉE ou sur TAB. La valeur 23,36 € apparaît dans la cellule. En sélectionnant à nouveau la cellule G10, vous voyez la formule dans la barre de formule.

Vous venez de référencer des cellules à l'aide de **références relatives** : l'expression de sa position par rapport à la cellule où se trouve la formule. Cela signifie pour Excel : cellule de la même ligne, une colonne à gauche x cellule de la même ligne, deux colonnes à gauche.

Si vous copiez ou déplacez la cellule contenant la formule, les cellules référencées seront modifiées : elles sont relatives à la cellule de référencement.

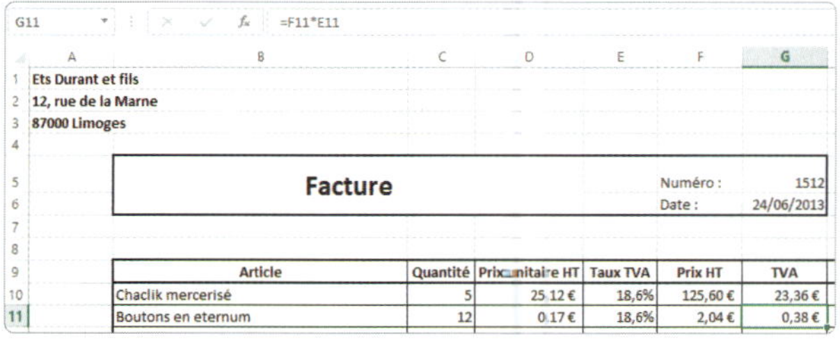

3 Il existe un autre moyen de parvenir au même résultat : sélectionnez la cellule G11, puis saisissez **=**. Cliquez sur la cellule F11 : `F11` s'ajoute après le signe =. Saisissez ***** puis cliquez sur la cellule E11.

La barre de formule affiche `=F11*E11`. Cliquez n'importe où dans la feuille, ou appuyez sur ENTRÉE ou sur TAB. La valeur 0,38 € apparaît dans la cellule. En sélectionnant à nouveau la cellule G11, vous voyez la formule dans la barre de formule.

Cette méthode est à la fois plus rapide et plus précise, puisqu'elle élimine la possibilité d'une faute de frappe ou une erreur de sélection de cellule.

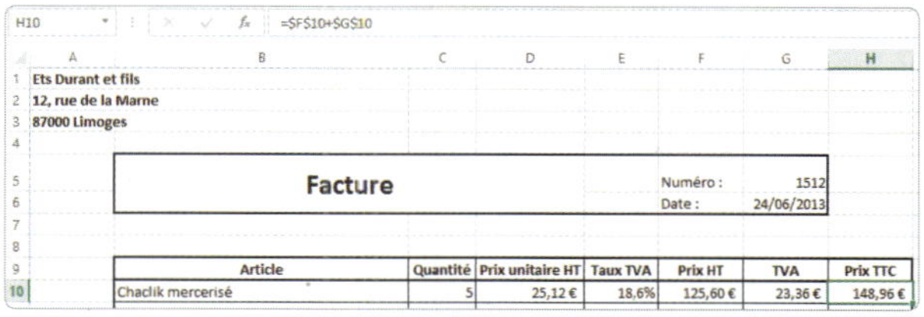

H10 =$F$10+$G$10

	A	B	C	D	E	F	G	H
1	Ets Durant et fils							
2	12, rue de la Marne							
3	87000 Limoges							
5		Facture				Numéro :	1512	
6						Date :	24/06/2013	
9		Article	Quantité	Prix unitaire HT	Taux TVA	Prix HT	TVA	Prix TTC
10		Chaclik mercerisé	5	25,12 €	18,6%	125,60 €	23,36 €	148,96 €

4 Cliquez sur la cellule H10. Saisissez **=$F$10+$G$10**. Cliquez n'importe où dans la feuille, ou appuyez sur ENTRÉE ou sur TAB. La valeur 148,96 € apparaît dans la cellule. En sélectionnant à nouveau la cellule H10, vous voyez la formule dans la barre de formule.

En faisant précéder le numéro de ligne et le numéro de la colonne du signe $, vous créez une **référence absolue**. Cela désigne de façon unique la cellule référencée, même en cas de modification ou de copie de la formule.

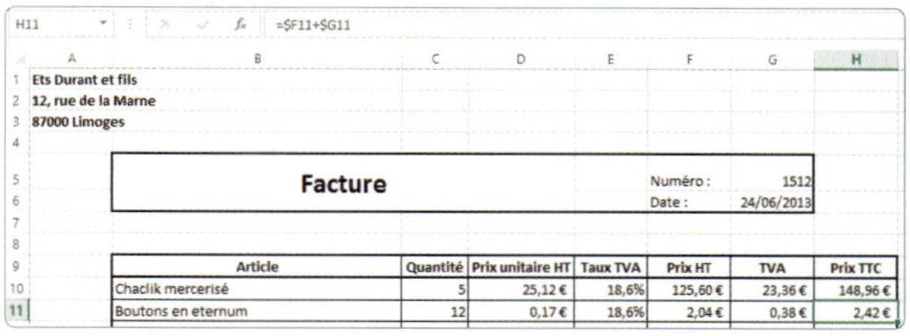

H11 =$F11+$G11

	A	B	C	D	E	F	G	H
1	Ets Durant et fils							
2	12, rue de la Marne							
3	87000 Limoges							
5		Facture				Numéro :	1512	
6						Date :	24/06/2013	
9		Article	Quantité	Prix unitaire HT	Taux TVA	Prix HT	TVA	Prix TTC
10		Chaclik mercerisé	5	25,12 €	18,6%	125,60 €	23,36 €	148,96 €
11		Boutons en eternum	12	0,17 €	18,6%	2,04 €	0,38 €	2,42 €

5 Cliquez sur la cellule H11. Saisissez **=$F11+$G11**. Cliquez n'importe où dans la feuille, ou appuyez sur ENTRÉE ou sur TAB. La valeur 2,42 € apparaît dans la cellule. En sélectionnant à nouveau la cellule H11, vous voyez la formule dans la barre de formule.

Il s'agit ici de **références mixtes**, une référence dans laquelle la position verticale de la cellule (la colonne) est exprimée de manière absolue et la position horizontale (la ligne) de façon relative, comme ici, ou inversement.

Nous verrons dans des TP ultérieurs les conséquences du choix de tel ou tel type de référence.

Enregistrez le classeur TP18. Fermez-le si vous ne poursuivez pas immédiatement avec le TP suivant.

TP 19

Cellules et plages nommées

Il est possible de donner un nom à une cellule ou un groupe de cellule. Cela porte le nom de **plage nommée** ou d'étiquette. Dans notre exemple de facture, par exemple, il serait judicieux de donner un nom comme `Total_HT` à la cellule donnant le total hors taxe des commandes et `Total_TVA` à la cellule contenant le total de la TVA. Pour calculer le montant TTC, il suffira de faire la somme de la cellule nommée `Total_HT` et de la cellule nommée `Total_TVA`. La cellule nommée `Total_TTC` contiendrait ainsi la formule `=Total_HT+Total_TVA`, ce qui est bien plus clair.

Prérequis : TP 16, 17, 18
Fichier employé : TP18.xlsx ou TP19_début.xlsx
Temps de réalisation : 5 minutes

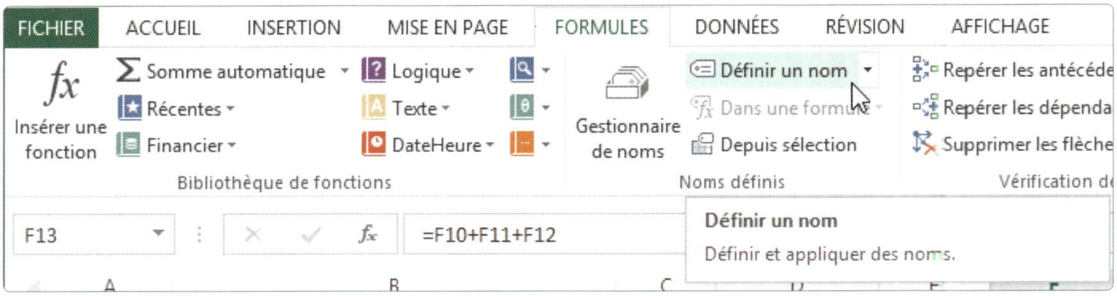

1 Ouvrez si nécessaire le fichier TP18 (ou le fichier TP19_début, qui devrait être identique) et enregistrez-le sous le nom **TP19.xlsx**. Sélectionnez la cellule F13. Cliquez dans le ruban sur l'onglet Formules. Dans le groupe Noms définis, cliquez sur l'option Définir un nom.

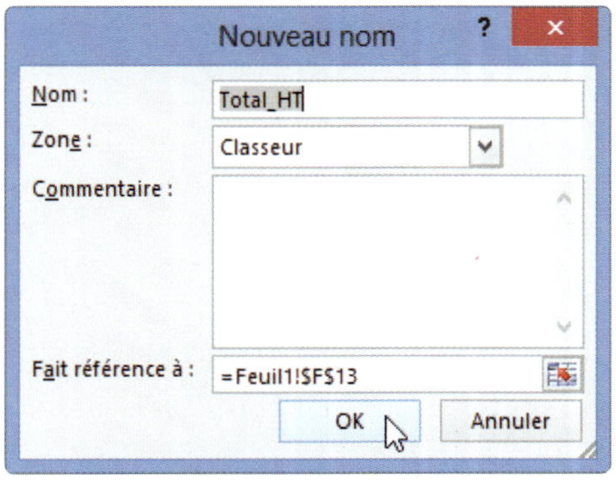

2 Dans la boîte de dialogue qui s'ouvre, saisissez **Total_HT**. Remarquez que la cellule concernée figure en bas de la fenêtre, avec des références absolues ($F$13) : vous pourriez la modifier en cas d'erreur. Cliquez sur OK pour fermer la boîte de dialogue.

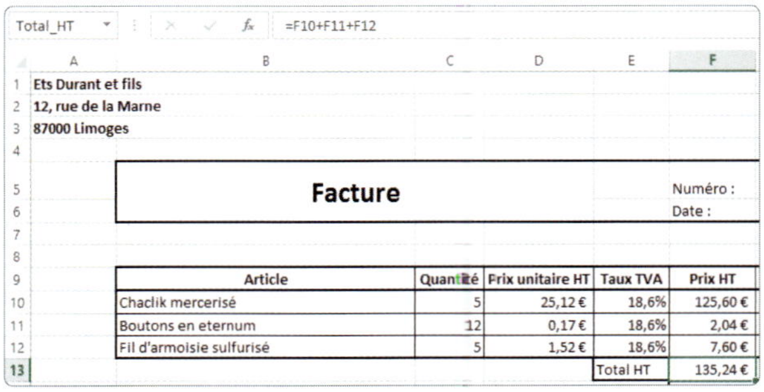

3 Sélectionnez à nouveau la cellule F13. Remarquez que dans la zone d'adresse, en haut à gauche, figure désormais le nom attribué et non plus les coordonnées.

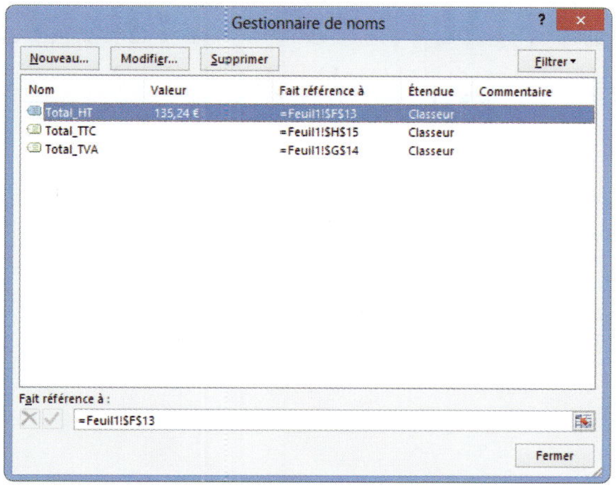

4 Reprenez les étapes 1 et 2 respectivement avec les cellules G14 et H15, en attribuant à ces cellules les noms **Total_TVA** et **Total_TTC**. Ceci fait, dans le groupe Noms définis, cliquez sur le bouton Gestionnaire de noms. La boîte de dialogue qui apparaît recense tous les noms définis dans votre classeur. Elle précise la valeur, s'il en existe une. Vous pouvez modifier les paramètres des cellules ou plages nommées.

Une fois une cellule dotée d'un nom, il est possible d'y faire référence via ce nom. Cette fonctionnalité est particulièrement utile lorsque certaines cellules ou plages de cellules contiennent des données caractéristiques, car il est possible d'y faire référence via le nom même après un éventuel déplacement de la cellule ou de la plage de cellules.

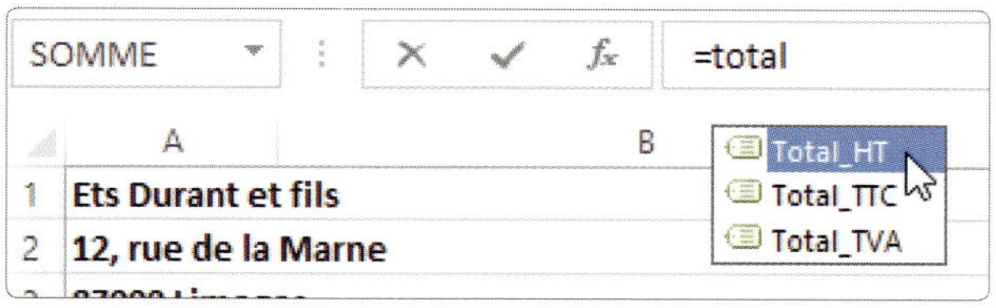

5 Sélectionnez la cellule H15 et saisissez **=Total**. Remarquez l'apparition d'une petite info-bulle qui vous propose les références nommées débutant par Total : double-cliquez sur Total_HT.

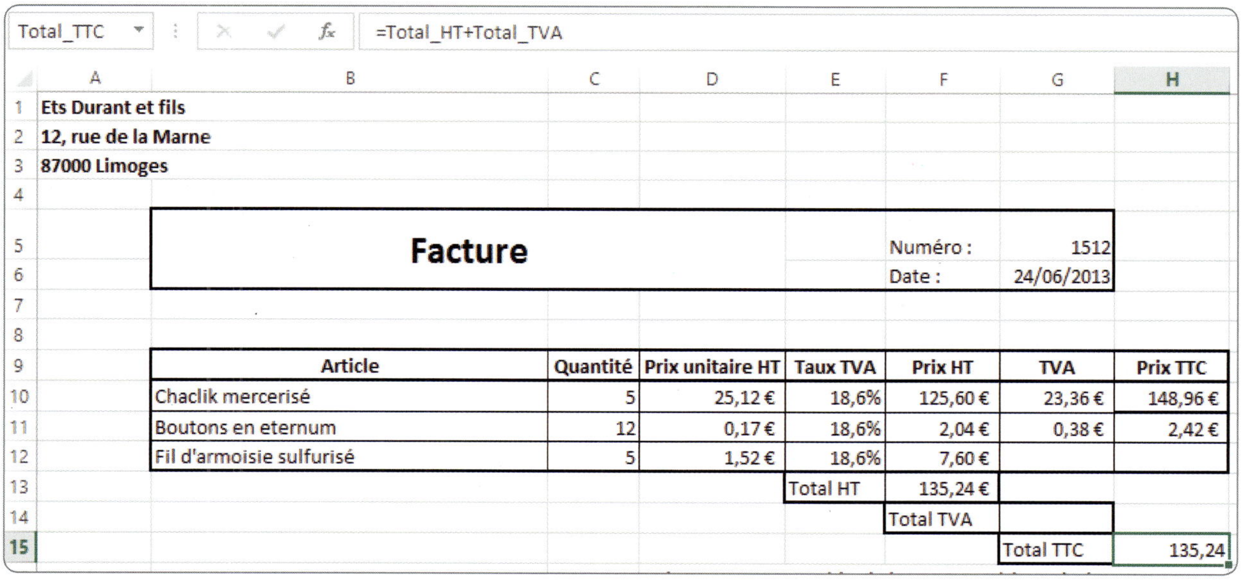

6 Saisissez **+ Total_TVA**. Comme précédemment, lorsque vous commencez la saisie d'un nom une boîte vous propose les fonctions et références nommées correspondant à votre saisie. La saisie complète, cliquez n'importe où dans la feuille, ou appuyez sur ENTRÉE ou sur TAB. La valeur 135,24 € apparaît dans la cellule. Cette valeur est pour le moment incorrecte, puisque la cellule Total_TVA est vide : nous y remédierons sous peu. Vous venez d'employer des **références nommées**, qui se comportent en tout point comme des références absolues. La démarche précédente, expliquée ici pour une cellule individuelle, peut également s'appliquer à une plage de cellule : sélectionnez simplement la plage plutôt qu'une cellule unique, la procédure étant ensuite strictement identique.

Enregistrez le classeur **TP19.xlsx**. Fermez-le si vous ne poursuivez pas immédiatement avec le TP suivant.

TP 20

Copier une formule

Après avoir laborieusement composé une formule dans une cellule, il est fréquent de vouloir la recopier dans d'autres cellules, plutôt que d'avoir à la saisir à nouveau.

Prérequis : TP 16 à 19
Fichier employé : TP19.xlsx ou TP20_début.xlsx
Temps de réalisation : 5 minutes

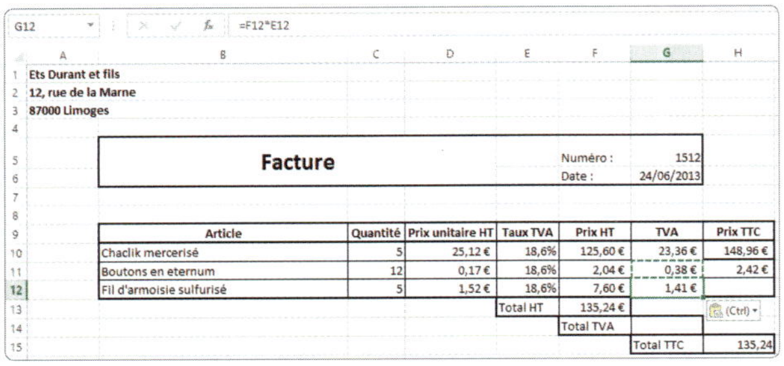

1 Ouvrez le fichier TP19 ou le fichier TP20_début, puis enregistrez-le sous le nom **TP20.xlsx**. Sélectionnez la cellule G11. Dans le groupe Presse-papiers de l'onglet Accueil, cliquez sur Copier ou appuyez sur Ctrl+C. Sélectionnez la cellule G12. Cliquez dans le groupe Presse-papiers de l'onglet Accueil sur l'option Coller ou appuyez sur Ctrl+V ou appuyez simplement sur Entrée. La cellule G11 avec son contenu (ici une formule) est recopiée dans la cellule G12. La formule employant des références relatives (cellule de la même ligne, une colonne à gauche x cellule de la même ligne, deux colonnes à gauche), le résultat est correct.

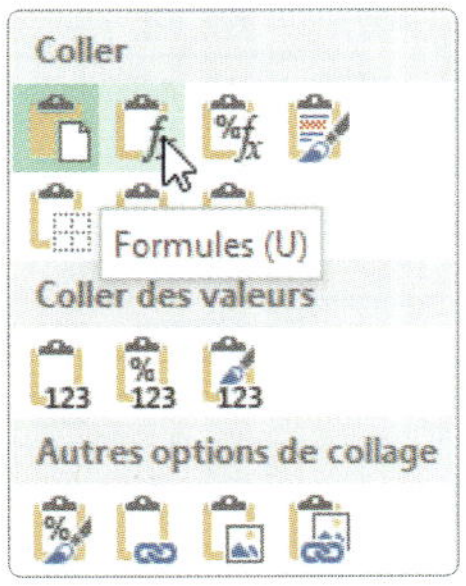

2 Remarquez l'apparition d'une petite info-bulle Options de collage. En cliquant dessus, une petite galerie s'ouvre et permet de choisir avec précision le type de collage à effectuer. Vous pouvez également accéder à cette galerie en cliquant sur la flèche du bouton Coller, dans le groupe Presse-Papiers de l'onglet Accueil.

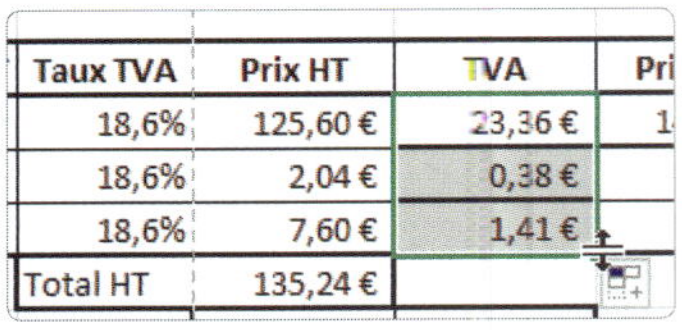

3 Une autre méthode est possible, la copie automatique ou incrémentée. Sélectionnez la cellule G10. La cellule active affiche un petit carré noir dans le coin inférieur droit. Il s'agit de la *poignée de remplissage*. Pointez celle-ci avec la souris. Lorsque le curseur se transforme en croix noire, cliquez et faites glisser la souris jusqu'à la cellule G12, puis relâchez le bouton de la souris.

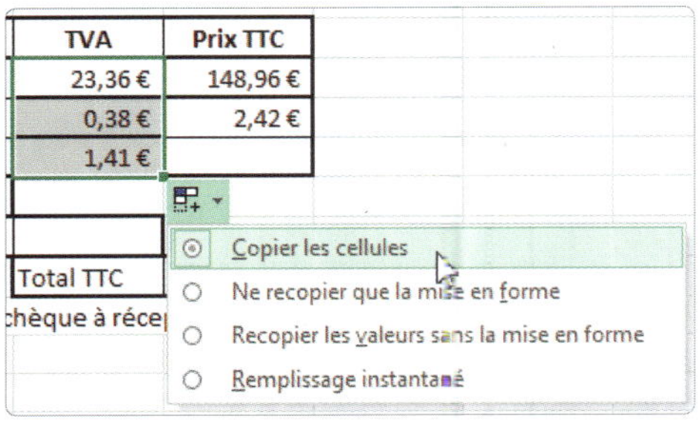

4 Le résultat apparaît dans la cellule, ainsi qu'une info-bulle avec une flèche. Cliquez sur celle-ci pour accéder aux options de copie incrémentée.

Enregistrez le classeur **TP20.xlsx**. Fermez-le si vous ne poursuivez pas immédiatement avec le TP suivant.

TP 21 Copie de formule et type de référence

Copier une formule n'est toutefois pas sans danger et peut parfois produire des résultats inattendus.

Prérequis : TP 15 à 19
Fichier employé : TP20.xlsx ou TP21_début.xlsx
Temps de réalisation : 5 minutes

H12 | f_x =$F$10+$G$10

Ets Durant et fils
12, rue de la Marne
87000 Limoges

Facture — Numéro : 1512 — Date : 24/06/2013

Article	Quantité	Prix unitaire HT	Taux TVA	Prix HT	TVA	Prix TTC
Chaclik mercerisé	5	25,12 €	18,6%	125,60 €	23,36 €	148,96 €
Boutons en eternum	12	0,17 €	18,6%	2,04 €	0,38 €	2,42 €
Fil d'armoisie sulfurisé	5	1,52 €	18,6%	7,60 €	1,41 €	148,96 €

1 Ouvrez le fichier TP20 ou le fichier TP21_début, puis enregistrez-le sous le nom **TP21.xlsx**. Comme dans l'exercice précédent, nous allons recopier la formule du Total TTC dans toutes les lignes. Sélectionnez la cellule H10. Dans le groupe Presse-papiers de l'onglet Accueil, cliquez sur Copier ou appuyez sur la combinaison de touches Ctrl+C.

Sélectionnez la cellule H12. Cliquez dans le groupe Presse-papiers de l'onglet Accueil sur l'option Coller ou appuyez sur Ctrl+V.

La cellule H10 avec son contenu (ici une formule) est recopiée dans la cellule H12. Mais, à l'examen, le résultat est faux !

Comme la formule employait des références absolues (cellule $F$10 x cellule $E$10), le résultat est strictement identique à celui de la ligne 10 : la formule est exactement celle de la cellule H10.

H12 | f_x =$F12+$G12

Ets Durant et fils
12, rue de la Marne
87000 Limoges

Facture — Numéro : 1512 — Date : 24/06/2013

Article	Quantité	Prix unitaire HT	Taux TVA	Prix HT	TVA	Prix TTC
Chaclik mercerisé	5	25,12 €	18,6%	125,60 €	23,36 €	148,96 €
Boutons en eternum	12	0,17 €	18,6%	2,04 €	0,38 €	2,42 €
Fil d'armoisie sulfurisé	5	1,52 €	18,6%	7,60 €	1,41 €	9,01 €

2 Sélectionnez maintenant la cellule H11. Dans le groupe Presse-papiers de l'onglet Accueil, cliquez sur Copier ou appuyez sur la combinaison de touches Ctrl+C. Sélectionnez la cellule H12. Cliquez dans le groupe Presse-papiers de l'onglet Accueil sur l'option Coller ou appuyez sur Ctrl+V.

Le résultat est cette fois correct. En effet, la référence mixte employée est absolue sur les colonnes, mais relative sur les lignes. Excel effectue donc automatiquement le décalage des références aux cellules lors de la copie.

Faites très attention aux références employées lorsque vous copiez une cellule contenant une formule. Vous devez déterminer dès la création de la formule quel est le type de référence le plus adapté à ce que vous allez en faire par la suite. Ce type d'erreur est parfois très difficile à détecter sur une grande feuille de calcul et peut amener à des conclusions erronées.

Vous pouvez copier les formules d'une plage de cellules dans une autre plage de cellules. Vous procédez exactement comme précédemment, après avoir sélectionné la zone source.

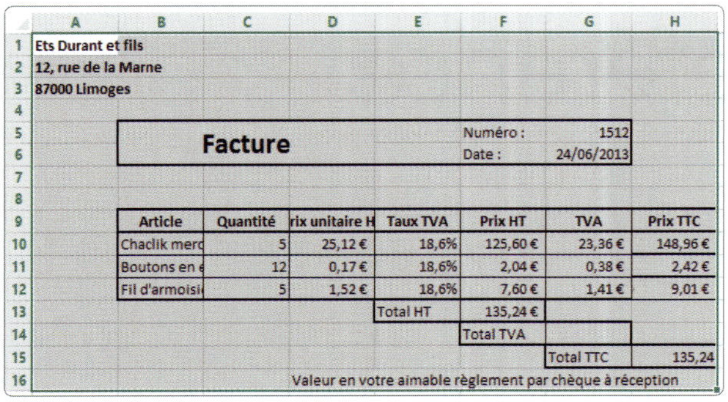

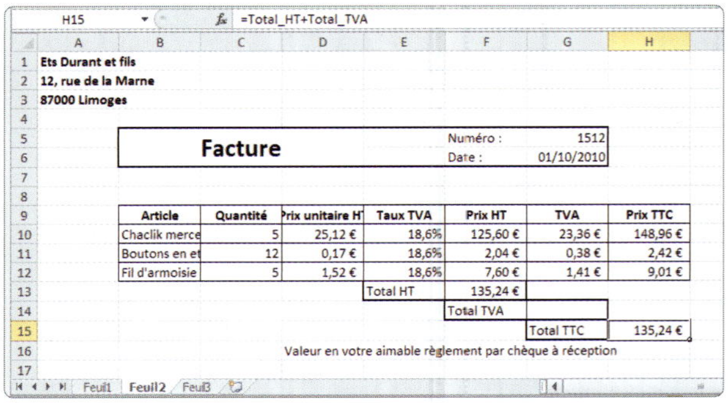

3 Sélectionnez la plage A1 à H16. Dans le groupe Presse-papiers de l'onglet Accueil, cliquez sur Copier ou appuyez sur la combinaison de touches CTRL+C. Cliquez sur l'onglet Feuil2, puis sélectionnez la cellule A1. Cliquez dans le groupe Presse-papiers de l'onglet Accueil sur l'option Coller ou appuyez sur CTRL+V ou appuyez sur ENTRÉE.

La plage sélectionnée est copiée au nouvel emplacement.

4 Cliquez sur la cellule H15. Remarquez dans la barre de formule que sa formule est `=Total _ HT+Total _ TVA`. Elle fait donc référence à des plages nommées uniques, présentes en fait sur la feuille Feuil1 : si vous modifiez les éléments de cette facture, ce Total-TTC sera faux et correspondra toujours à celui de la facture de la feuil e précédente.

Une fois encore, vous devez être vigilant lors de la copie de formules contenant des références absolues à des plages nommées.

Enregistrez puis fermez le classeur **TP21.xlsx**.

TP 22

Saisie simultanée de plusieurs formules

Pour recopier une formule déjà saisie, la recopie automatique est la technique la plus rapide. Vous pourriez toutefois économiser du temps, si votre tableau est déjà correctement structuré, en entrant simultanément plusieurs copies d'une même formule.

Prérequis : TP 15 à 19
Fichier employé : TP22_début.xlsx
Temps de réalisation : 5 minutes

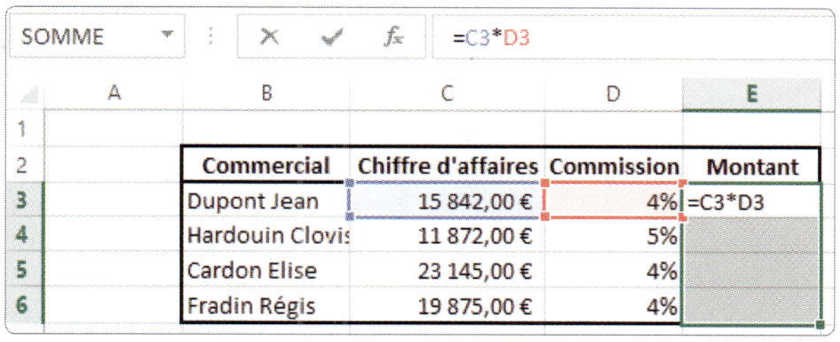

	A	B	C	D	E
1					
2		Commercial	Chiffre d'affaires	Commission	Montant
3		Dupont Jean	15 842,00 €	4%	=C3*D3
4		Hardouin Clovis	11 872,00 €	5%	
5		Cardon Elise	23 145,00 €	4%	
6		Fradin Régis	19 875,00 €	4%	

1 Ouvrez le classeur TP22_début et enregistrez-le sous le nom **TP22.xlsx**. Dans la feuille Feuil1, sélectionnez la plage E3-E6, dont les cellules doivent contenir la formule. Saisissez dans la barre de formule la formule **=C3*D3**.

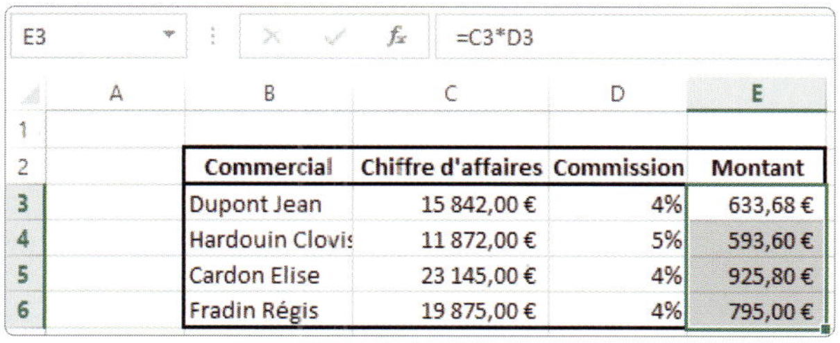

	A	B	C	D	E
1					
2		Commercial	Chiffre d'affaires	Commission	Montant
3		Dupont Jean	15 842,00 €	4%	633,68 €
4		Hardouin Clovis	11 872,00 €	5%	593,60 €
5		Cardon Elise	23 145,00 €	4%	925,80 €
6		Fradin Régis	19 875,00 €	4%	795,00 €

2 Lorsque la saisie est complète, appuyez sur Ctrl+Entrée et non sur Entrée : la formule est entrée dans toutes les cellules sélectionnées. Comme il s'agissait de références relatives, celles-ci sont incrémentées de façon adéquate.

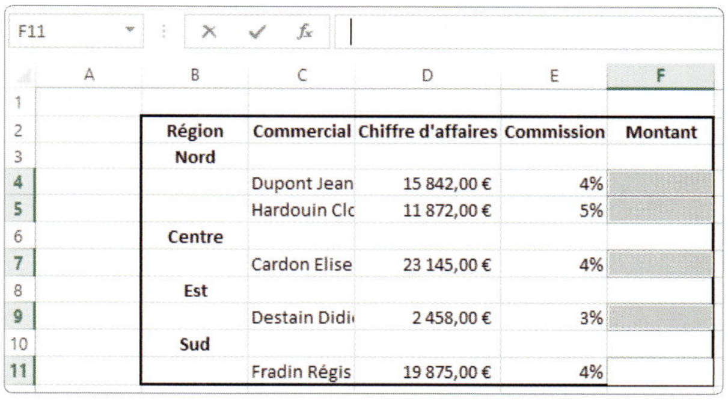

	A	B	C	D	E	F
1						
2		Région	Commercial	Chiffre d'affaires	Commission	Montant
3		Nord				
4			Dupont Jean	15 842,00 €	4%	
5			Hardouin Clc	11 872,00 €	5%	
6		Centre				
7			Cardon Elise	23 145,00 €	4%	
8		Est				
9			Destain Didi	2 458,00 €	3%	
10		Sud				
11			Fradin Régis	19 875,00 €	4%	

3 Le même principe peut être appliqué à des plages de cellules non contiguës. Cliquez sur l'onglet Feuil2, puis appuyez sur la touche Ctrl et maintenez-la enfoncée tandis que vous cliquez successivement sur les cellules F4, F5, F7, F9 et F11.

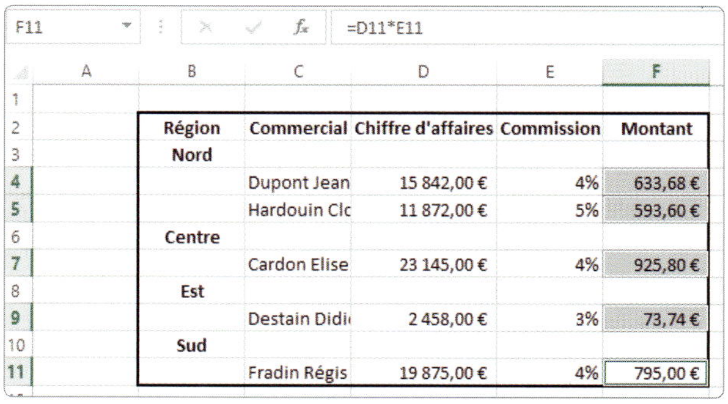

	A	B	C	D	E	F
1						
2		Région	Commercial	Chiffre d'affaires	Commission	Montant
3		Nord				
4			Dupont Jean	15 842,00 €	4%	633,68 €
5			Hardouin Clc	11 872,00 €	5%	593,60 €
6		Centre				
7			Cardon Elise	23 145,00 €	4%	925,80 €
8		Est				
9			Destain Didi	2 458,00 €	3%	73,74 €
10		Sud				
11			Fradin Régis	19 875,00 €	4%	795,00 €

4 Saisissez la formule **=D11*E11**, puis, lorsque la saisie est complète, appuyez sur Ctrl+Entrée (pas uniquement Entrée) : la formule est entrée dans toutes les cellules sélectionnées. Remarquez que vous devez saisir ici la formule correspondant à la dernière cellule sur laquelle vous avez cliqué, et non celle correspondant à la première cellule, comme dans le cas de la sélection d'une plage contiguë.

Enregistrez et fermez le classeur **TP22.xlsx**.

TP 23

Fonctions

Une des grandes forces des tableurs est la possibilité d'employer dans les formules des fonctions, intégrées ou créées par l'utilisateur, permettant de faire des calculs avancés.

Prérequis : TP 15 à 21
Fichier employé : néant
Temps de réalisation : 5 minutes

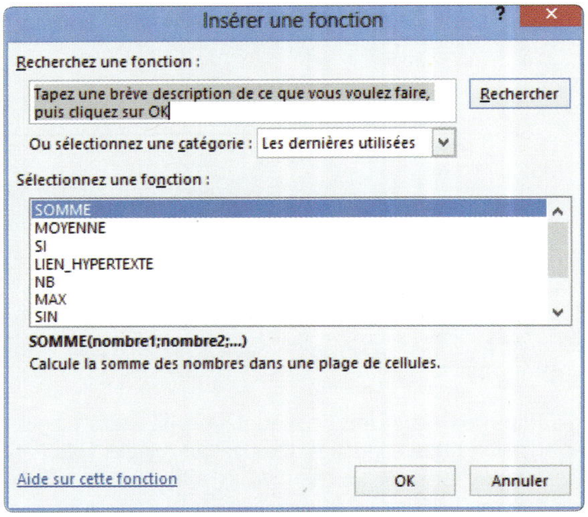

Excel propose plus de 400 fonctions intégrées permettant de réaliser des manipulations de données, réparties en catégories :

- **Logique** : fonctions logiques permettant de manipuler des données logiques (ET, OU, ...).
- **Texte** : fonction de manipulation de chaînes de texte.
- **Date et heure** : fonctions servant à insérer, manipuler et convertir des dates et des heures.
- **Recherche et références** : fonctions employées avec des données organisées sur une seule ligne de données pour chaque enregistrement.
- **Mathématique et trigonométrie** : fonctions mathématiques et trigonométriques offrant des outils de base de manipulation de données numériques.
- **Statistiques** : fonctions statistiques offrant des outils d'analyse, de moyenne.
- **Information** : fonctions d'informations sur le contenu de cellules.
- **Finances** : fonctions financières mathématiques, permettant de manipuler des données monétaires.
- **Scientifique** : fonctions scientifiques évoluées nécessitant généralement l'installation d'un module complémentaire.
- **Compatibilité** : suite à différents commentaires, Excel offre un ensemble de fonctions statistiques (et autres) plus précises, tandis que certaines fonctions existantes ont été renommées afin de mieux décrire leur finalité. Dans un but de compatibilité descendante, les fonctions renommées sont cependant toujours disponibles sous leur ancien nom et ont été regroupées dans une catégorie Compatibilité.

Pour trouver toutes les fonctions de compatibilité, dans l'onglet Formules du groupe Bibliothèque de fonctions, cliquez sur Insérer une fonction, puis, dans la zone Ou sélectionnez une catégorie, cliquez sur Compatibilité.

Si vous devez partager votre feuille de calcul avec d'autres utilisateurs qui ne disposent pas d'Excel 2010 ou ultérieur, servez-vous des fonctions de compatibilité plutôt que des fonctions renommées. Les versions antérieures d'Excel reconnaissent les anciens noms et garantissent les résultats attendus.

TP 24 Utilisation d'une fonction

Les fonctions intégrées d'Excel évitent des calculs fastidieux et permettent d'obtenir immédiatement un résultat fiable. Excel dispose d'un nombre impressionnant de fonctions intégrées.

Prérequis : TP 15 à 21
Fichier employé : TP24_début.xlsx
Temps de réalisation : 15 minutes

1 Ouvrez le fichier TP24_début.xlsx et enregistrez-le sous le nom **TP24.xlsx**. Sélectionnez la cellule F13 de la feuille Feuil1, cliquez sur l'onglet Formules puis sur le bouton Insérer une fonction.

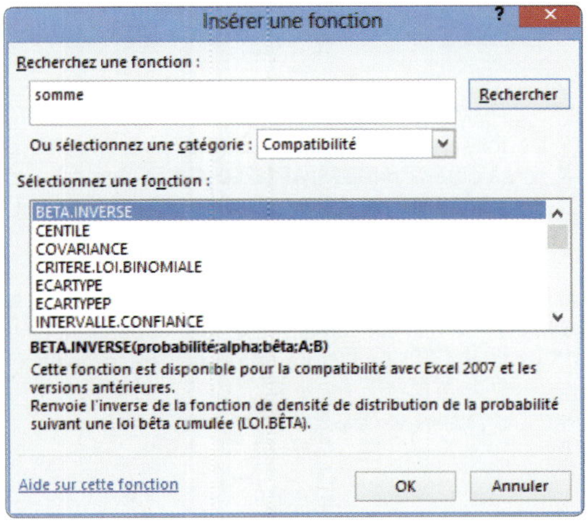

2 La boîte de dialogue Insérer une fonction s'affiche. Nous voulons ici obtenir la somme des lignes 10 à 12 de cette colonne. Ignorant pour le moment le nom exact de la fonction, saisissez **somme** dans la zone Rechercher une fonction, puis cliquez sur le bouton Rechercher de cette zone.

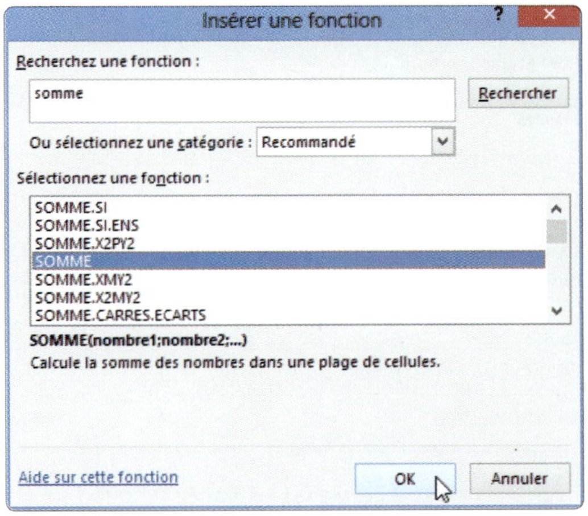

3 La boîte de dialogue propose plusieurs fonctions de type « somme ». Vous pouvez examiner les descriptions. Cliquez ensuite sur la fonction SOMME (c'est ici celle qu'il nous faut), puis cliquez sur le bouton OK en bas de la boîte de dialogue. Vous pouvez également double-cliquer sur la fonction SOMME.

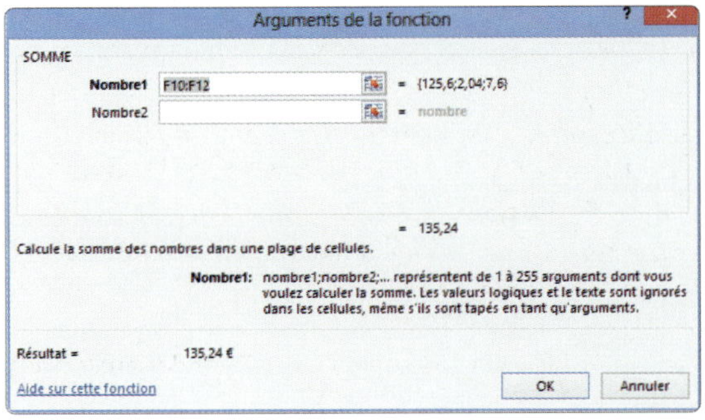

4 Une nouvelle boîte de dialogue, Arguments de la fonction, apparaît. Vous voyez ici déjà sélectionnée la plage adéquate, comprenant les trois cellules situées au-dessus de la cellule renfermant la formule. Cliquez sur OK.

5 Le résultat apparaît dans la cellule F13. En sélectionnant celle-ci, vous voyez que la formule qu'elle contient est `=SOMME(F10:F12)`.

Une **fonction** est caractérisée par son nom (ici `SOMME`) suivi de parenthèses, qui renferment facultativement un ou plusieurs arguments séparés par des points-virgules. Il y a ici un unique argument, la plage F10:F12.

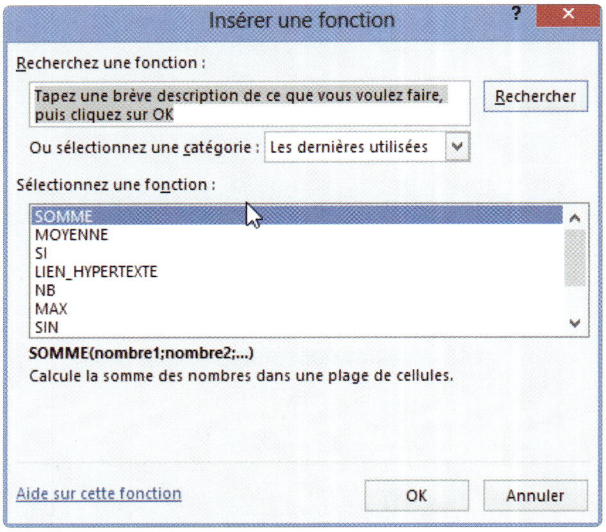

6 Sélectionnez la cellule G14. Cliquez cette fois sur le bouton Fonction de la barre de formule. La boîte de dialogue Insérer une fonction apparaît à nouveau. Remarquez que la catégorie sélectionnée par défaut est Dernières fonctions utilisées, et que SOMME apparaît en tête de la liste. Double-cliquez sur SOMME.

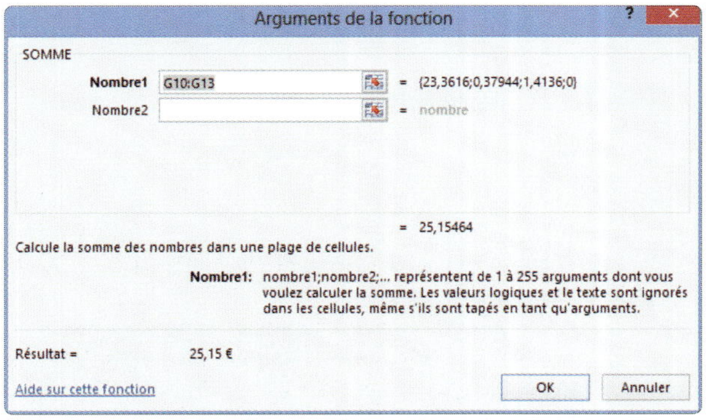

7 La boîte de dialogue Arguments de la fonction, apparaît. Vous voyez ici déjà sélectionnée la plage G10:G13 : les quatre cellules situées au-dessus de la cellule renfermant la formule, ce qui est ici incorrect. Cliquez sur le bouton de réduction de la boîte de dialogue.

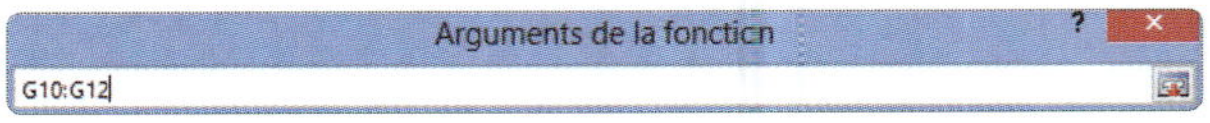

8 Sélectionnez dans la feuille de calcul la plage G10 à G12. Le contenu de la boîte de dialogue réduite se met à jour. Cliquez à nouveau sur le bouton de réduction pour agrandir la boîte de dialogue, puis cliquez sur Annuler pour fermer celle-ci : bien que la formule soit correcte, nous allons essayer autre chose.

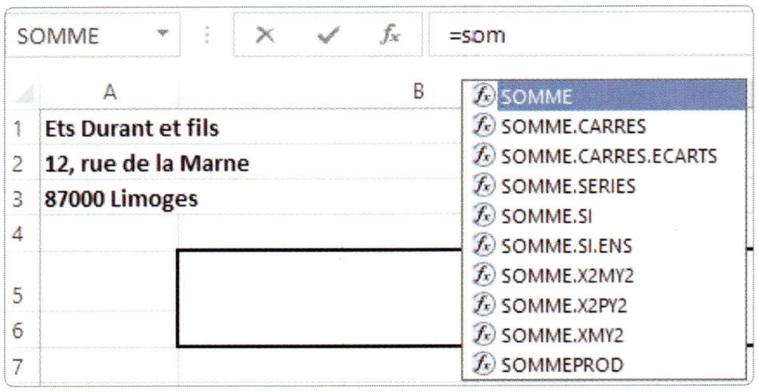

9 La dernière façon de saisir une fonction dans une formule consiste à le faire directement dans la barre de formule. Sélectionnez la cellule G14, puis saisissez dans la barre de formule **=som**. Remarquez l'apparition d'une zone qui vous propose les fonctions Excel débutant par ces trois lettres.

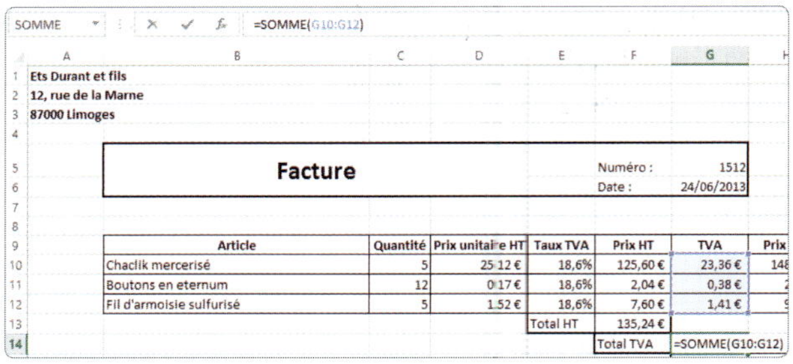

10 Double-cliquez sur SOMME et achevez la saisie de façon à obtenir **=SOMME(G10:G12)**. Remarquez que, dans la feuille de calcul, la plage sélectionnée est indiquée par un rectangle bleu. Appuyez sur ENTRÉE.

Le total de la TVA, 25,15 €, apparaît dans la cellule G14, tandis que 160,32 € (le résultat correct cette fois) apparaît dans la cellule H15 (le total TTC). La facture est désormais complète !

Enregistrez et fermez le classeur **TP24.xlsx**.

TP 25 Référencement d'une plage de cellules

Dans le TP précédent, nous avons employé une référence à un groupe de cellules contiguës. Ce TP examine les façons de référencer différentes combinaisons de cellules. Le mode de référencement est identique pour toutes les fonctions qui emploient des arguments de type plage de cellules.

Prérequis : TP 24
Fichier employé : TP25_début.xlsx
Temps de réalisation : 5 minutes

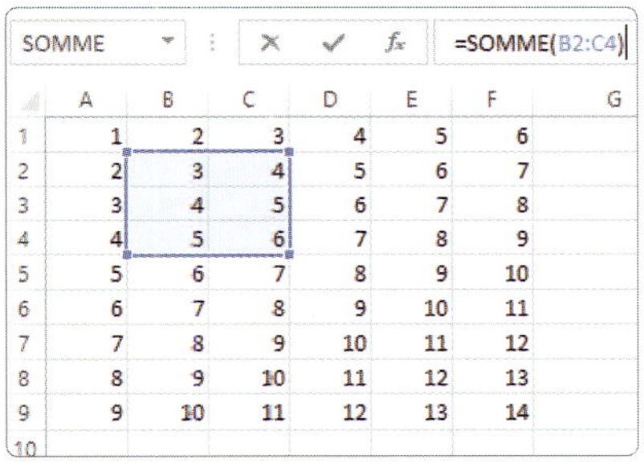

1 Ouvrez le fichier TP25_début.xlsx et enregistrez-le sous le nom **TP25.xlsx**. Sélectionnez la cellule I11, puis cliquez dans la barre de formule pour afficher la plage référencée. La formule est `=SOMME(B2:C4)`. Une plage de cellules se note en indiquant les références de la cellule de début et de fin, séparées par le caractère deux points (:). Appuyez sur ENTRÉE.

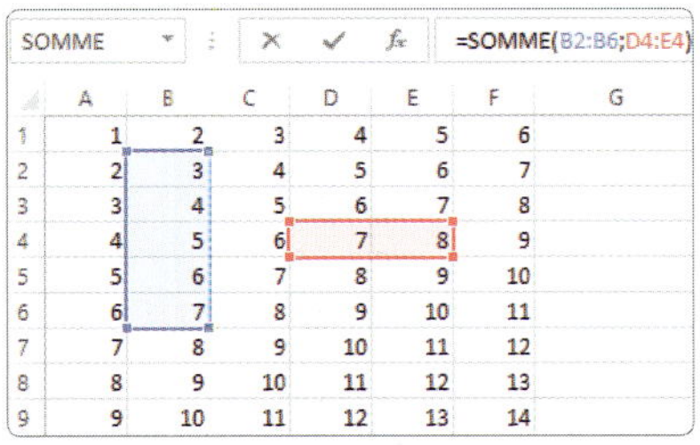

2 Sélectionnez la cellule I12, puis cliquez dans la barre de formule. La formule est `=SOMME(B2:B6;D4:E4)`. Une sélection de cellules ou de plages de cellules disjointes se note en indiquant les références des cellules ou plages de cellules contiguës séparées par des points-virgules. Appuyez sur ENTRÉE.

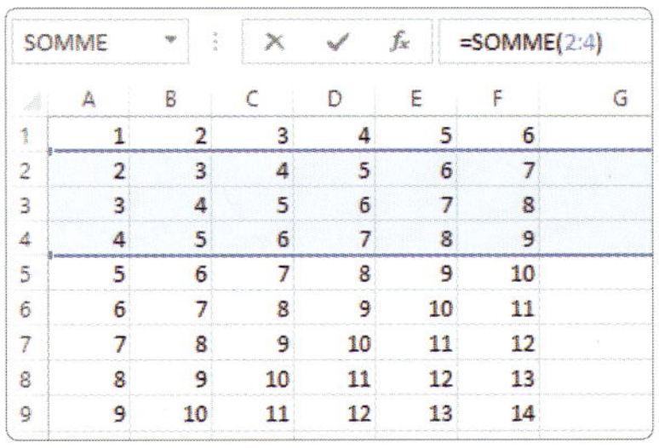

3 Sélectionnez la cellule I13, puis cliquez dans la barre de formule. La formule est `=SOMME(2:4)`. La référence à une ligne se fait en précisant tout simplement le numéro de la ligne. La notation de plusieurs lignes contiguës se fait en séparant la référence de la ligne de début et de la ligne de fin par le caractère deux points (:). Appuyez sur ENTRÉE.

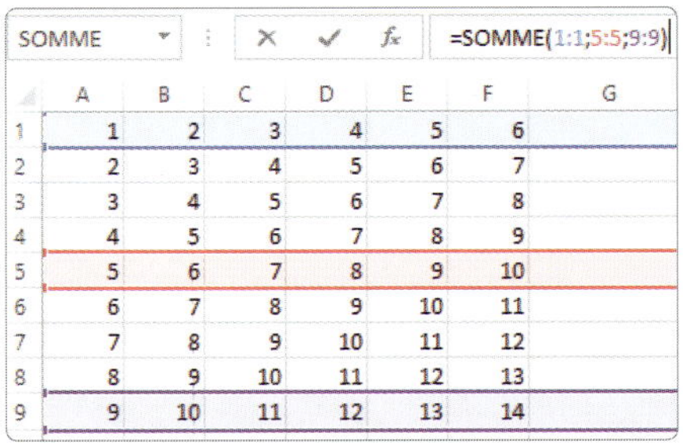

4 Sélectionnez la cellule I14, puis cliquez dans la barre de formule. La formule est `=SOMME(1:1;5:5;9:9)`. Une sélection de lignes disjointes se note en indiquant les références des lignes séparées par des points-virgules (;). Remarquez qu'une unique ligne est ici considérée comme une plage dont la première et la dernière ligne sont identiques. Appuyez sur ENTRÉE.

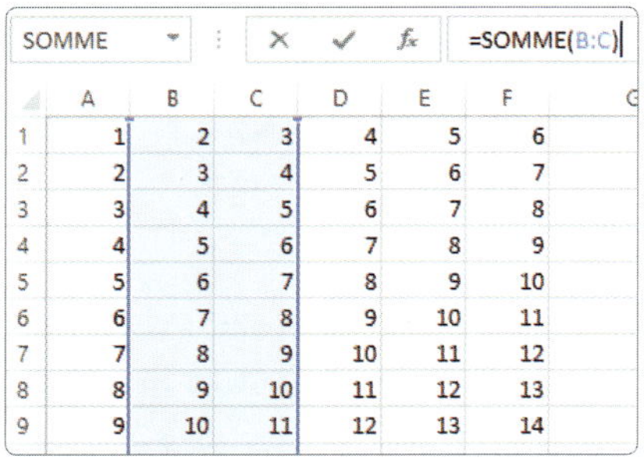
SOMME | =SOMME(B:C)

	A	B	C	D	E	F	G
1	1	2	3	4	5	6	
2	2	3	4	5	6	7	
3	3	4	5	6	7	8	
4	4	5	6	7	8	9	
5	5	6	7	8	9	10	
6	6	7	8	9	10	11	
7	7	8	9	10	11	12	
8	8	9	10	11	12	13	
9	9	10	11	12	13	14	

5 Sélectionnez la cellule I15, puis cliquez dans la barre de formule. La formule est `=SOMME(B:C)`. La référence à une colonne dans une formule se fait en précisant tout simplement la lettre de la colonne. Pour une ligne, employez le numéro de la ligne.

La notation de plusieurs colonnes contiguës se fait en séparant la référence de la colonne de début et de la colonne de fin par le caractère deux points (:). Appuyez sur ENTRÉE.

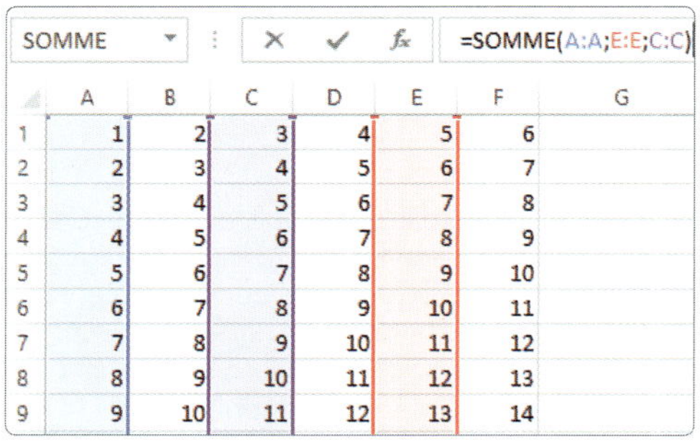
SOMME | =SOMME(A:A;E:E;C:C)

	A	B	C	D	E	F	G
1	1	2	3	4	5	6	
2	2	3	4	5	6	7	
3	3	4	5	6	7	8	
4	4	5	6	7	8	9	
5	5	6	7	8	9	10	
6	6	7	8	9	10	11	
7	7	8	9	10	11	12	
8	8	9	10	11	12	13	
9	9	10	11	12	13	14	

6 Sélectionnez la cellule I16, puis cliquez dans la barre de formule. La formule est `=SOMME(A:A;E:E;C:C)`.

Une sélection de colonnes non adjacentes se note en indiquant les références des colonnes séparées par des points-virgules (;). Remarquez qu'une unique colonne est considérée comme une plage dont la première et la dernière colonne sont identiques. Appuyez sur ENTRÉE.

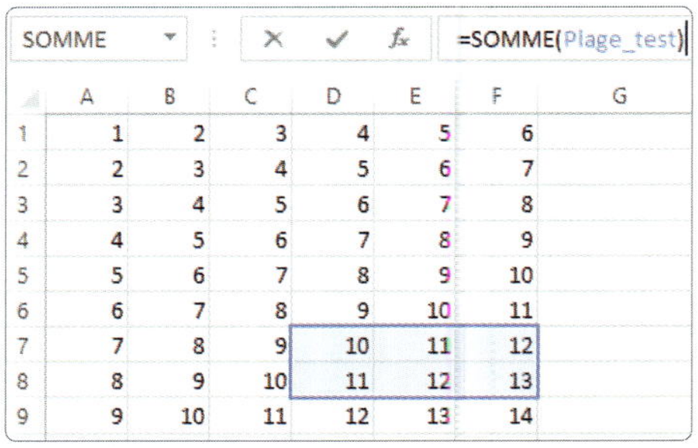
SOMME | =SOMME(Plage_test)

	A	B	C	D	E	F	G
1	1	2	3	4	5	6	
2	2	3	4	5	6	7	
3	3	4	5	6	7	8	
4	4	5	6	7	8	9	
5	5	6	7	8	9	10	
6	6	7	8	9	10	11	
7	7	8	9	10	11	12	
8	8	9	10	11	12	13	
9	9	10	11	12	13	14	

7 Sélectionnez la cellule I17, puis cliquez dans la barre de formule. La formule est `=SOMME(Plage _ test)`.

La sélection d'une plage nommée se fait en notant simplement le nom de la page. Pour référencer plusieurs plages nommées, séparez-les d'un signe point-virgule. Appuyez sur ENTRÉE.

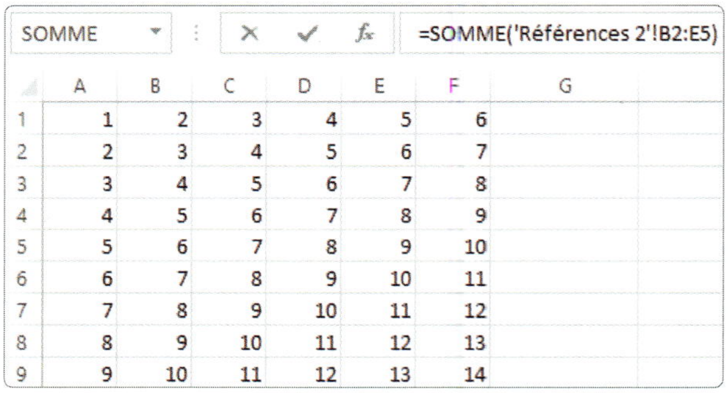
SOMME | =SOMME('Références 2'!B2:E5)

	A	B	C	D	E	F	G
1	1	2	3	4	5	6	
2	2	3	4	5	6	7	
3	3	4	5	6	7	8	
4	4	5	6	7	8	9	
5	5	6	7	8	9	10	
6	6	7	8	9	10	11	
7	7	8	9	10	11	12	
8	8	9	10	11	12	13	
9	9	10	11	12	13	14	

8 Sélectionnez la cellule I18, puis cliquez dans la barre de formule. La formule est `=SOMME('Références 2'!B2:E5)`.

Par défaut, une sélection s'applique à la feuille en cours. Si vous sélectionnez une cellule ou une plage de cellules situées sur une autre feuille du même classeur, la référence à cette feuille est ajoutée, sous la forme `nomfeuille!` (ou `'nom feuille'!` si le nom comporte un espace).

Appuyez sur ENTRÉE, puis enregistrez et fermez le classeur **TP25.xlsx**.

TP 26 Formules matricielles

Excel permet de saisir des **formules matricielles**. Une formule matricielle peut effectuer plusieurs calculs et renvoyer des résultats simples ou multiples : vous utilisez une formule matricielle lorsque vous devez effectuer plusieurs fois le même calcul en utilisant deux ou plus ensembles de valeurs différentes, nommés arguments matriciels. Chaque argument matriciel doit posséder le même nombre de lignes et de colonnes.

Prérequis : TP 24
Fichier employé : TP26_début.xlsx
Temps de réalisation : 5 minutes

C2 — {=MOYENNE(SI(A5:A15>0;B5:B15))}

	A	B	C	D	E	F
1						
2	Formule matricielle :		343,20			
3						
4						
5	3	250				
6	-2	146				
7	8	475				
8	14	589				
9	-8	121				
10	12	257				
11	-1	312				
12	0	20				
13	23	145				
14	-2	154				
15	-2	412				

1 Ouvrez le fichier TP26_début.xlsx et enregistrez-le sous le nom **TP26.xlsx**. Affichez la feuille Moyenne. Sélectionnez la cellule B2.

Saisissez la formule **=MOYENNE(SI(A5:A15>0;B5:B15))**, puis validez en appuyant sur CTRL+MAJ+ENTRÉE et non uniquement sur ENTRÉE.

Cette formule matricielle calcule la moyenne des cellules de la plage B5:B15 uniquement si la même cellule de la colonne A contient des valeurs strictement positives. La fonction `SI` identifie les cellules de la plage A5:A15 qui contiennent des valeurs positives et renvoie à la fonction `MOYENNE` la valeur de la cellule correspondante de la plage B5:B15. La formule apparaît dans la barre de formule sous la forme :

```
{=MOYENNE(SI(A5:A15>0;B5:B15))}
```

Une formule matricielle est facilement identifiable dans la barre de formule, car elle est placée entre accolades. Vous ne saisissez pas ces accolades : elles sont automatiquement insérées lorsque vous appuyez sur CTRL+MAJ+ENTRÉE.

C2 — {=TENDANCE(B2:B7;A2:A7)}

	A	B	C	D	E
1					
2	juin-10	25 000,00 €	20 259,08 €		
3	juil.-10	14 000,00 €	22 030,62 €		
4	août-10	18 500,00 €	23 861,21 €		
5	sept.-10	31 200,00 €	25 691,81 €		
6	oct.-10	41 000,00 €	27 463,35 €		
7	nov.-10	18 900,00 €	29 293,94 €		
8	Formule : {=TENDANCE(B2:B7;A2:A7)}				

2 Affichez la feuille Tendance. Sélectionnez la plage C2:C7, puis saisissez la formule : **=TENDANCE(B2:B7;A2:A7)**

Validez en appuyant sur CTRL+MAJ+ENTRÉE. La formule qui s'affiche dans la barre de formule est placée entre accolades. La fonction `TENDANCE` détermine les valeurs linéaires pour les chiffres de vente, à partir d'une série de cinq chiffres de vente (colonne B) et d'une série de cinq dates (colonne A).

Les formules matricielles peuvent accepter des constantes de la même façon que les formules non matricielles, mais les constantes matricielles doivent être saisies dans un format particulier. Il s'agit d'instruments puissants, relevant toutefois d'un emploi avancé d'un tableur. Il est fréquent d'y recourir pour une mise en forme conditionnelle d'une partie d'un tableau. Reportez-vous à la documentation pour plus d'informations.

Enregistrez et fermez le classeur **TP26.xlsx**.

TP 27

Correction des erreurs de formules

Il serait miraculeux que vous ne rencontriez jamais de message d'erreur suite à la saisie d'une formule.

Prérequis : TP 24
Fichier employé : TP27_début.xlsx
Temps de réalisation : 5 minutes

Référence	Article	Quantité	Prix unitaire HT	Taux TVA	Prix HT	TVA	Prix TTC
2345	Chaclik mercerisé	5	25,12 €	18,6%	125,60 €	23,36 €	148,96 €
6781	Boutons en eternum	12	0,17 €	18,6%	2,04 €	0,38 €	2,42 €
########	Fil d'armoisie sulfurisé	5	1,52 €	18,6%	7,60 €	1,41 €	9,01 €
3697	Poudre d'amarante	1	12,50 €	5,5%	12,50 €	0,69 €	13,19 €
2367	Cochenille	1	9,99 €	5,5%	9,99 €	0,55 €	10,54 €
				Total HT			184,12 €
				Total TVA 5,5%			
				Total TVA 18,6 %			#N/A
				Total TTC			#NOM?
	Valeur en votre aimable règlement par chèque à réception						

1 Ouvrez le classeur TP27_début et enregistrez-le sous le nom **TP27.xlsx**. Ce classeur présente sur sa première feuille une variante de la facture déjà examinée précédemment, mais comportant des erreurs. Vous pourriez essayer de corriger ces erreurs à l'aide du tableau suivant.

Erreur	Cause
#####	La valeur numérique entrée dans une cellule est trop large pour être affichée dans la cellule. Une formule de date ou d'heure produit un résultat négatif.
#NOMBRE!	Un argument de fonction peut être inapproprié, ou une formule produit un nombre trop grand ou trop petit pour être représenté.
#NOM ?	Excel ne reconnaît pas le texte dans une formule. Un nom a pu être supprimé ou ne pas exister, mais le cas le plus fréquent est une faute de frappe, par exemple pour le nom d'une fonction. Autre cause fréquente, l'entrée de texte dans une formule sans l'encadrer par des guillemets anglais doubles (il est alors interprété comme un nom) ou l'omission des deux-points (:) dans la référence à une plage.
#VALEUR!	Emploi d'un type d'argument ou d'opérande inapproprié, ou il est indiqué une plage à un opérateur ou une fonction qui exige une valeur unique et non une plage.
#DIV/0!	La formule effectue une division par zéro. Souvent dû à une référence de cellule vers une cellule vide ou une cellule contenant 0 comme diviseur ou à la saisie d'une formule contenant une division par 0 explicite, par exemple =5/0.
#N/A	Une valeur n'est pas disponible pour une fonction ou une formule.
#REF!	Une référence de cellule n'est pas valide. Cela peut être dû à sa suppression ou à son déplacement.
#NUL!	Il est spécifié une intersection de deux zones qui en réalité ne se coupent pas. Vous avez employé un opérateur de plage ou une référence de cellule incorrects.

Il existe toutefois plusieurs méthodes plus efficaces pour rechercher et corriger les éventuelles erreurs. Excel vous avertit souvent de la présence d'une erreur et propose de corriger l'erreur avant la validation de la saisie.

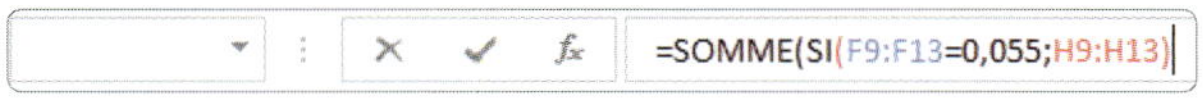

2 Cliquez sur la cellule I15, puis saisissez **=Somme(si(F9:F13);H9:H13)** et appuyez sur CTRL+MAJ+ENTRÉE.

Nous voulons créer ici une formule matricielle, comme étudiée au TP 26, qui effectue la somme de la TVA uniquement pour les articles au taux de TVA de 5,5 %.

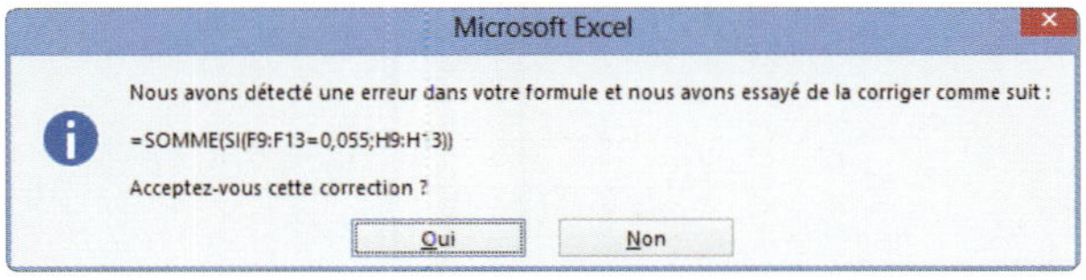

3 Excel affiche un message d'erreur : il a remarqué qu'il manquait une parenthèse dans la formule. Cliquez sur Oui pour accepter la modification (ou sur Non pour effectuer vous-même celle-ci).

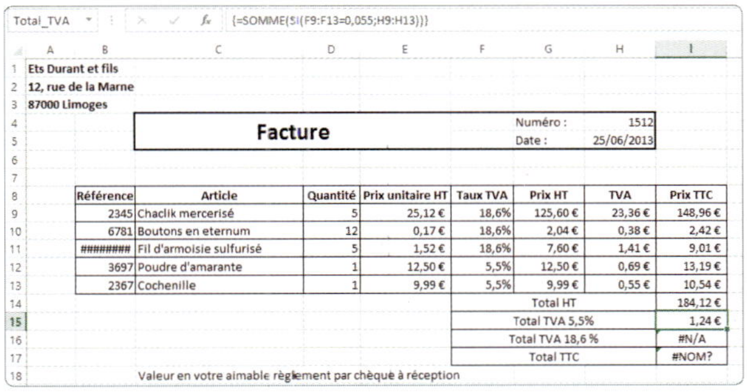

4 La formule est désormais correcte et le résultat 1,24 € s'affiche dans la cellule I15.

5 Il subsiste d'autres erreurs dans la feuille. Pour mieux les repérer et les éliminer, cliquez sur l'onglet Formules, puis cliquez sur le bouton Vérification des erreurs.

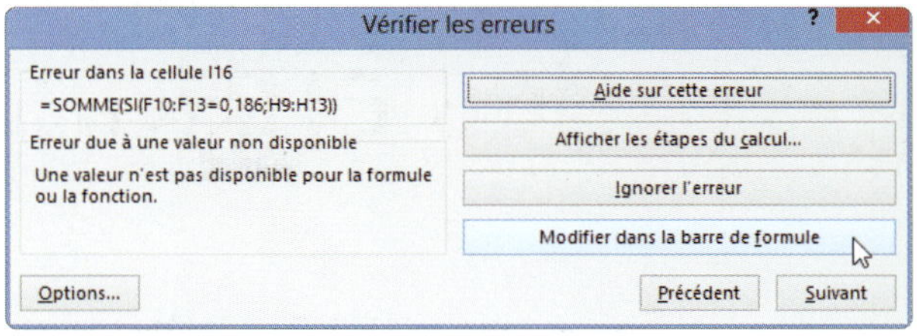

6 Une première boîte de dialogue s'affiche, signalant la présence d'une erreur dans la cellule I16 : à l'examen de la formule, les deux plages sont différentes. Cliquez sur Modifier dans la barre de formule et modifiez la formule en **=SOMME(SI(F9:F13=0,186:H9:H13))**. Validez en appuyant sur CTRL+MAJ+ENTRÉE, puisqu'il s'agit d'une formule matricielle, puis cliquez sur Reprendre.

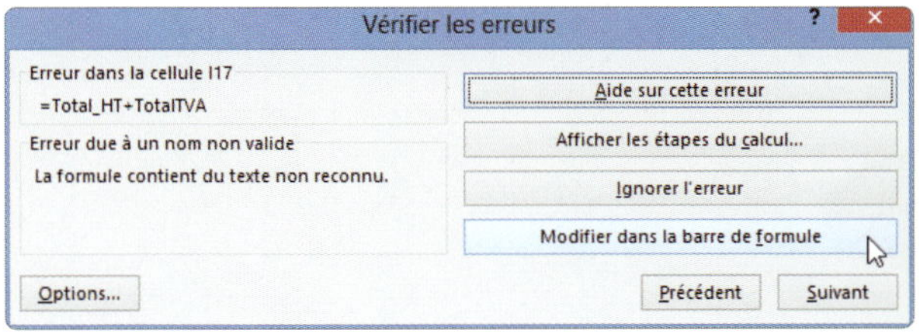

7 Une deuxième boîte de dialogue s'affiche, signalant la présence d'une erreur dans la cellule I17 : le nom n'est pas reconnu par Excel. Choisissez à nouveau Modifier dans la barre de formule et modifiez la formule en **=Total_HT+Total_TVA**. Validez en appuyant uniquement sur ENTRÉE, puisqu'il s'agit d'une formule « normale ».

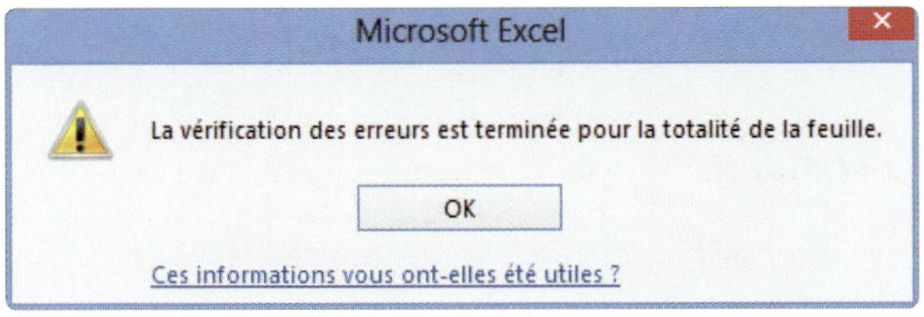

8 Une dernière boîte de dialogue signale alors que la feuille ne comporte plus d'erreur.

C'est ici effectivement le cas, mais ne vous fiez pas aveuglément à cette déclaration : seules les erreurs identifiables par Excel sont signalées par cet outil. D'éventuelles erreurs de logique ou de références passeront inaperçues.

Enregistrez et fermez le classeur **TP27.xlsx**.

FORMULES ET FONCTIONS

Mise en forme des feuilles de calcul

À l'origine, une feuille de calcul ne possède aucune mise en forme particulière : les options par défaut sont suffisamment pertinentes pour qu'il ne soit pas nécessaire de s'en préoccuper. Les feuilles de calcul brutes ainsi obtenues n'offrent toutefois pas toujours la clarté nécessaire.

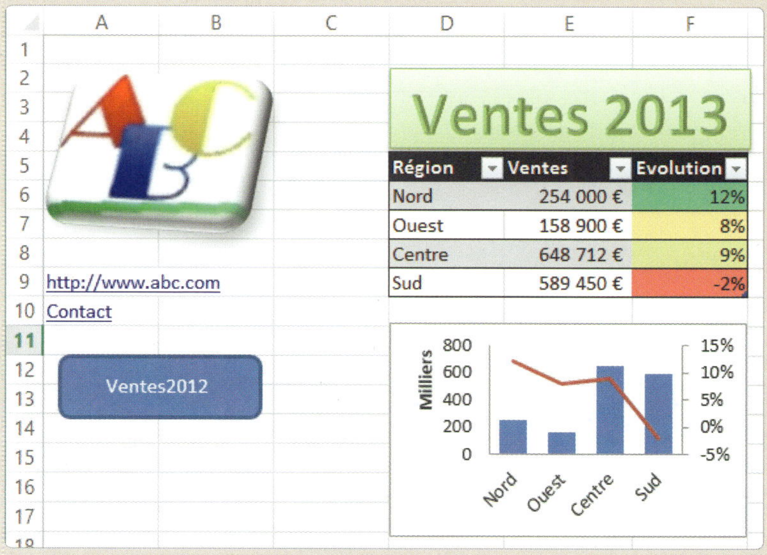

Excel propose de nombreuses options pour renforcer la lisibilité des données, en jouant sur les polices de caractères, les couleurs, les alignements, etc. Vous pouvez appliquer globalement ces attributs en employant un style, prédéfini ou personnalisé.

Les tableaux Excel constituent une autre façon efficace de présenter des données. La mise en forme conditionnelle applique aux cellules concernées une mise en forme qui dépend de leur contenu, selon des critères que vous définissez vous-même.
Vous pouvez en outre enrichir une feuille de calcul en y insérant divers objets, comme des images, des liens hypertexte et même des commentaires.

TP 28 Mise en forme d'une feuille de calcul (1re partie)

Recourir aux nombreuses options proposées par Excel (polices de caractères, couleurs, alignements, présentation des titres) permet de renforcer l'intérêt et la lisibilité des données. La plupart des modifications de mise en forme s'effectuent à l'aide de l'onglet Accueil.

Comme cela a déjà été signalé, il faut bien distinguer la mise en forme des cellules (choix des polices, couleur, bordures, alignement, etc.) de la mise en forme des données, qui définit la façon dont sont affichés dates et nombres de la feuille de calcul. Nous ne nous occuperons dans cette première partie que de la mise en forme des cellules.

Prérequis : TP 24
Fichier employé : TP28_début.xlsx
Temps de réalisation : 5 minutes

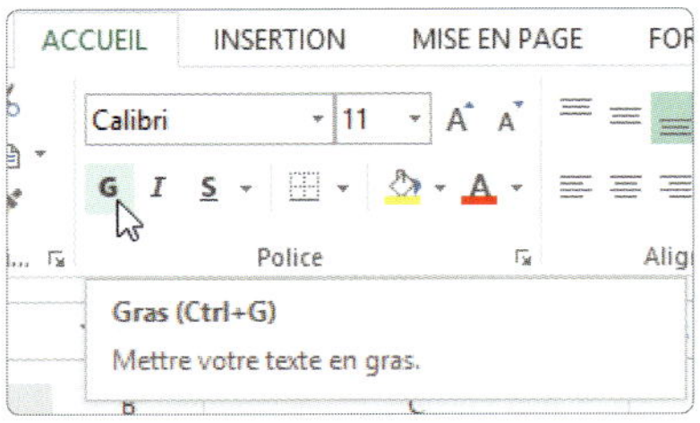

1 Ouvrez le classeur TP28_début et enregistrez-le sous le nom **TP28.xlsx**. Comme vous le voyez, c'est une reprise de l'exemple précédent. Si toutefois les formules sont correctes, la feuille de calcul ne possède ici aucune mise en forme et est totalement « brute ». Sélectionnez la plage A1:A3. Dans l'onglet Accueil, dans le groupe Police, cliquez sur le bouton Gras.

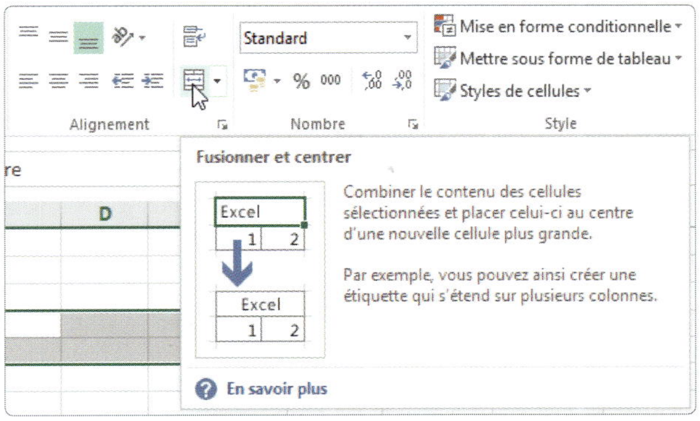

2 La plage sélectionnée s'affiche en gras. Sélectionnez la plage C4:E5. Dans le groupe Alignement de l'onglet Accueil, cliquez sur Fusionner et centrer.

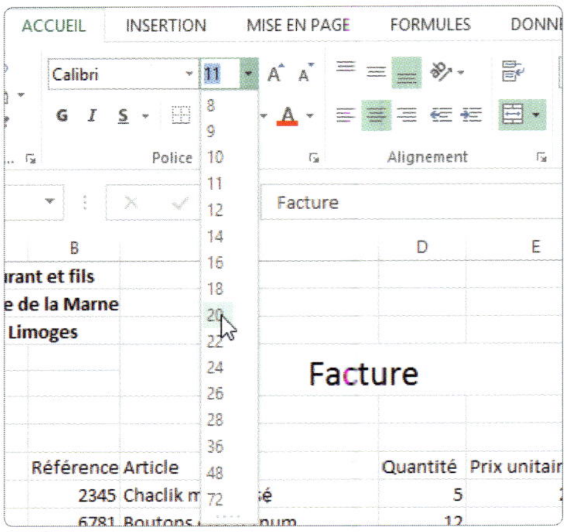

3 Dans le groupe Police, cliquez sur Gras puis cliquez sur la flèche située à côté de la taille de la police et choisissez 20.

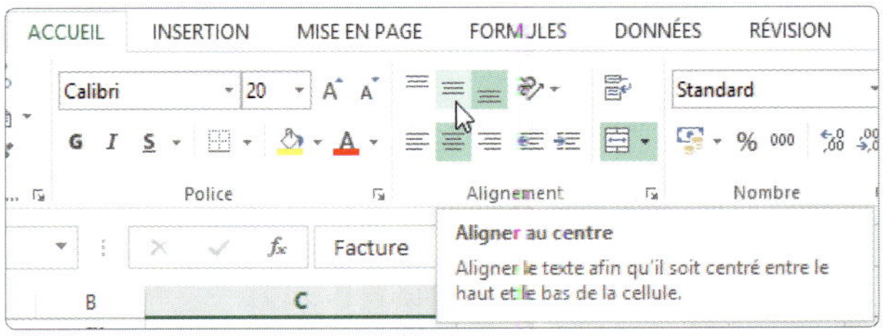

4 Dans le groupe Police, dans le groupe Alignement, cliquez sur le second bouton de la première ligne, Aligner au centre.

Le mot Facture occupe désormais le centre du bloc des six cellules fusionnées et est affiché en gras et en gros caractères.

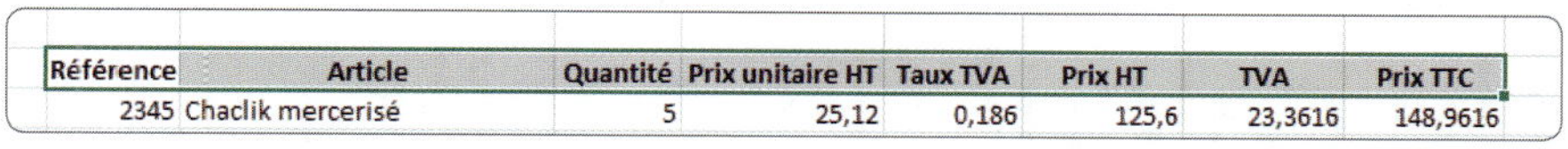

Référence	Article	Quantité	Prix unitaire HT	Taux TVA	Prix HT	TVA	Prix TTC
2345	Chaclik mercerisé	5	25,12	0,186	125,6	23,3616	148,9616

5 Sélectionnez la plage B8:I8. Dans le groupe Police, cliquez sur Gras, puis dans le groupe Alignement cliquez sur Centrer (le deuxième bouton de la deuxième ligne).

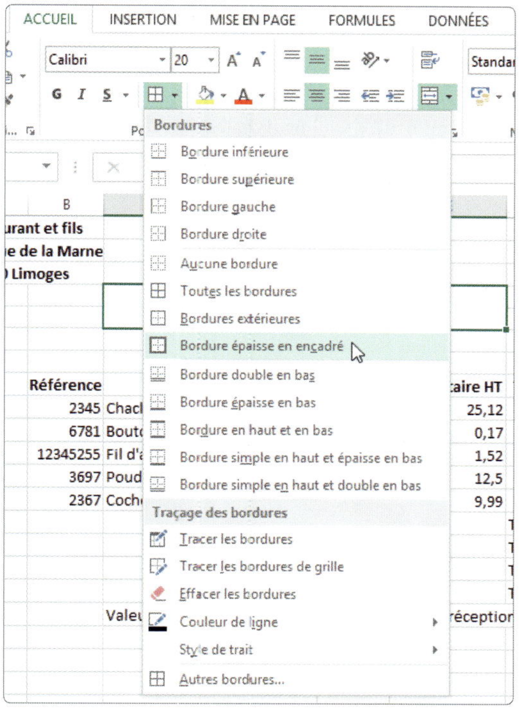

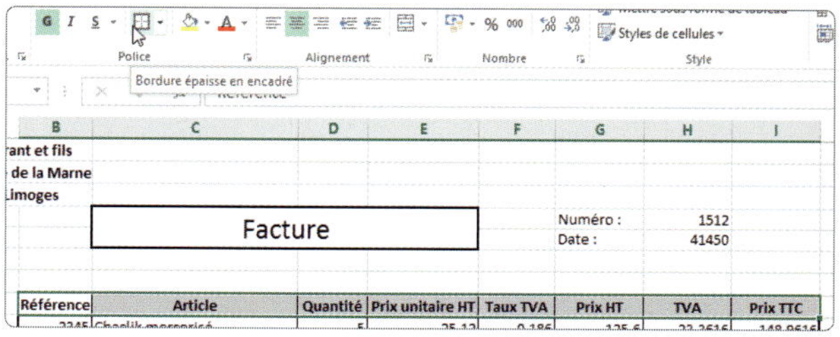

8 Sélectionnez la plage B8:I8. Dans le groupe Police, cliquez sur le bouton Bordure : il est déjà fixé à Bordure épaisse en encadré.

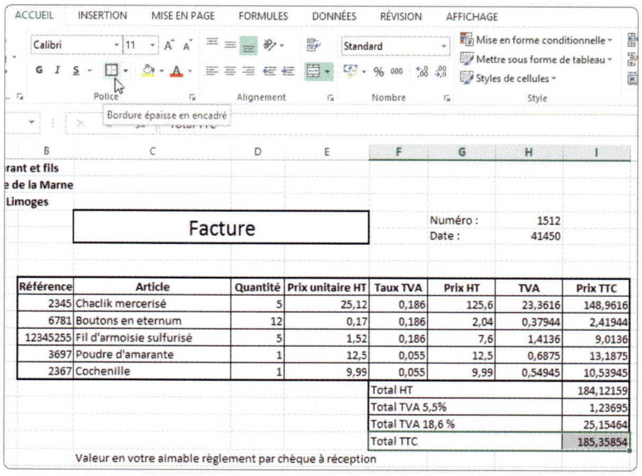

Référence	Article	Quantité	Prix unitaire HT	Taux TVA	Prix HT	TVA	Prix TTC
2345	Chaclik mercerisé	5	25,12	0,186	125,6	23,3616	148,9616
6781	Boutons en eternum	12	0,17	0,186	2,04	0,37944	2,41944
12345255	Fil d'armoisie sulfurisé	5	1,52	0,186	7,6	1,4136	9,0136
3697	Poudre d'amarante	1	12,5	0,055	12,5	0,6875	13,1875
2367	Cochenille	1	9,99	0,055	9,99	0,54945	10,53945

6 Sélectionnez la plage C4:H5 (souvenez-vous que la plage C4:E5 est déjà fusionnée en une seule cellule). Dans le groupe Police, cliquez sur la flèche du quatrième bouton de la ligne du bas, Bordure. Sélectionnez Toutes les bordures, puis recommencez en sélectionnant cette fois Bordure épaisse en encadré.

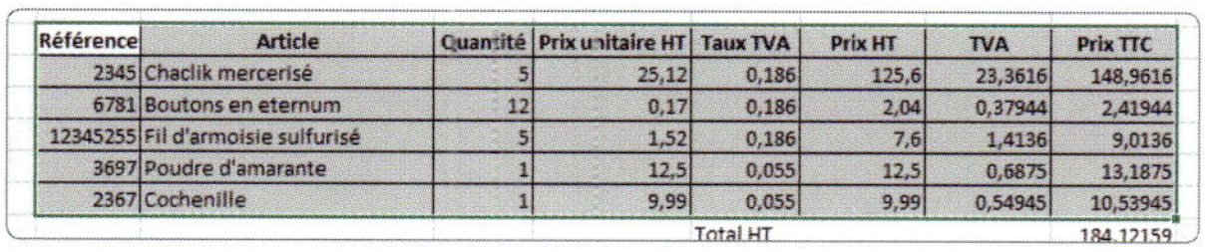

9 Sélectionnez la plage F14:I17. Dans le groupe Police, cliquez sur la flèche du bouton Bordure. Sélectionnez Toutes les bordures, puis recommencez en sélectionnant cette fois Bordure épaisse en encadré. Sélectionnez la plage F17:I17, cliquez sur le bouton Bordure : il est déjà fixé à Bordure épaisse en encadré.

7 Sélectionnez la plage B8:I13. Dans le groupe Police, cliquez sur la flèche du bouton Bordure.
Sélectionnez Toutes les bordures, puis recommencez en sélectionnant cette fois Bordure épaisse en encadré.

Vous avez vu au cours de ce TP comment employer les options des groupes Police et Alignement de l'onglet Accueil pour mettre en forme des cellules. Vous pouvez vous livrer à toutes les expériences que vous voulez, après avoir enregistré le classeur **TP28.xlsx**.

TP 29

Mise en forme d'une feuille de calcul (2e partie)

Dans cette partie, nous allons mettre en forme le mode d'affichage des données.

Prérequis : TP 28.
Fichier employé : TP28.xlsx ou TP29_début.xlsx
Temps de réalisation : 15 minutes

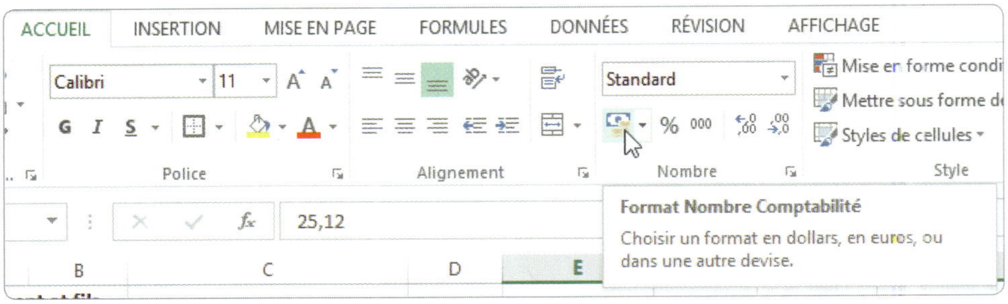

1 Ouvrez si nécessaire le fichier TP28 (ou le fichier TP29_début, en principe identique si vous n'avez pas procédé à vos propres expérimentations) et enregistrez-le sous le nom **TP29.xlsx**. Sélectionnez la plage E9:E13. Dans le groupe Nombre de l'onglet Accueil, cliquez sur le bouton Comptabilité.

L'affichage se modifie : les chiffres sont désormais dotés d'un signe euro et n'affichent que deux décimales après la virgule.

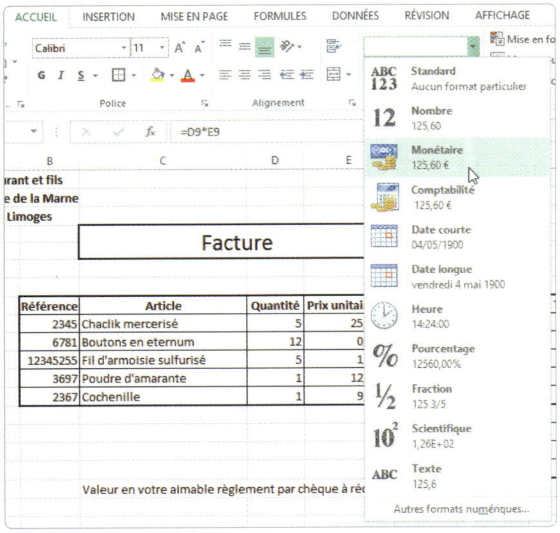

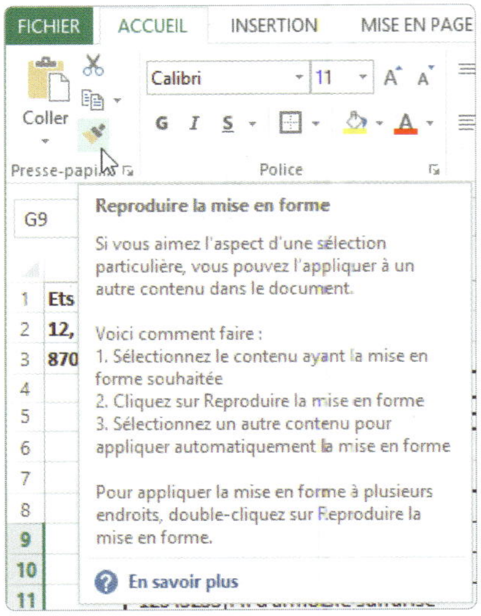

2 Sélectionnez la plage G9:G13. Dans le groupe Nombre de l'onglet Accueil, cliquez sur la flèche située à côté de Standard. Dans la liste, sélectionnez Monétaire.

C'est une autre façon de parvenir au même résultat. Les formats Monétaire et Comptabilité diffèrent légèrement, mais pas pour les valeurs employées ici.

3 La plage G9:G13 étant toujours sélectionnée, cliquez sur le bouton Reproduire la mise en forme du groupe Presse-Papiers, puis cliquez sur la zone H9:H13.

L'outil Reproduire la mise en forme est très pratique, mais souvenez-vous qu'il copie toute la mise en forme, y compris les encadrés et d'éventuelles couleurs de fond.

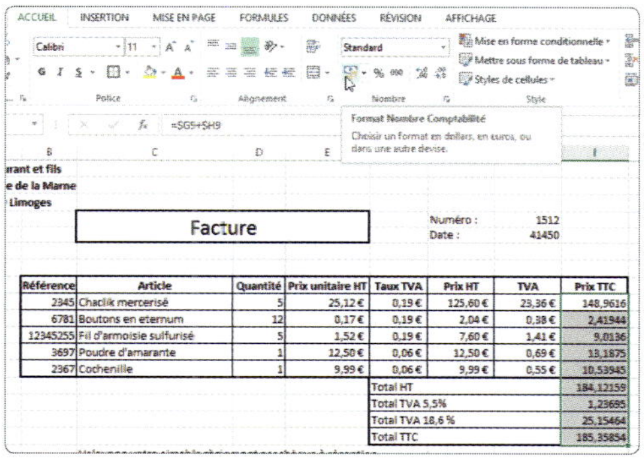

4 Sélectionnez la plage I9:I17. Dans le groupe Nombre de l'onglet Accueil, cliquez sur le bouton Comptabilité.

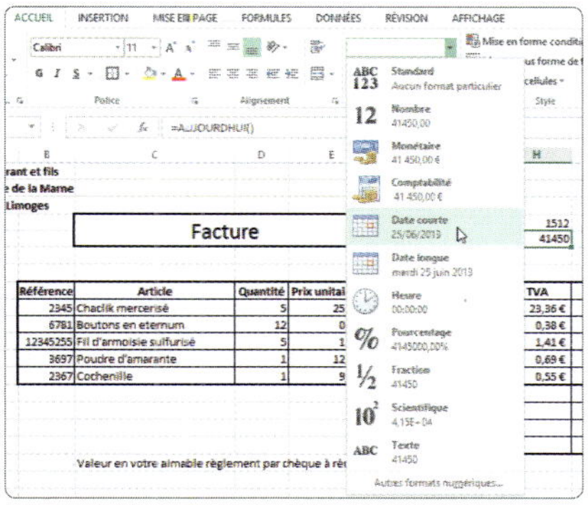

5 Sélectionnez la cellule H5. Dans le groupe Nombre de l'onglet Accueil, cliquez sur la flèche située à côté de Standard. Dans la liste, sélectionnez Date courte.

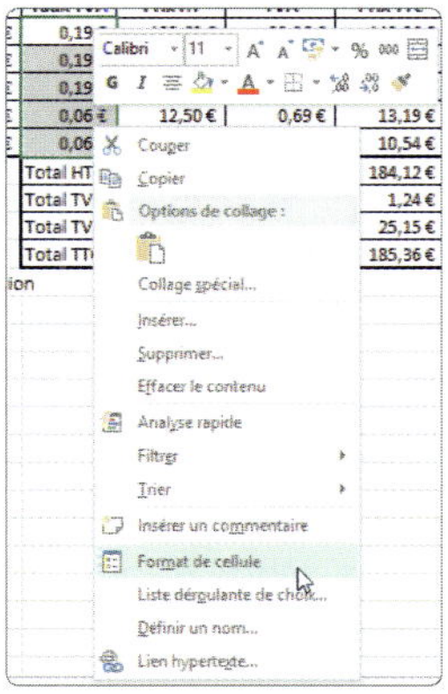

6 Les options du groupe Nombre de l'onglet Accueil sont très pratiques, mais vous pouvez disposer de beaucoup plus d'options en employant la boîte de dialogue Format de cellule. Sélectionnez la plage F9:F13, effectuez un clic droit avec la souris et choisissez dans le menu contextuel Format de cellule (vous pourriez aussi cliquer sur le bouton Format de cellule du groupe Nombres de l'onglet Accueil).

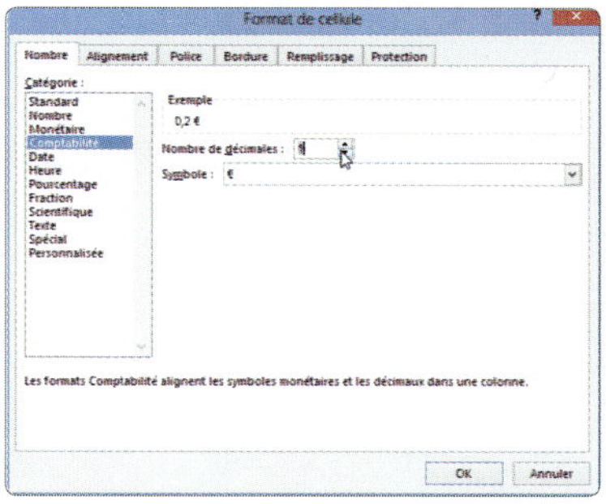

7 La boîte de dialogue Format de cellule qui apparaît permet de définir aussi bien le format des données que celui des cellules, grâce à différents onglets. La boîte de dialogue s'ouvre ici sur l'onglet Nombre. Dans la liste de gauche, cliquez sur Pourcentage. Dans le volet du centre, réglez Nombre de décimales à 1.

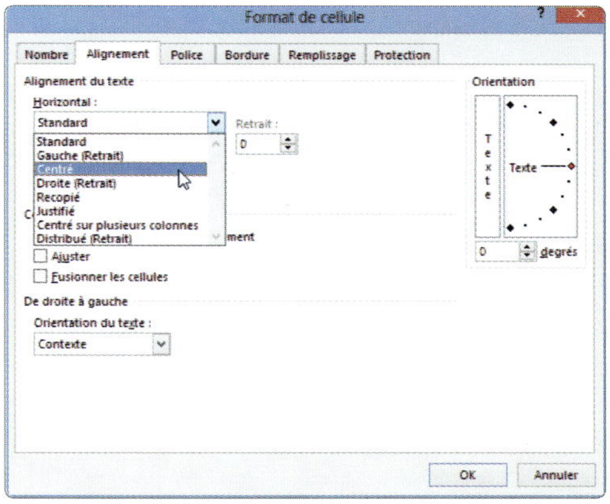

8 Dans la boîte de dialogue Format de cellule, cliquez sur l'onglet Alignement. Cliquez sur la flèche située à côté de Standard, sous Alignement du texte : horizontal, et choisissez Centré. Remarquez les autres options qui peuvent être ajustées depuis cet onglet : outre l'alignement horizontal, l'alignement vertical et l'orientation du texte.

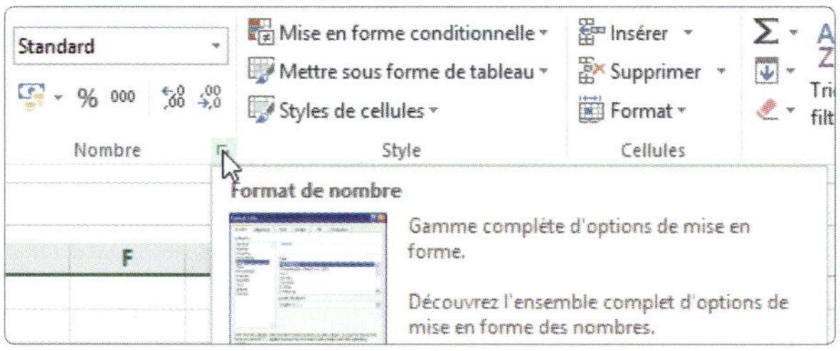

9 Sélectionnez la plage B8:I8, puis cliquez sur le bouton Format de cellule du groupe Nombres de l'onglet Accueil (vous pourriez aussi effectuer un clic droit sur la plage et choisir Format de nombre dans le menu contextuel).

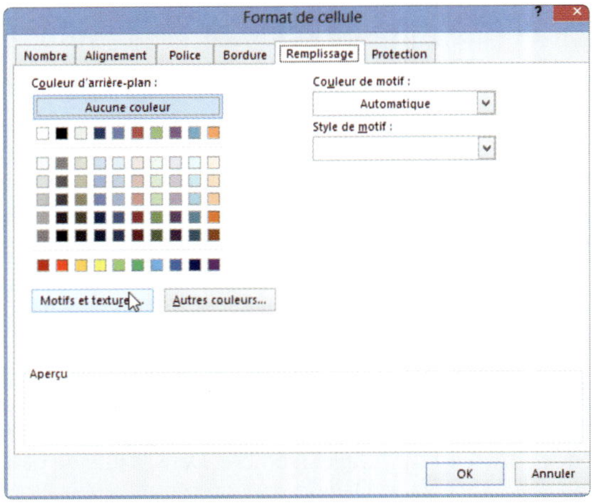

10 Cliquez sur l'onglet Remplissage de la boîte de dialogue Format de cellule. Dans celle-ci, cliquez sur le bouton Motifs et textures.

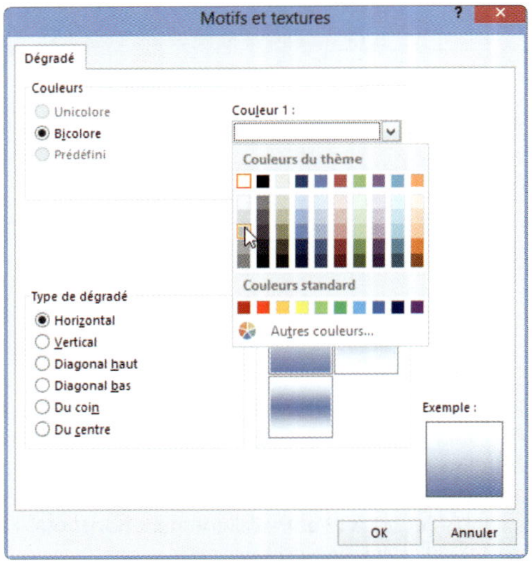

11 Dans la boîte de dialogue Dégradés, cliquez sur la flèche située à côté de Couleur 1 et sélectionnez un gris clair (la quatrième case à partir du haut de la colonne du blanc). Cliquez sur la flèche située à côté de couleur 2 et sélectionnez le blanc (la première case en haut à gauche).

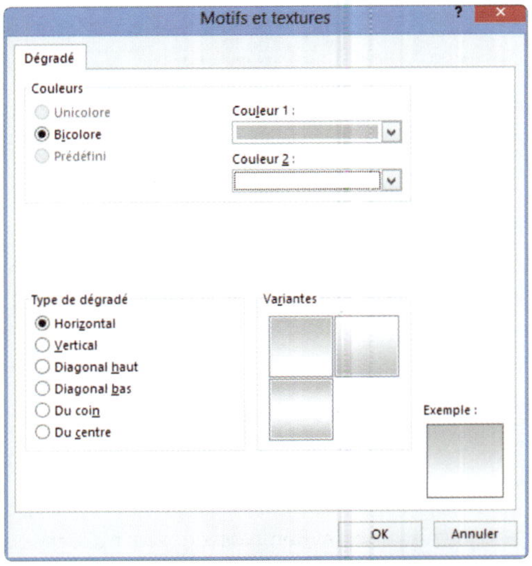

12 La boîte de dialogue Dégradé montre vos choix, et affiche en bas à droite un aperçu du résultat. Cliquez à deux reprises sur OK pour fermer les boîtes de dialogue Dégradés et Format de cellule.

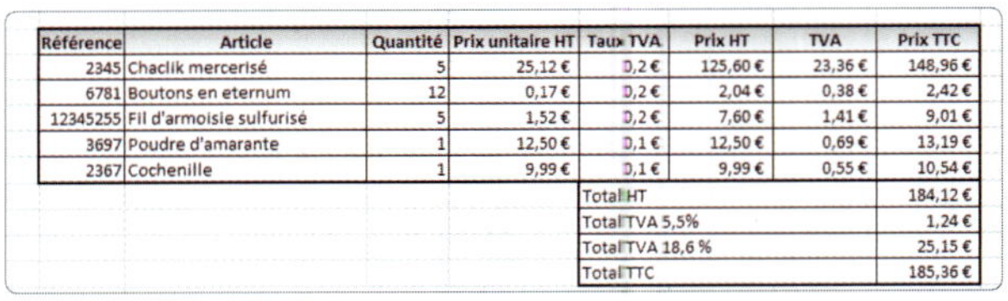

Référence	Article	Quantité	Prix unitaire HT	Taux TVA	Prix HT	TVA	Prix TTC
2345	Chaclik mercerisé	5	25,12 €	0,2 €	125,60 €	23,36 €	148,96 €
6781	Boutons en eternum	12	0,17 €	0,2 €	2,04 €	0,38 €	2,42 €
12345255	Fil d'armoisie sulfurisé	5	1,52 €	0,2 €	7,60 €	1,41 €	9,01 €
3697	Poudre d'amarante	1	12,50 €	0,1 €	12,50 €	0,69 €	13,19 €
2367	Cochenille	1	9,99 €	0,1 €	9,99 €	0,55 €	10,54 €
				Total HT			184,12 €
				Total TVA 5,5%			1,24 €
				Total TVA 18,6 %			25,15 €
				Total TTC			185,36 €

13 La plage sélectionnée affiche un dégradé de gris.

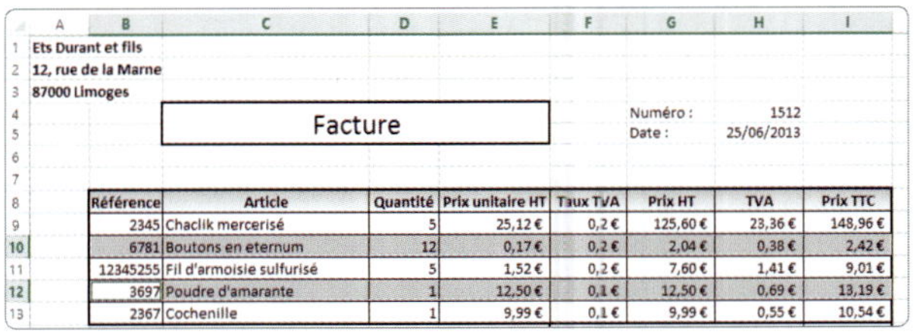

Ets Durant et fils
12, rue de la Marne
87000 Limoges

Facture

Numéro : 1512
Date : 25/06/2013

Référence	Article	Quantité	Prix unitaire HT	Taux TVA	Prix HT	TVA	Prix TTC
2345	Chaclik mercerisé	5	25,12 €	0,2 €	125,60 €	23,36 €	148,96 €
6781	Boutons en eternum	12	0,17 €	0,2 €	2,04 €	0,38 €	2,42 €
12345255	Fil d'armoisie sulfurisé	5	1,52 €	0,2 €	7,60 €	1,41 €	9,01 €
3697	Poudre d'amarante	1	12,50 €	0,1 €	12,50 €	0,69 €	13,19 €
2367	Cochenille	1	9,99 €	0,1 €	9,99 €	0,55 €	10,54 €

14 Sélectionnez la plage B10:I10. Appuyez sur la touche CTRL et en la maintenant enfoncée, cliquez sur la plage B12:I12 : les deux plages sont sélectionnées. Cliquez sur le bouton Format de cellule du groupe Nombres de l'onglet Accueil (vous pourriez aussi effectuer un clic droit sur la plage et choisir format de cellule dans le menu contextuel).

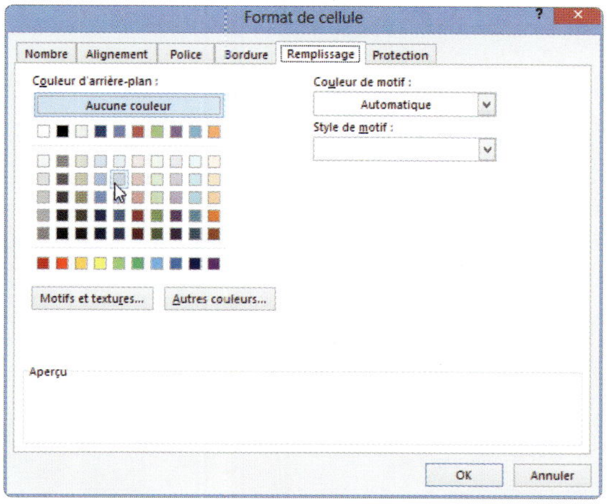

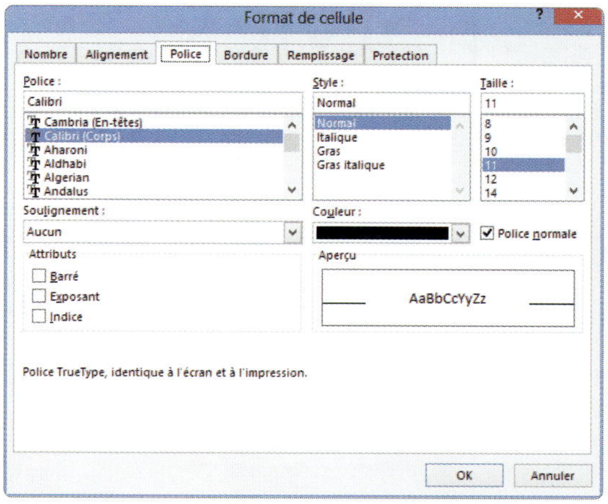

15 Cliquez sur l'onglet Remplissage de la boîte de dialogue Format de cellule. Dans la zone remplissage, cliquez sur la case bleu clair (la troisième à partir du haut de la colonne des bleus). Cliquez sur OK.

Référence	Article	Quantité	Prix unitaire HT	Taux TVA	Prix HT	TVA	Prix TTC
2345	Chaclik mercerisé	5	25,12 €	0,2 €	125,60 €	23,36 €	148,96 €
6781	Boutons en eternum	12	0,17 €	0,2 €	2,04 €	0,38 €	2,42 €
12345255	Fil d'armoisie sulfurisé	5	1,52 €	0,2 €	7,60 €	1,41 €	9,01 €
3697	Poudre d'amarante	1	12,50 €	0,1 €	12,50 €	0,69 €	13,19 €
2367	Cochenille	1	9,99 €	0,1 €	9,99 €	0,55 €	10,54 €

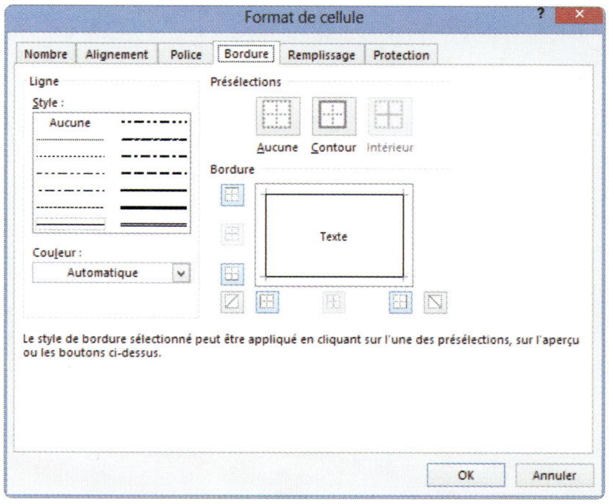

16 Cliquez n'importe où sur la feuille. La facture est désormais mise en forme. Choisissez toujours avec prudence votre couleur ou votre motif de remplissage. Cela peut pénaliser la lisibilité du contenu des cellules. Si vous modifiez ensuite la couleur du texte, celui-ci pourrait devenir illisible après impression sur une imprimante noir et blanc, qui rend les couleurs en tons de gris. Couleurs d'arrière-plan et motifs peuvent être précieux lors de la conception de feuilles de calcul qui doivent être renseignées par l'utilisateur. Ils peuvent lui indiquer les cases à ne pas remplir.

17 La boîte de dialogue Format de cellule possède d'autres onglets : les onglets Police et Bordure permettent d'ajuster finement respectivement les paramètres de la police et des bordures appliquées à la sélection. Le dernier onglet, Protection, sera étudié plus en détail par la suite.

Comme il a été dit, cette boîte de dialogue donne accès en un point central à bien plus d'options que celles accessibles depuis les options des groupes de l'onglet Accueil.

Enregistrez et fermez le classeur **TP29.xlsx**.

TP 30 Styles

Plutôt que de réaliser une mise en forme individuelle de cellules et de plages, vous pourriez préférer recourir aux styles d'Excel. Les styles sont des ensembles de formats spécialement conçus pour appliquer simultanément des mises en forme prédéfinies (police, alignements, bordures, motifs, etc.) à une cellule ou à une plage de cellules.

Prérequis : TP 28 et 29
Fichier employé : TP30_début.xlsx
Temps de réalisation : 10 minutes

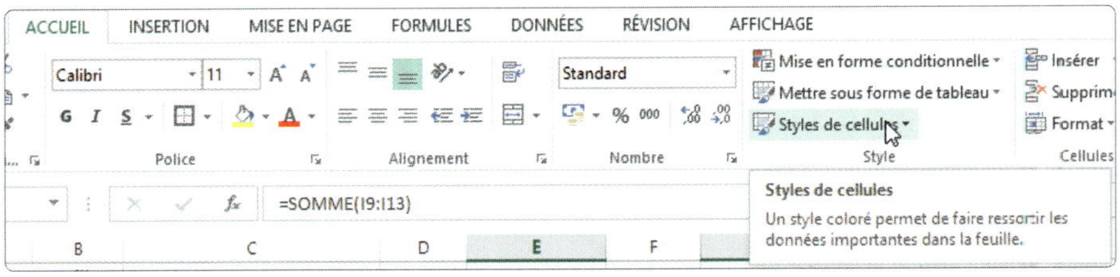

1 Ouvrez le fichier TP30_début.xlsx et enregistrez-le sous le nom **TP30.xlsx**. Sélectionnez la plage E9:E13. Appuyez sur la touche Ctrl, puis sélectionnez successivement sans relâcher la touche Ctrl les plages G9:I13, puis I14:I17. Libérez la touche Ctrl : vous avez à nouveau effectué une sélection multiple. Cliquez dans le groupe Style de l'onglet Accueil sur l'option Styles de cellules.

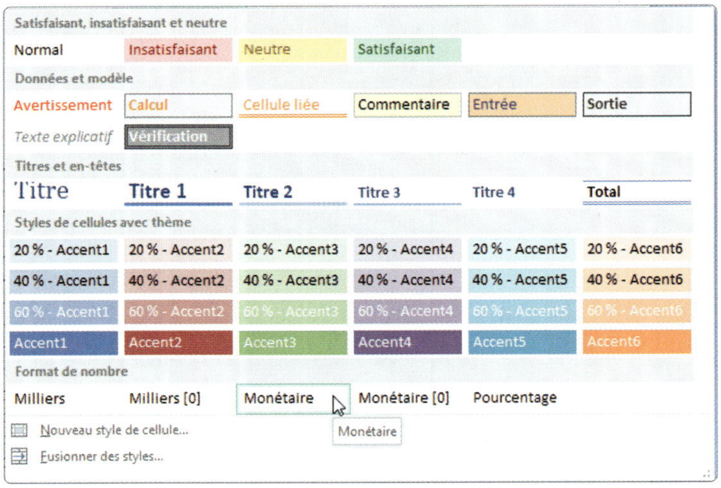

2 La boîte de dialogue Style de cellule s'affiche. Cette boîte de dialogue est une galerie : si vous déplacez le pointeur de votre souris sur les différentes options, la plage sélectionnée reflète l'effet de cette sélection. Normal, appliqué par défaut à tout nouveau contenu, est le seul style à appliquer à de nombreux éléments de mise en forme.

Sous Formats de nombre, cliquez sur Monétaire.

Les styles Monétaire et Monétaire [0] ajoutent le séparateur décimal et le symbole monétaire tels que définis dans les paramètres régionaux de votre ordinateur. Pour les utilisateurs du français standard, le style monétaire affiche les nombres avec deux décimales, des espaces entre les milliers, et les fait suivre du symbole €. Le style Monétaire [0] n'affiche quant à lui aucune décimale.

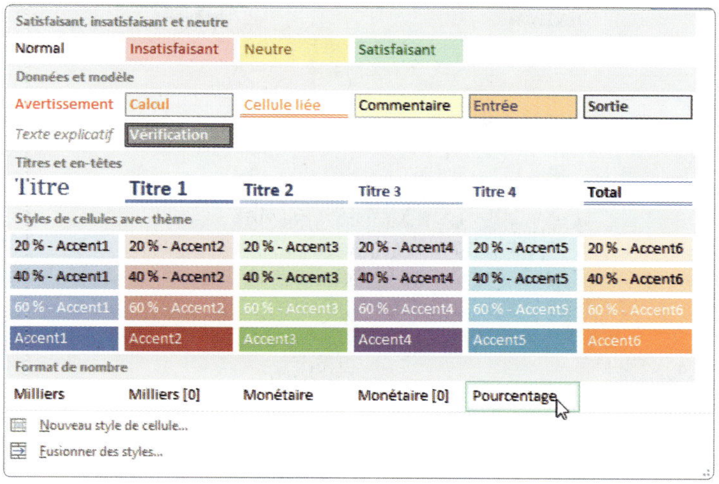

3 Sélectionnez la plage F9:F13. Cliquez dans le groupe Style de l'onglet Accueil sur l'option Styles de cellules, puis cliquez sur Pourcentage. Le style Pourcentage [%] affiche les nombres suivis du symbole de pourcentage [%]. Les valeurs doivent être saisies sous forme décimale : par exemple, 0,15 sera affiché 15 %.

Vous trouvez dans la galerie Style deux autres formats de nombre : Milliers et Milliers [0] ajoutent des espaces dans les nombres supérieurs à 999,99, de sorte à marquer les milliers. Le style Milliers affiche deux chiffres décimaux, alors que le style Milliers [0] n'en affiche aucun.

Les taux de TVA nécessitent une décimale : dans le groupe Nombre de l'onglet Accueil, cliquez sur le bouton Ajouter une décimale.

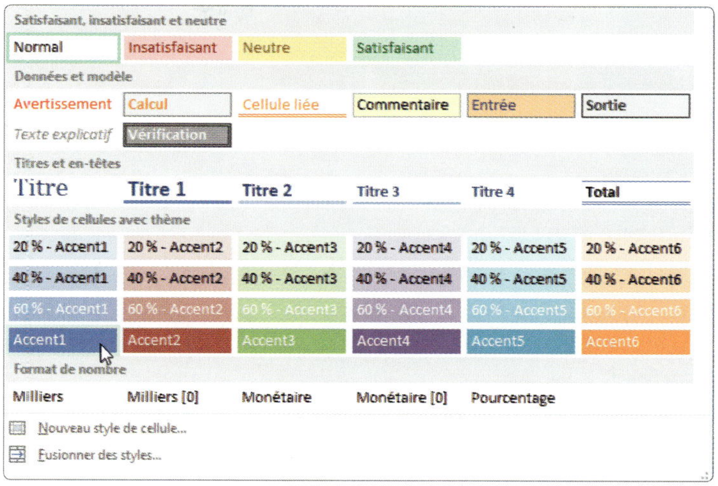

4 Sélectionnez la plage B8:I8. Cliquez dans le groupe Style de l'onglet Accueil sur l'option Styles de cellules, puis cliquez sous Styles de cellules avec thème sur la première case de la dernière ligne, le bleu foncé Accent1.

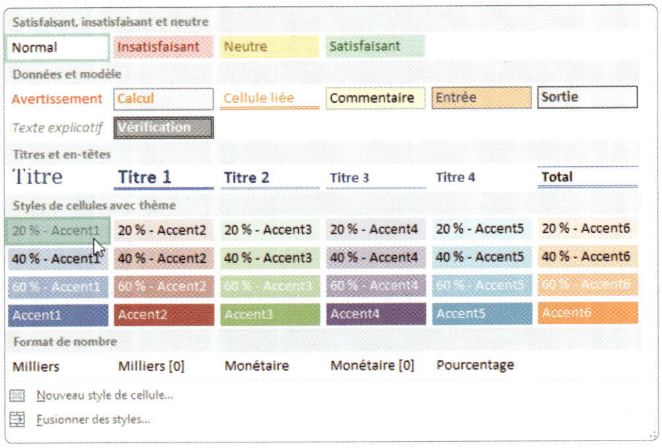

5 Sélectionnez les plages B9:I9, B11:I11 et B13:I13 (à l'aide de la touche CTRL), Cliquez dans le groupe Style de l'onglet Accueil sur l'option Styles de cellules, puis cliquez sous Styles de cellules avec thème sur la première case de la première ligne, le bleu clair 20 % Accent1.

6 Sélectionnez les plages B10:I10 et B12:I12 (à l'aide de la touche CTRL), cliquez dans le groupe Style de l'onglet Accueil sur l'option Styles de cellules, puis cliquez sous Styles de cellules avec thème sur la première case de la troisième ligne, le bleu moyen 60 % Accent1.

La facture présente un aspect plus sympathique. À l'aide des techniques que vous venez d'apprendre, vous pouvez poursuivre sa mise en forme, si vous le souhaitez. Enregistrez le classeur. Si vous poursuivez immédiatement avec le TP suivant, laissez-le ouvert.

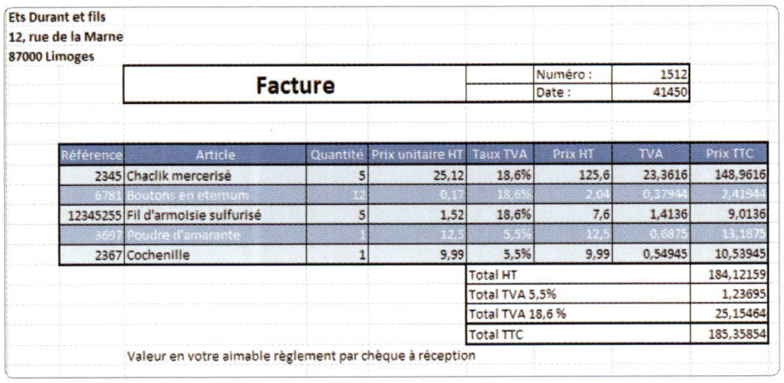

Ets Durant et fils
12, rue de la Marne
87000 Limoges

Facture

Numéro :	1512
Date :	41450

Référence	Article	Quantité	Prix unitaire HT	Taux TVA	Prix HT	TVA	Prix TTC
2345	Chaclik mercerisé	5	25,12	18,6%	125,6	23,3616	148,9616
6781	Boutons en eternum	12	0,17	18,6%	2,04	0,37944	2,41944
12345255	Fil d'armoisie sulfurisé	5	1,52	18,6%	7,6	1,4136	9,0136
3697	Poudre d'amarante	1	12,5	5,5%	12,5	0,6875	13,1875
2367	Cochenille	1	9,99	5,5%	9,99	0,54945	10,53945
				Total HT			184,12159
				Total TVA 5,5%			1,23695
				Total TVA 18,6 %			25,15464
				Total TTC			185,35854

Valeur en votre aimable règlement par chèque à réception

7 La facture présente un aspect plus sympathique. À l'aide des techniques que vous venez d'apprendre, vous pouvez poursuivre sa mise en forme, si vous le souhaitez. Enregistrez le classeur. Si vous poursuivez immédiatement avec le TP suivant, laissez-le ouvert.

TP 31

Style personnalisé

Excel permet de définir des styles personnalisés susceptibles de conférer une certaine homogénéité aux feuilles de calcul. Il existe deux façons de procéder : intégralement à l'aide des boîtes de dialogue Style et Format de cellule, ou en partant d'une cellule déjà mise en forme qui sert de modèle lors de l'élaboration du nouveau style.

Prérequis : TP 30
Fichier employé : TP30.xlsx
Temps de réalisation : 5 minutes

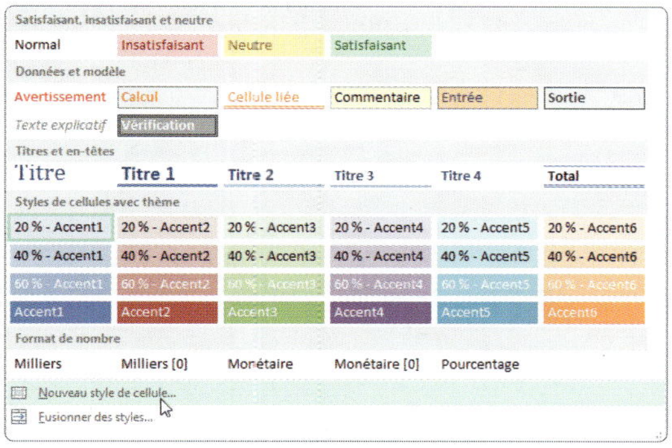

1 S'il n'est pas déjà ouvert, ouvrez le classeur TP30 et enregistrez-le sous le nom **TP31.xlsx**. Sélectionnez la cellule F9. Dans le groupe Style de l'onglet Accueil, cliquez sur Style de cellule puis, dans la galerie, cliquez en bas sur Nouveau style de cellule.

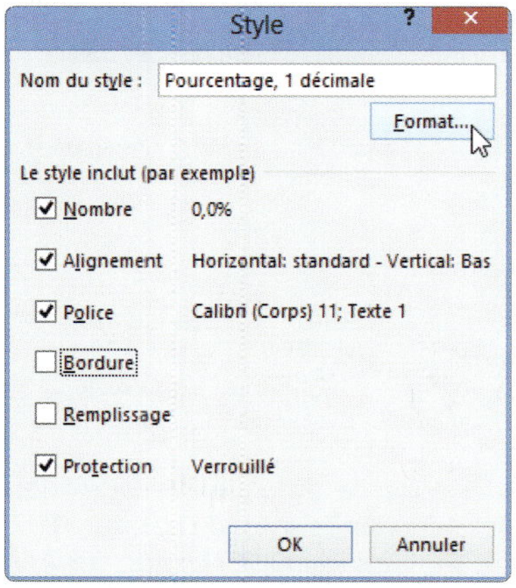

2 Dans la boîte de dialogue Style, saisissez dans la zone de texte Nom du style le nom du nouveau style, **Pourcentage, 1 décimale**. Dans la section Le style inclut (par exemple), décochez les cases Bordure et Remplissage.

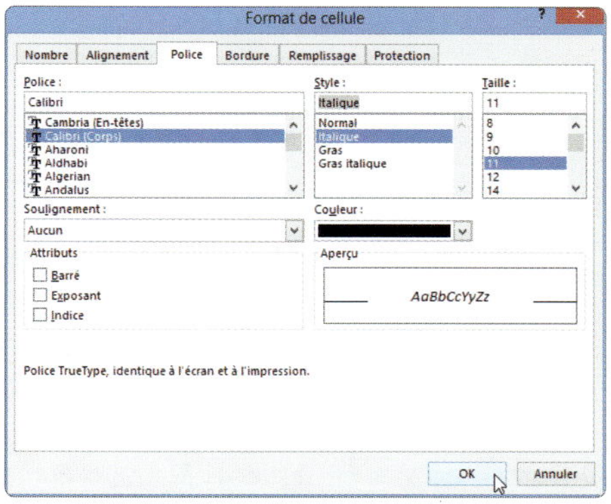

3 Cliquez sur le bouton Format pour afficher à l'écran la boîte de dialogue Format de cellule. Cliquez sur l'onglet Police. Apportez les modifications souhaitées. Cliquez ensuite sur OK pour retourner à la boîte de dialogue Style, puis à nouveau sur OK pour fermer cette dernière.

Sélectionnez la plage F9:F13, puis dans le groupe Style de l'onglet Accueil cliquez sur Style de cellule. Dans la galerie, cliquez sur votre nouveau style, Pourcentage 1 décimale : les styles personnalisés apparaissent en haut de la boîte de la galerie.

Référence	Article	Quantité	Prix unitaire HT	Taux TVA	Prix HT	TVA	Prix TTC
2345	Chaclik mercerisé	5	25,12	*18,6%*	125,6	23,3616	148,9616
6781	Boutons en eternum	12	0,17	*18,6%*	2,04	0,37944	2,41944
12345255	Fil d'armoisie sulfurisé	5	1,52	*18,6%*	7,6	1,4136	9,0136
3697	Poudre d'amarante	1	12,5	*5,5%*	12,5	0,6875	13,1875
2367	Cochenille	1	9,99	*5,5%*	9,99	0,54945	10,53945

4 Les taux de TVA apparaissent maintenant en italique, car c'est la seule modification apportée au style précédemment appliqué à la cellule F9. Les bordures et le remplissage ne sont pas modifiés. Vous pourriez également créer un nouveau style à partir de zéro, en agissant sur les différentes options des onglets de la boîte de dialogue Format de cellule.

Enregistrez le classeur **TP31.xlsx** et fermez-le si vous ne poursuivez pas immédiatement avec le TP suivant.

TP 32

Modification d'un style existant

Vous pouvez modifier tout style existant, qu'il s'agisse d'un style prédéfini ou d'un style personnalisé.

Prérequis : TP 30 et 31
Fichier employé : TP31.xlsx
Temps de réalisation : 5 minutes

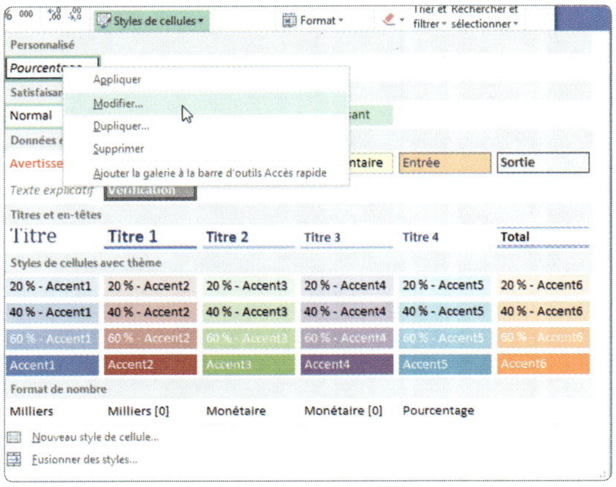

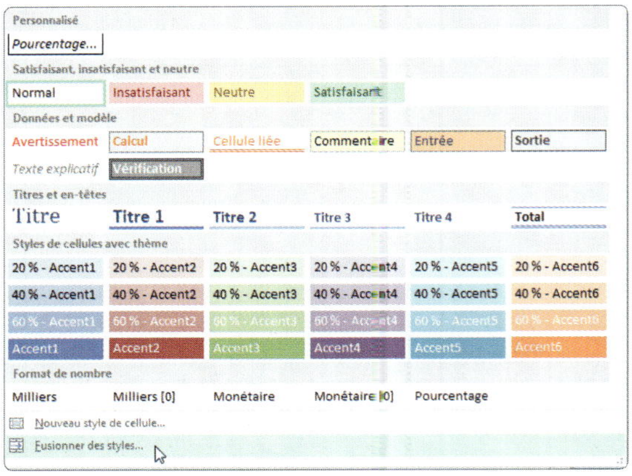

1 Ouvrez si nécessaire le fichier TP31.xlsx et enregistrez-le sous le nom **TP32.xlsx**. Dans le groupe Style de l'onglet Accueil, cliquez sur Style de cellule. Dans la galerie, effectuez un clic droit sur le style concerné et choisissez Modifier dans le menu contextuel.

3 Ouvrez à nouveau le fichier TP31.xlsx. Dans celui-ci, dans le groupe Style de l'onglet Accueil, cliquez sur Style de cellule, puis choisissez Fusionner des styles.

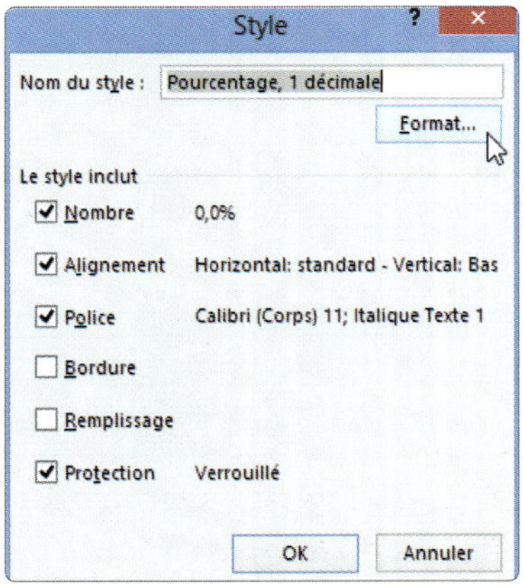

2 La boîte de dialogue Style s'affiche. Sélectionnez les options adéquates de la section Le style inclut de la boîte de dialogue. Cliquez sur Format pour afficher à l'écran la boîte de dialogue Format de cellule. Apportez les modifications souhaitées, puis cliquez sur OK pour revenir à la boîte de dialogue Style.

4 Dans la boîte de dialogue Fusionner des styles, vous pouvez importer les styles du classeur TP32 dans le classeur TP31. C'est ici inutile : cliquez sur Annuler, fermez le classeur TP31 puis fermez et enregistrez le classeur TP32. Les styles personnalisés ou modifiés sont propres au classeur où vous les avez créés ou modifiés. Pour pouvoir les employer dans un autre classeur, vous devez suivre les étapes précédentes 3 et 4, avec les classeurs concernés.

TP 33

Mise en forme conditionnelle

La mise en forme conditionnelle est une puissante fonction proposée par Excel. Comme son nom l'indique, elle consiste à appliquer une mise en forme particulière à une sélection en fonction d'une ou plusieurs conditions.

Prérequis : néant.
Fichier employé : TP33_début.xlsx
Temps de réalisation : 15 minutes

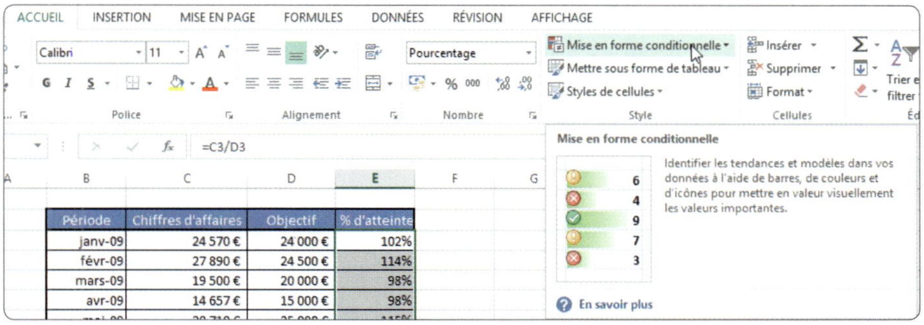

1 Ouvrez le fichier TP33_début.xslx, puis enregistrez-le sous le nom **TP33.xlsx**. Sélectionnez la plage E3:E14 puis choisissez dans le groupe Style de l'onglet Accueil l'option Mise en forme conditionnelle.

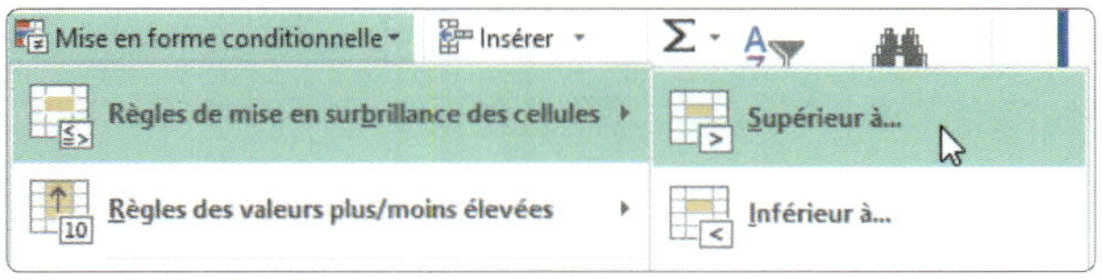

2 Dans la galerie, sélectionnez Règles de mise en surbrillance des cellules. Dans le menu secondaire, sélectionnez Supérieur à.

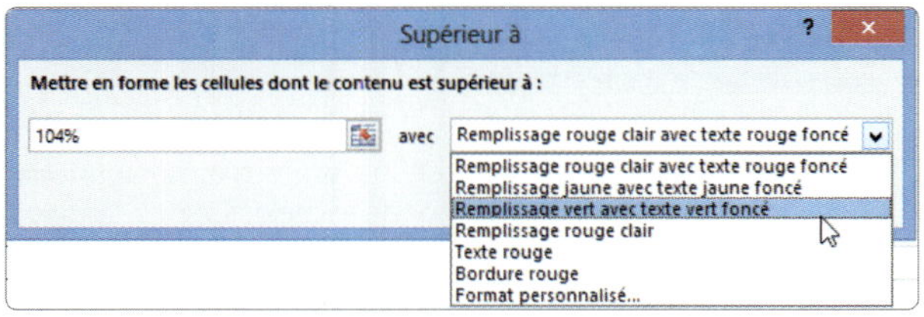

3 Dans la boîte de dialogue, laissez la valeur par défaut (104 %) et cliquez sur la flèche de la zone de liste déroulante pour choisir Remplissage vert avec texte vert foncé, puis cliquez sur OK.

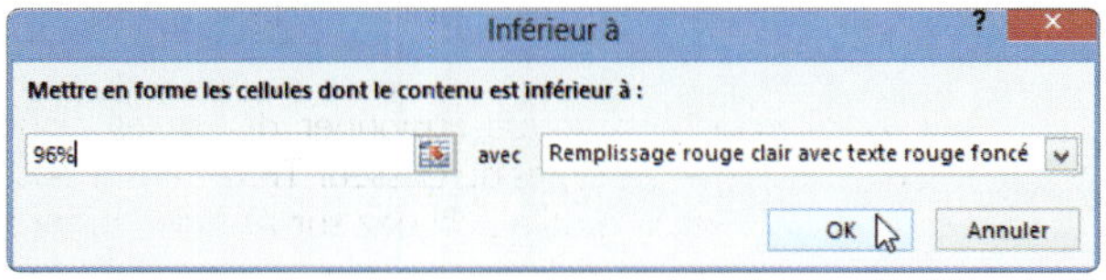

4 Dans le groupe Style de l'onglet Accueil, cliquez à nouveau sur l'option Mise en forme conditionnelle. Sélectionnez Règles de mise en surbrillance des cellules, puis dans le menu secondaire Sélectionnez Inférieur à. Dans la boîte de dialogue, saisissez **96 %** et laissez Remplissage rouge clair avec texte rouge foncé, puis cliquez sur OK.

Cliquez n'importe où sur la feuille pour désélectionner la plage. Les pourcentages d'atteinte des objectifs s'affichent désormais dans des couleurs différentes selon leur valeur.

Période	Chiffres d'affaires	Objectif	% d'atteinte
janv-09	24 570 €	24 000 €	102%
févr-09	27 890 €	24 500 €	114%
mars-09	19 500 €	20 000 €	98%
avr-09	14 657 €	15 000 €	98%
mai-09	28 710 €	25 000 €	115%
juin-09	26 021 €	26 000 €	100%
juil-09	24 980 €	25 000 €	100%
août-09	32 145 €	28 000 €	115%
sept-09	24 572 €	25 000 €	98%
oct-09	23 514 €	25 000 €	94%
nov-09	26 972 €	25 000 €	108%
déc-09	19 785 €	20 000 €	99%
Total 2009	293 316 €	282 500 €	104%

5 Comme vous venez de le constater, vous pouvez combiner les règles de mise en surbrillance sur une même sélection, pour mettre en évidence différents types de valeurs. Excel propose de nombreuses autres options que nous allons explorer maintenant.

Surbrillance : valeurs	
Période	% d'atteinte
janv-09	102%
févr-09	114%
mars-09	98%
avr-09	98%
mai-09	115%
juin-09	100%

6 Cliquez sur l'onglet Feuil2. Sélectionnez la plage C4:C9. Dans le groupe Style de l'onglet Accueil, cliquez sur l'option Mise en forme conditionnelle. Sélectionnez Règles de mise en surbrillance des cellules, puis dans le menu secondaire sélectionnez Inférieur à. Dans la boîte de dialogue, entrez comme valeur **98 %**. Cliquez sur OK.

Surbrillance : texte	
Elève	Appréciation
Albert	Excellent
Béatrice	Moyen
Charles	Moyen
Dominique	Faible
Elise	Faible
François	Excellent

7 Sélectionnez la plage C13:C22. Dans le groupe Style de l'onglet Accueil, cliquez sur l'option Mise en forme conditionnelle. Sélectionnez Règles de mise en surbrillance des cellules, puis dans le menu secondaire, sélectionnez Texte qui contient. Dans la boîte de dialogue, saisissez **Faible**. Cliquez sur OK sans modifier l'option de mise en forme. Cliquez à nouveau sur l'option Mise en forme conditionnelle. Sélectionnez Règles de mise en surbrillance des cellules, puis dans le menu secondaire sélectionnez Texte qui contient. Dans la boîte de dialogue, saisissez **Excellent**, puis choisissez comme mise en forme Remplissage vert avec texte vert foncé. Cliquez sur OK.

Surbrillance : doublons	
Article	Ventes
AD24512	49
FG1290	18
FG14356	25
FG25134	47
FG1290	2
AD24512	14

8 Sélectionnez la plage B22:C27. Dans le groupe Style de l'onglet Accueil, cliquez sur l'option Mise en forme conditionnelle. Sélectionnez Règles de mise en surbrillance des cellules, puis dans le menu secondaire sélectionnez Valeurs en double. Dans la boîte de dialogue, choisissez comme mise en forme Remplissage rouge clair. Cliquez sur OK.

10% des valeurs les + élevées	
Période	% d'atteinte
janv-09	102%
févr-09	114%
mars-09	98%
avr-09	98%
mai-09	115%
juin-09	100%

9 Sélectionnez la plage F4:F9. Dans le groupe Style de l'onglet Accueil, cliquez sur l'option Mise en forme conditionnelle. Sélectionnez Règles des valeurs plus/moins élevées, puis dans le menu secondaire sélectionnez 10 % les plus élevés. Dans la boîte de dialogue, choisissez l'option de mise en forme Remplissage jaune avec texte jaune foncé. Cliquez sur OK.

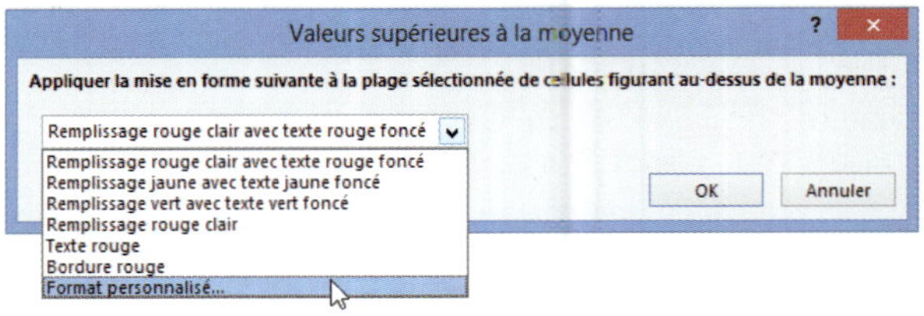

10 Vous pouvez facilement définir un format personnalisé de mise en forme conditionnelle. Sélectionnez la plage F13:F22. Dans le groupe Style de l'onglet Accueil, cliquez sur l'option Mise en forme conditionnelle. Sélectionnez Règles des valeurs plus/moins élevées, puis dans le menu secondaire sélectionnez Valeurs supérieures à la moyenne.

Dans la boîte de dialogue Valeurs supérieures à la moyenne, cliquez sur la flèche de la zone de liste déroulante et choisissez comme mise en forme l'option Format personnalisé.

La familière boîte de dialogue Format de cellule s'ouvre. Dans l'onglet Police, cliquez sur la flèche de la zone Couleur et choisissez sous Couleurs standard le vert foncé. Cliquez à deux reprises sur OK.

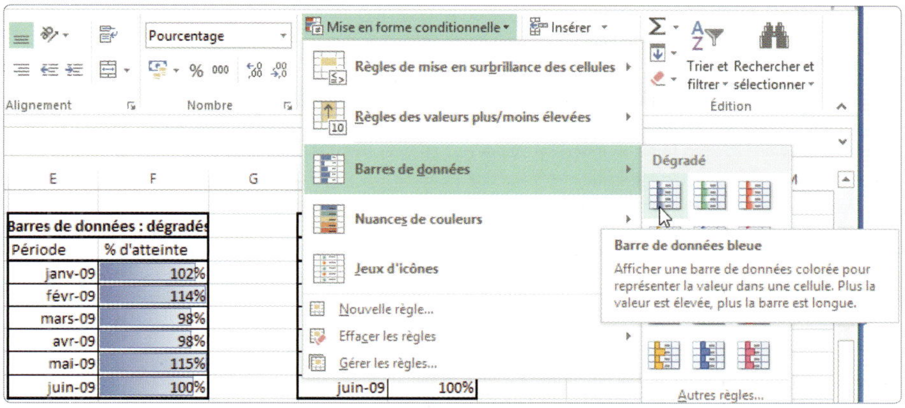

11 Sélectionnez la plage F22:F27. Dans le groupe Style de l'onglet Accueil, cliquez sur l'option Mise en forme conditionnelle. Sélectionnez Barre de données. La boîte de dialogue complémentaire qui s'affiche est une galerie : en déplaçant le curseur de la souris sur les différentes options, vous voyez l'aspect de votre sélection se modifier. Cliquez dans Dégradés sur Barre de données bleue.

12 Sélectionnez la plage I4:I9. Dans le groupe Style de l'onglet Accueil, cliquez sur l'option Mise en forme conditionnelle. Sélectionnez Barre de données. Dans la galerie complémentaire, cliquez sous Remplissage uni sur Barre de données verte. Les dégradés sont parfois difficiles à lire : dans ces cas, préférez le style Remplissage uni.

Barres de données : unies	
Période	% d'atteinte
janv-09	102%
févr-09	114%
mars-09	98%
avr-09	98%
mai-09	115%
juin-09	100%

13 Sélectionnez la plage I13:I22. Dans le groupe Style de l'onglet Accueil, cliquez sur l'option Mise en forme conditionnelle. Sélectionnez Nuances de couleurs. Le menu secondaire est encore une galerie. Cliquez sur Échelle de couleurs Vert - Blanc - Rouge.

Nuances de couleurs	
Période	% d'atteinte
janv-09	102%
févr-09	114%
mars-09	98%
avr-09	98%
mai-09	115%
juin-09	100%

14 Sélectionnez la plage I22:I27. Dans le groupe Style de l'onglet Accueil, cliquez sur l'option Mise en forme conditionnelle. Sélectionnez Jeux d'icônes. Le menu secondaire est encore une galerie. Cliquez sous Formes sur 3 indicateurs (sans bordure).

Jeux d'icônes	
Période	% d'atteinte
janv-09	102%
févr-09	114%
mars-09	98%
avr-09	98%
mai-09	115%
juin-09	100%

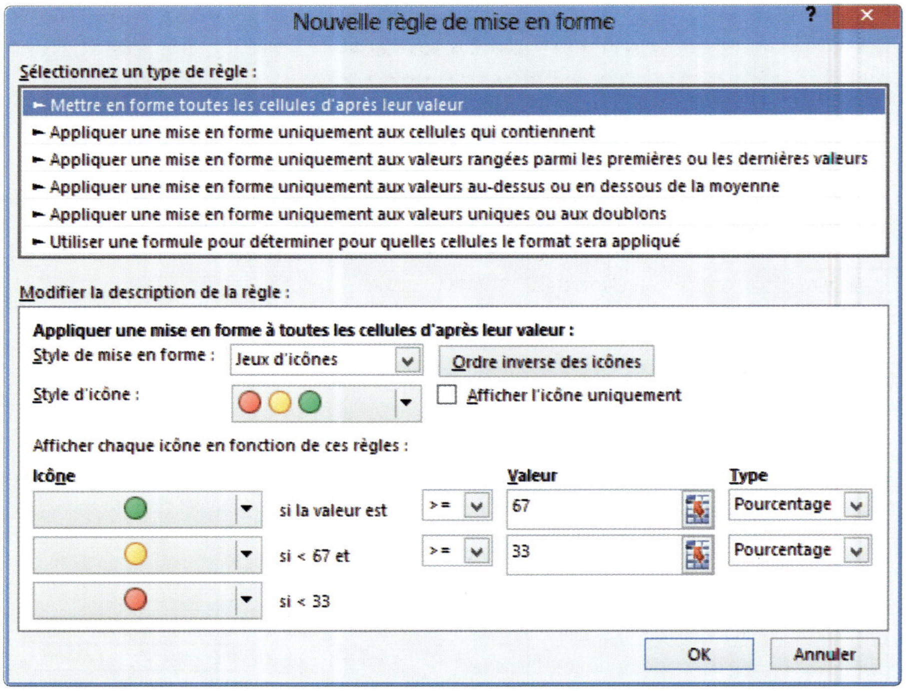

15 Dans le groupe Style de l'onglet Accueil, cliquez sur l'option Mise en forme conditionnelle. Sélectionnez Jeux d'icônes, puis cliquez en bas de la galerie secondaire sur Autres règles.

La boîte de dialogue Nouvelle règle de mise en forme conditionnelle permet de modifier toutes les options de votre règle de mise en forme conditionnelle.

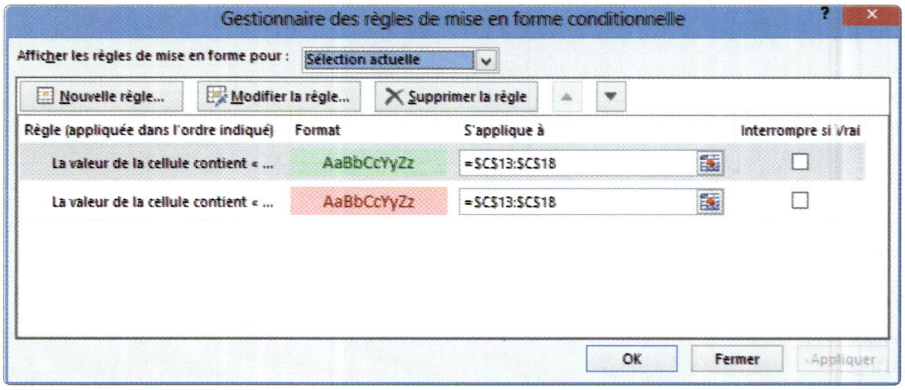

16 Sélectionnez la plage C13:C22. Dans le groupe Style de l'onglet Accueil, cliquez sur l'option Mise en forme conditionnelle, puis cliquez sur Gérer les règles. Depuis la boîte de dialogue Gestionnaire des règles de mise en forme conditionnelle, vous pouvez ajuster les paramètres de plusieurs règles conditionnelles appliquées à une même sélection.

Les possibilités offertes par les règles de mise en forme conditionnelles sont immenses et permettent de mettre facilement en évidence des valeurs selon des conditions précises. N'hésitez pas à mener vos propres expériences en ce domaine, jusqu'à obtenir la présentation idéale !

TP 34 Tableaux Excel

Excel propose une mise en forme globale d'un ensemble de cellules sous forme de tableau. Un tableau Excel offre de nombreuses possibilités, tant en matière de mise en forme que pour l'exploitation des données qu'il contient. Un tableau comporte au moins deux cellules, obligatoirement contiguës.

Prérequis : néant
Fichier employé : TP34_début.xlsx
Temps de réalisation : 15 minutes

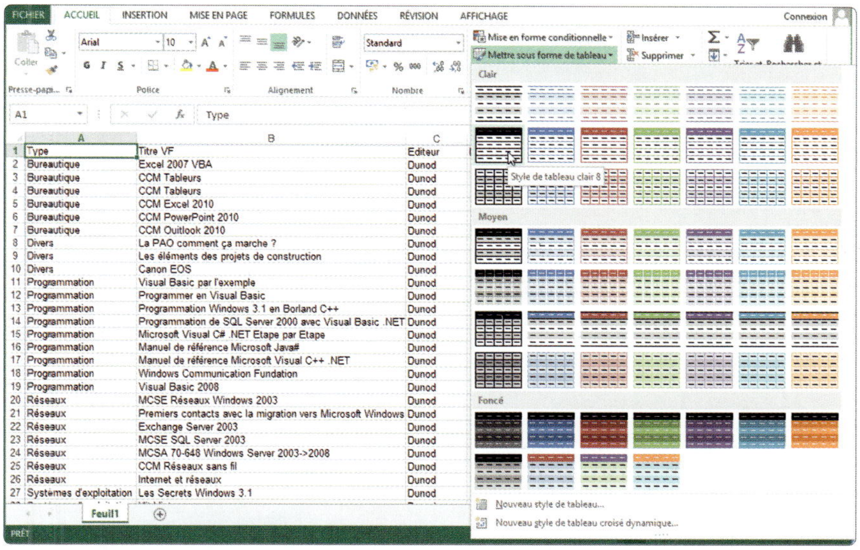

1 Ouvrez le fichier TP34_début.xlsx et enregistrez-le sous le nom **TP34.xlsx**. Sélectionnez la cellule A1. Choisissez dans le groupe Style de l'onglet Accueil l'option Mettre sous forme de tableau, puis cliquez sur la première icône de la seconde ligne, Style de tableau clair 8.

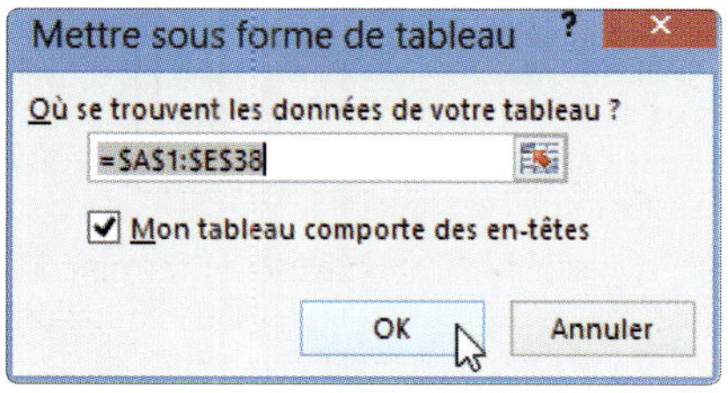

2 Une boîte de dialogue vous demande de confirmer la plage concernée par le tableau et de préciser si la première ligne contient des en-têtes.
Remarquez qu'Excel a étendu la sélection (initialement uniquement la cellule A1) à toutes les cellules potentiellement concernées. Cliquez sur OK.

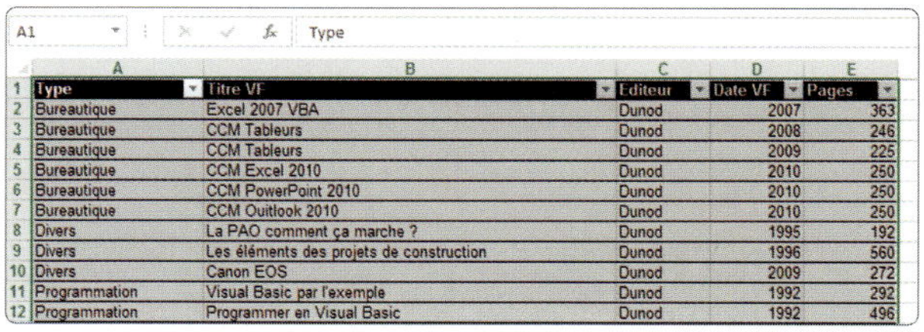

3 La plage (ici A1:E38) se transforme en tableau, doté du style retenu. Remarquez la présence de flèches dans la ligne d'en-tête : nous y reviendrons sous peu, dans les prochains TP.

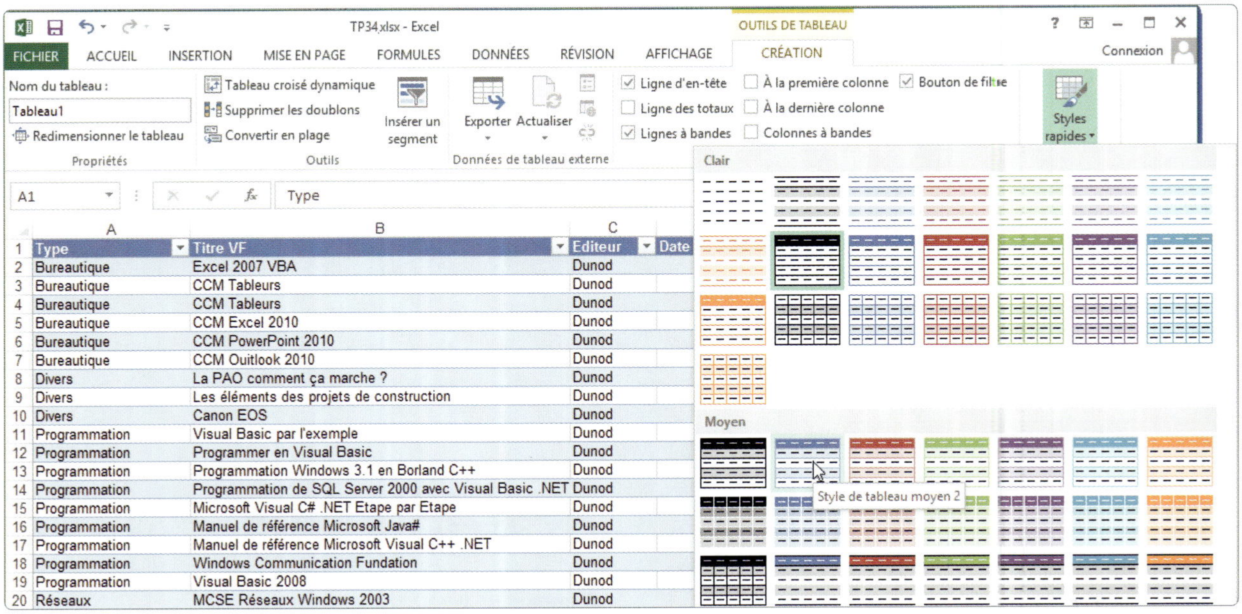

4 Un nouvel onglet est apparu dans le ruban : Outils de tableau, Création. Dans celui-ci, cliquez sur Styles rapides. La boîte de dialogue affichée à l'écran se comporte maintenant comme une galerie : la plage sélectionnée affiche un aperçu du résultat lorsque vous déplacez le pointeur de votre souris sur les différentes possibilités. Sélectionnez la deuxième case de la première ligne du groupe Moyen, Style de tableau moyen 2. Vous obtiendriez la même galerie en cliquant à nouveau dans le groupe Style de l'onglet Accueil sur l'option Mettre sous forme de tableau.

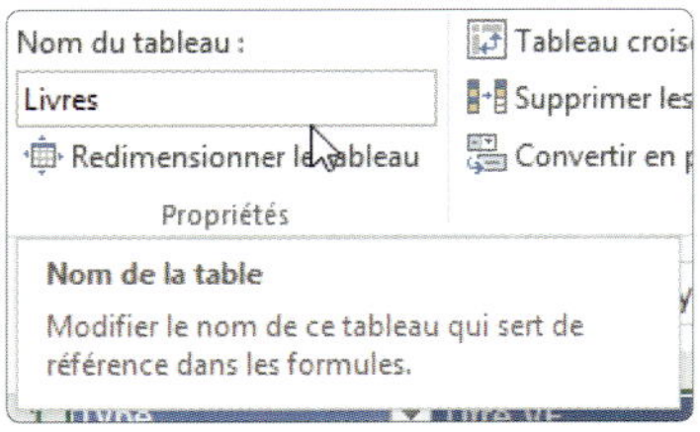

5 Intéressons-nous à ce nouvel onglet Outils de tableaux, Création. Remarquez dans le groupe Propriétés la zone située sous Nom du tableau. Lorsque vous créez un tableau, celui-ci se voit automatiquement affecter un nom par défaut, comme ici Tableau1 : c'est une plage nommée. Vous pouvez (et devriez dans la plupart des cas) modifier ce nom par défaut en quelque chose de plus explicite. Faites-le en cliquant dans la zone et en saisissant **Livres**.

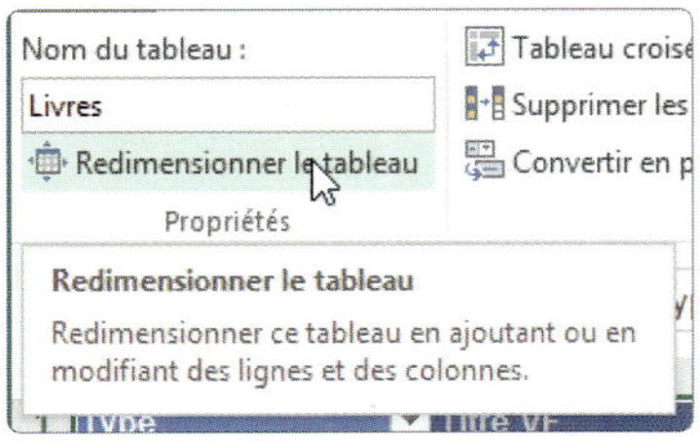

6 Cliquez sur le bouton Redimensionner le tableau : dans la boîte de dialogue qui s'ouvre, vous pouvez modifier (dans certaines limites) l'étendue du tableau.

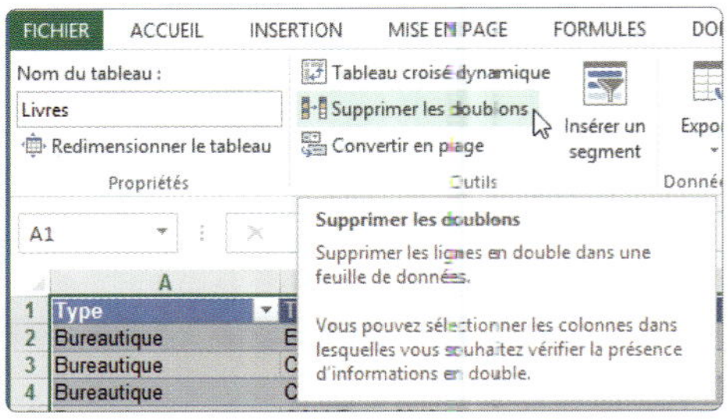

7 Le groupe Outils propose plusieurs options : Synthétiser avec un tableau croisé dynamique crée un tableau dynamique (nous étudierons cela en détail plus loin), Convertir en plage retransforme le tableau en plage normale, Supprimer les doublons permet d'éliminer les éléments en double. Cliquez sur Supprimer les doublons. Une boîte de dialogue permet de spécifier quelles colonnes doivent contribuer à la définition d'un doublon. Laissez toutes les cases cochées et cliquez sur OK : une nouvelle boîte de dialogue signale que ce tableau ne comporte pas de doublons.

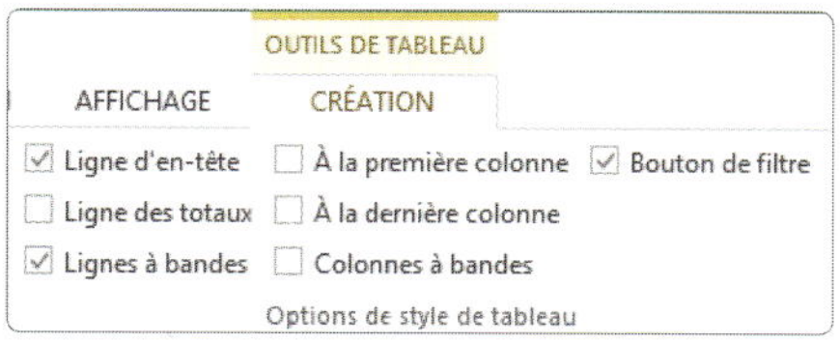

8 Le groupe Options de style de tableau propose des options intéressantes, présentées sous forme de cases à cocher qui activent ou désactivent l'option. Décochez l'option Ligne d'en-tête : celle-ci disparaît du tableau. Cochez à nouveau cette option pour la faire réapparaître.
Décochez l'option Ligne à bande : les bandes disparaissent du tableau. Cliquez sur Colonne à bande : des bandes apparaissent sur les colonnes.

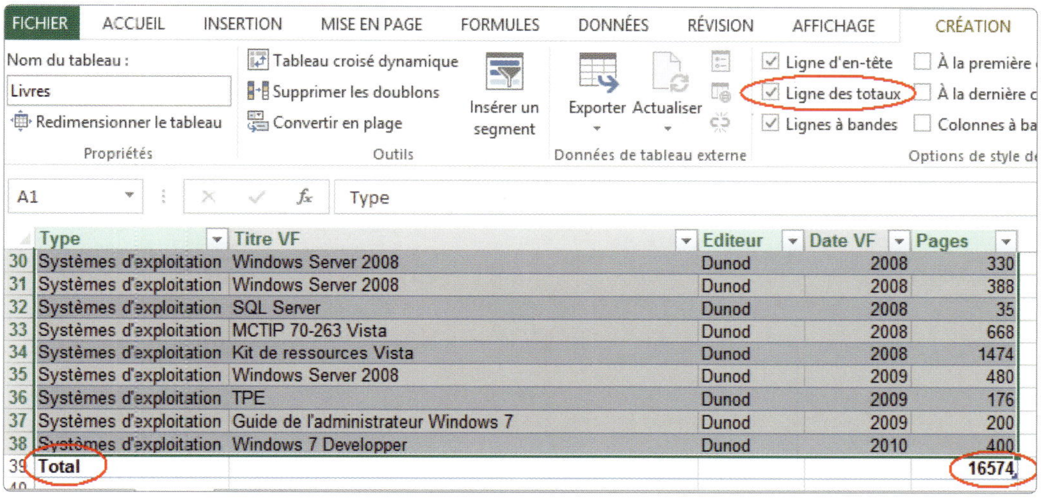

9 Cochez à nouveau Ligne à bande et décochez Colonne à bande. Cochez l'option Ligne de totaux : une ligne de totaux apparaît en bas du tableau. La colonne Pages est la seule à présenter un total car c'est la seule colonne numérique. Décochez l'option Ligne de totaux.
Les options A la première ligne et A la première colonne donnent une mise en forme particulière (souvent gras) à la première ligne ou à la première colonne. Cliquez sur Styles rapides. Dans la galerie, cliquez sur Nouveau style de tableau.

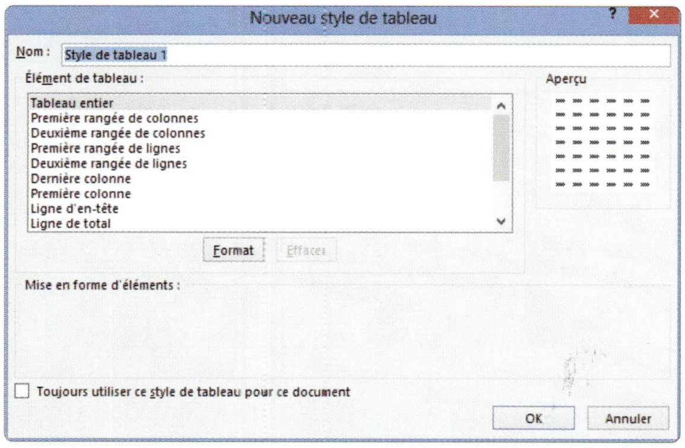

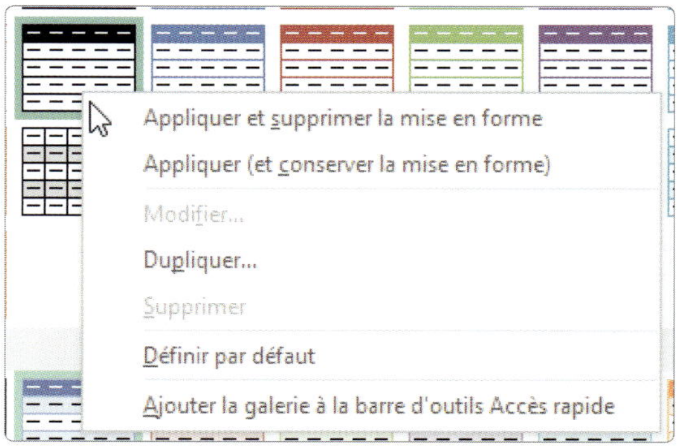

10 Dans la boîte de dialogue qui s'affiche, vous pouvez définir un nouveau style personnalisé de tableau. Sélectionnez la totalité du tableau ou un de ses éléments dans la liste, puis cliquez sur Format pour ouvrir la traditionnelle boîte de dialogue Format de cellule, où vous définissez toutes les options de mise en forme. Définissez toutes les mises en formes nécessaires, puis confirmez en cliquant sur OK dans la première boîte de dialogue (sans avoir oublié de donner un nom explicite à ce style). Un style personnalisé de tableau apparaît en haut de la galerie Styles rapides (ou de la galerie qui s'ouvre lorsque vous créez un nouveau tableau).

11 Cliquez sur Styles rapides. Dans la galerie, effectuez un clic droit sur un des styles. Plusieurs options vous sont proposées, comme Définir ce style par défaut, appliquer avec ou sans mise en forme ou Ajouter la galerie à la barre d'accès rapide.
L'option Modifier est inaccessible : vous devez d'abord choisir Dupliquer. Vous pouvez ensuite modifier le style dupliqué pour en faire un style personnalisé.
Enregistrez et fermez le classeur **TP34.xlsx**.

Insertion d'autres objets

Excel permet d'incorporer dans une feuille de calcul de nombreux types d'objets différents : lien hypertexte, image (comme un logo), formes devant servir de bouton de commande par programmation, etc.

Prérequis : néant.
Fichier employé : TP35_début.xlsx
Temps de réalisation : 15 minutes

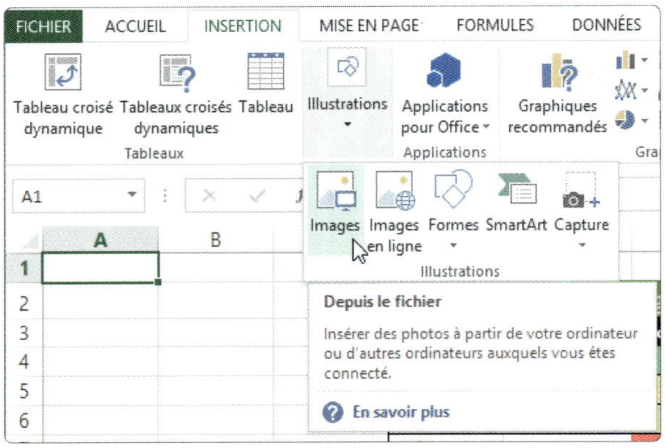

1 Ouvrez le fichier TP35_début.xslx et enregistrez-le sous le nom **TP35.xslx**. Sélectionnez la cellule A1. Dans l'onglet Insertion, cliquez dans le groupe Illustrations sur le bouton Image.

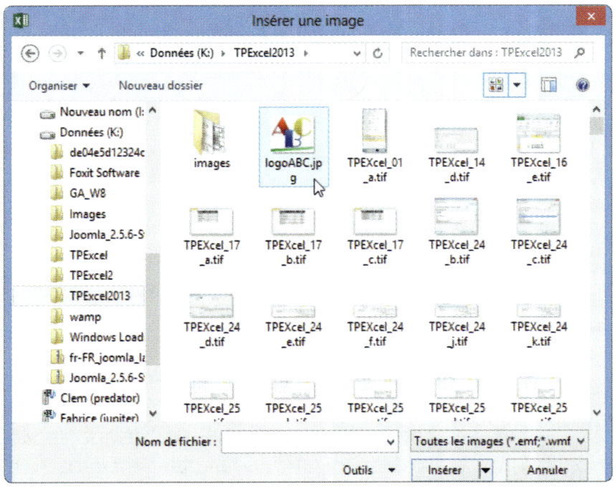

2 Dans la boîte de dialogue Insérer une image qui s'affiche, naviguez jusqu'au fichier image logoABC.jpg, cliquez dessus puis cliquez sur Insérer.

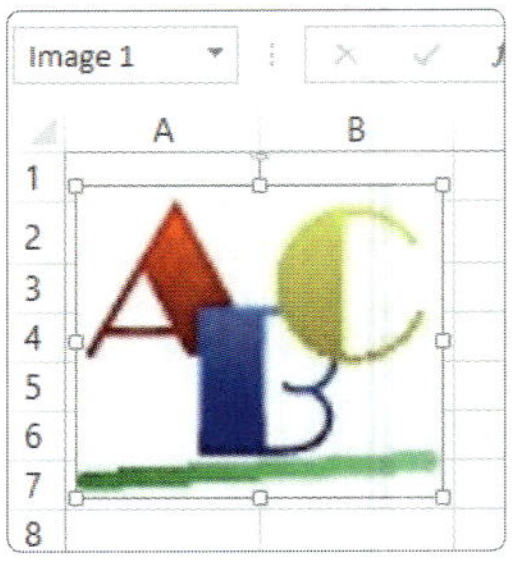

3 L'image apparaît sur votre feuille de calcul. Redimensionnez-la à l'aide des poignées de façon à ce qu'elle recouvre les cellules A1 à B8, en laissant quelques millimètres de marge sur tous les côtés. L'image étant sélectionnée, vous voyez dans le ruban l'onglet Format de l'onglet contextuel Outils image.

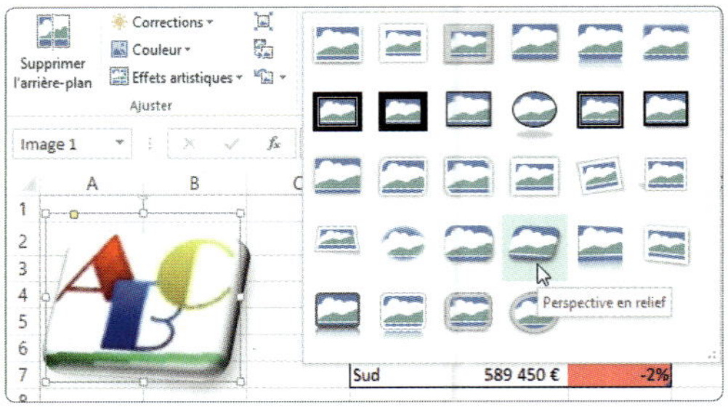

4 Vous pouvez depuis le groupe Ajuster de cet onglet modifier l'intensité (saturation) et les nuances (température) des couleurs d'une image, sa luminosité, son contraste, sa netteté ou ses couleurs. Vous pouvez également lui appliquer différents effets artistiques. Essayez !
Cliquez ensuite dans le groupe Styles d'images sur le bouton Autres de la galerie et choisissez Perspective en relief (le quatrième de la quatrième ligne de la galerie).
L'onglet Bord de l'image du même groupe permet de définir précisément le type de bord de l'image. Laissez les choses en l'état.

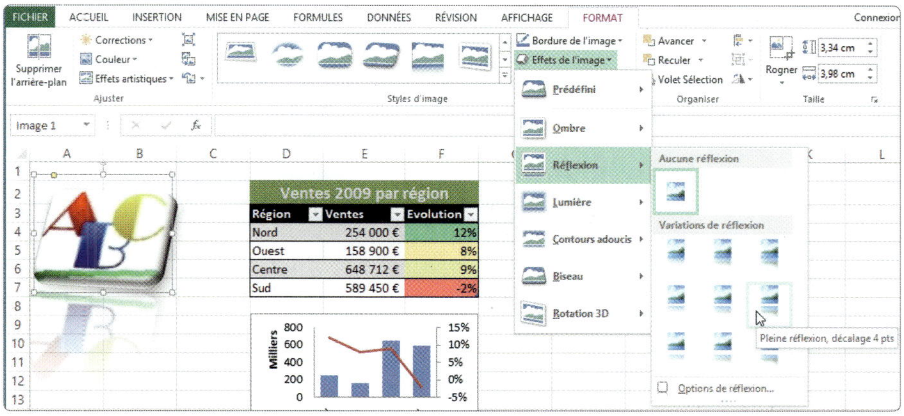

5 Cliquez dans le même groupe sur Effet des images. Cela ouvre une galerie : lorsque vous déplacez le pointeur de la souris sur une icône, votre image se modifie pour proposer un aperçu du résultat. Testez les différentes possibilités sans rien valider.

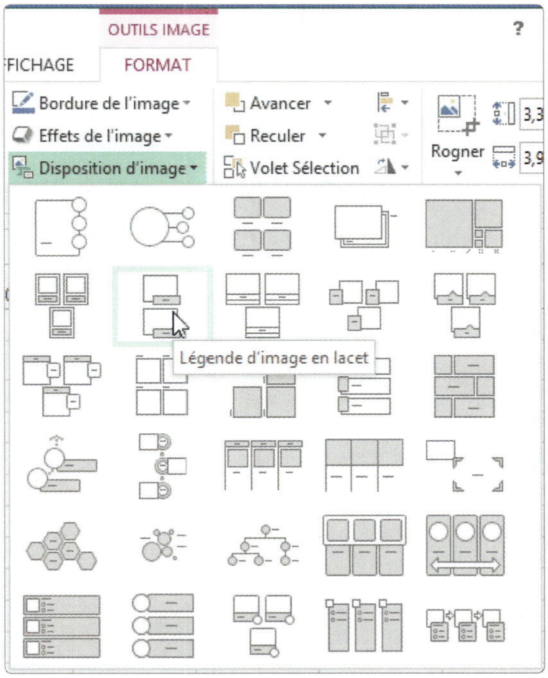

6 Cliquez dans le même groupe sur Disposition de l'image. Cela ouvre une galerie qui permet de transformer votre image en graphique SmartArt, avec de nombreuses possibilités. Une fois encore, testez les différentes possibilités sans rien valider.

Les possibilités de modification d'images sont presque infinies…

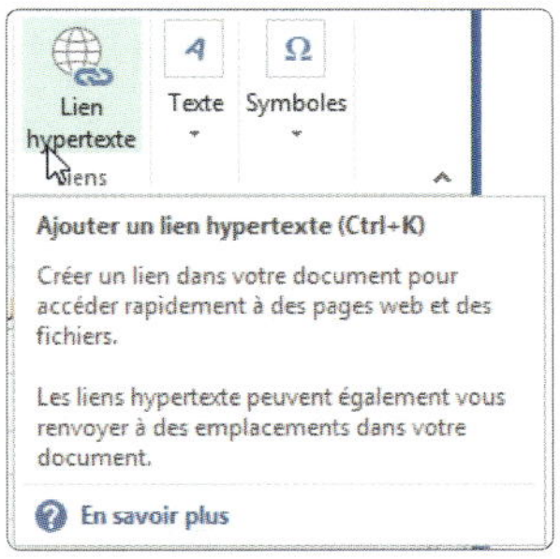

7 Cliquez sur la cellule A9. Dans l'onglet Insertion, cliquez dans le groupe Liens sur le bouton Lien hypertexte.

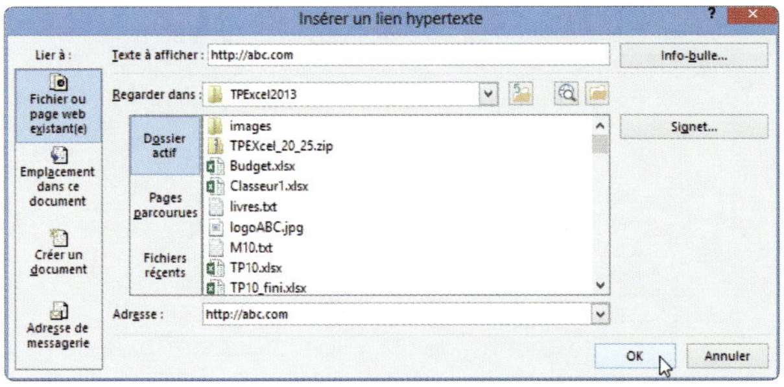

8 Dans la boîte de dialogue Insérer un lien hypertexte, saisissez dans la zone Adresse **http://www.abc.com**, puis cliquez sur OK. Le lien apparaît dans la cellule A9. Ce lien ne correspondant à aucun site réel, un clic dessus ne mènera nulle part, mais c'est un exemple.

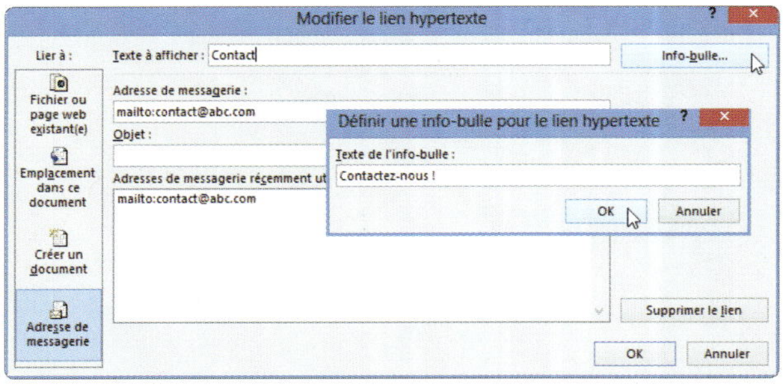

9 Cliquez sur la cellule A10. Dans l'onglet Insertion, cliquez dans le groupe Liens sur le bouton Lien hypertexte. Cliquez à gauche sur Adresse de messagerie. Dans la nouvelle fenêtre qui s'affiche, saisissez **Contact** dans la zone Texte à afficher, puis **contacts@abc.com** dans la zone Adresse de messagerie. Cliquez sur Infobulle et saisissez **Contactez-nous !** Cliquez sur OK à deux reprises.

Le mot Contact apparaît dans la cellule A10. En cliquant dessus, vous lancez un nouveau message à l'aide de votre logiciel de messagerie, avec le destinataire pré-rempli. N'envoyez pas de message : le destinataire n'existe pas…

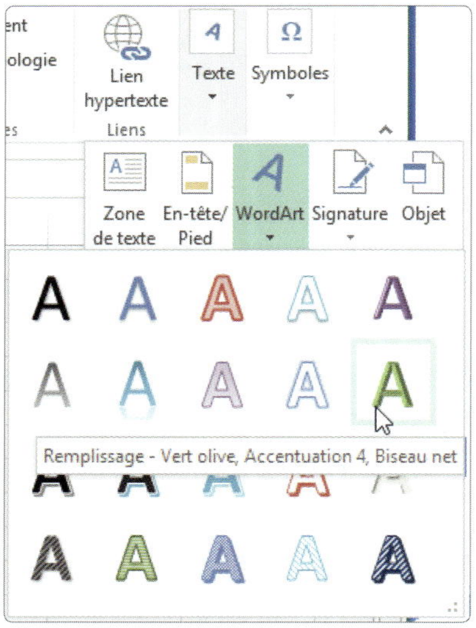

10 Cliquez sur la cellule D2. Dans le groupe Texte de l'onglet Insertion, cliquez sur WordArt. Dans la galerie, choisissez Remplissage - Vert olive, Accentuation 4, Biseau net (le dernier de la deuxième ligne). Un objet WordArt apparaît sur la feuille.

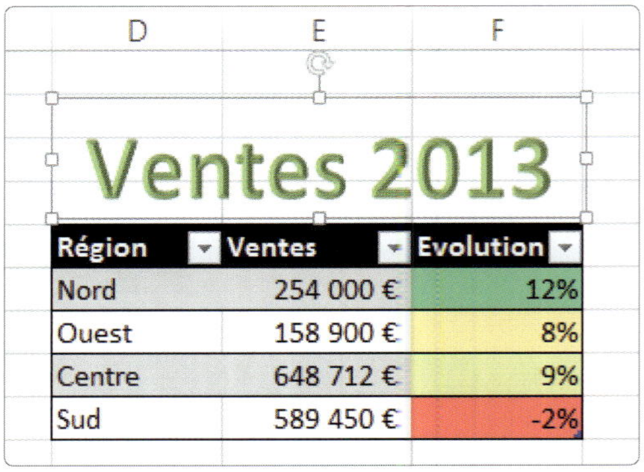

11 Déplacez et puis redimensionnez l'objet WordArt pour qu'il occupe environ la plage D2:F4. Remplacez l'invite de texte par **Ventes 2013**, sélectionnez tout le texte puis effectuez un clic droit et modifiez la taille de la police de 54 à 32.

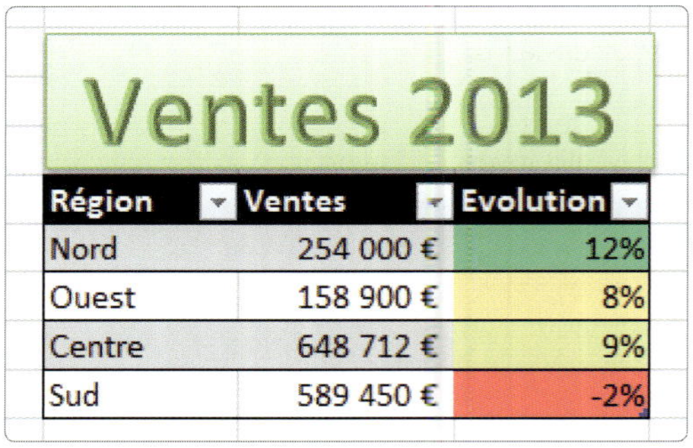

12 Dans l'onglet Format de Outils de dessin qui est apparu, cliquez dans le groupe Style de formes sur Remplissage de forme et choisissez dans la galerie le dégradé vert de la quatrième ligne. Cliquez ensuite en dehors de l'objet WordArt pour voir le résultat final.

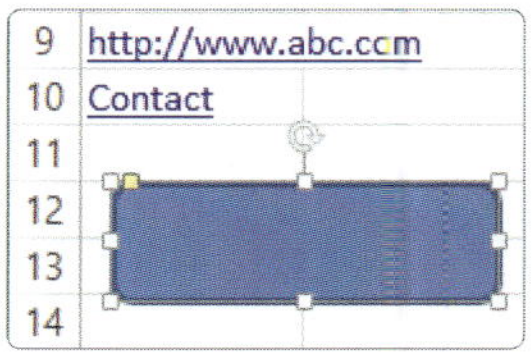

13 Dans le groupe Illustrations de l'onglet Insertion, cliquez sur Formes. Dans la galerie, choisissez le rectangle à coins arrondis. Le curseur se transforme en croix. Tracez la forme sur la plage A12:B13. Modifiez sa taille si nécessaire, mais laissez ses autres caractéristiques par défaut.

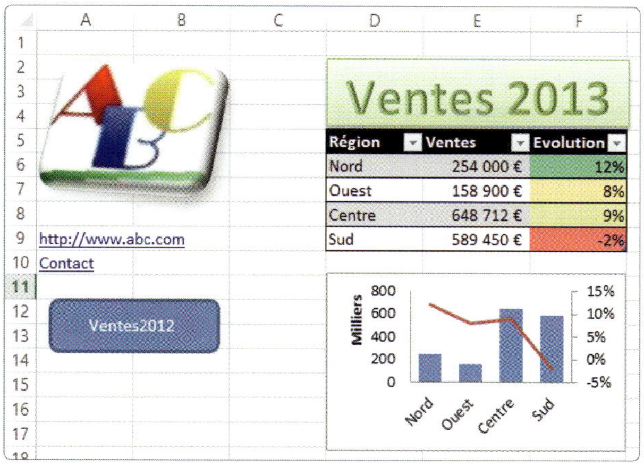

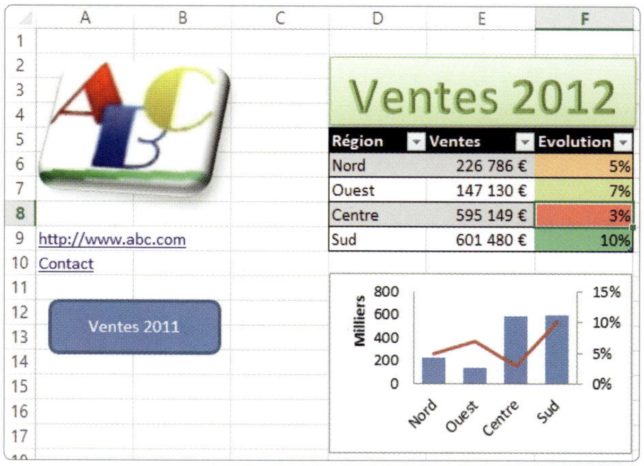

14 Dans le groupe Texte de l'onglet Insertion, cliquez sur Zone de texte. Le curseur se transforme en croix. Tracez un rectangle sur la forme qui vient d'être dessinée. Ajustez sa taille si nécessaire. Saisissez comme texte Ventes 2012 et fixez la couleur de texte à blanc.

Sélectionnez toute la zone de texte, puis fixez depuis l'onglet Format de Outils de dessin son remplissage à Aucun remplissage et son contour de forme à Sans contour.

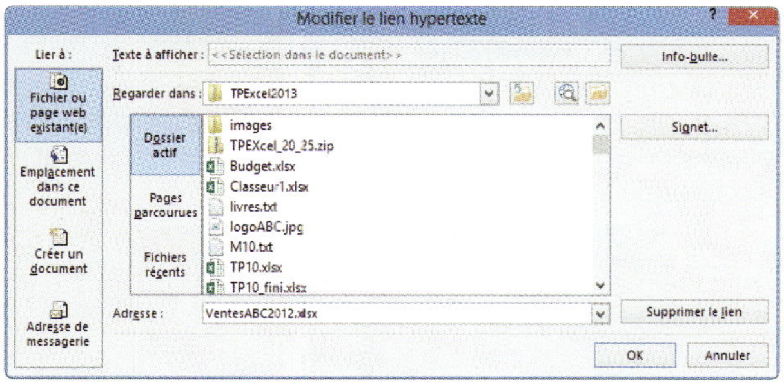

15 Cliquez à l'intérieur de la zone de texte, puis dans l'onglet Insertion, cliquez dans le groupe Liens sur le bouton Lien hypertexte. Remarquez que la zone Texte à afficher montre <<Sélection dans le document>>. Laissez à gauche sélectionné Fichier ou page Web existante, puis naviguez jusqu'au fichier d'exercice VentesABC2012.xlsx. Cliquez sur OK.

16 Votre feuille de calcul est désormais complète. Cliquez sur le bouton Ventes 2012 : les ventes de 2012 s'affichent dans un nouveau classeur.

Les objets ainsi insérés sont souvent gérés par programmation : il est fréquent de leur affecter une macro, afin de pouvoir effectuer certaines actions automatisées grâce à un clic. Vous en verrez un aperçu dans la suite de ce livre.

Fermez le classeur VentesABC2012.xslx, puis enregistrez le classeur **TP35.xslx**. Fermez-le si vous ne poursuivez pas immédiatement avec le TP suivant.

TP 36

Commentaire

Excel permet d'ajouter un commentaire (parfois appelé annotation) à une cellule afin de fournir des informations additionnelles que l'on ne souhaite pas (ou que l'on ne peut pas) voir figurer directement dans la feuille de calcul. C'est également très utile lors du travail à plusieurs sur une feuille de calcul, afin de recueillir les avis des autres participants.

Prérequis : néant
Fichier employé : TP35.xlsx ou TP36_début.xlsx
Temps de réalisation : 5 minutes

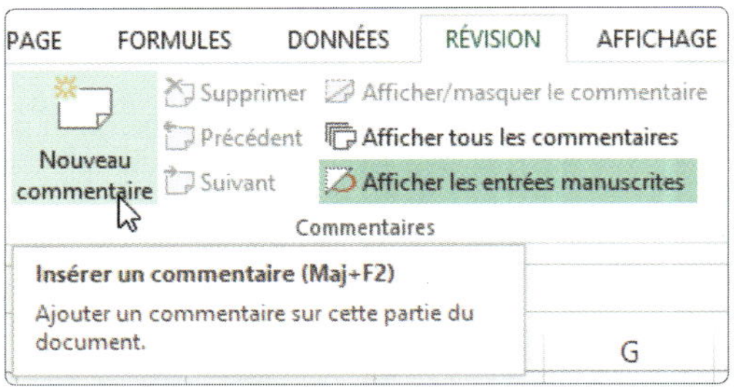

1 Sélectionnez la cellule B14 puis choisissez dans le groupe Commentaires de l'onglet Révision l'option Nouveau commentaire. Vous pouvez également effectuer sur la cellule un clic avec le bouton droit de la souris et choisir Insérer un commentaire, ou appuyer sur MAJ+F2.

2 Saisissez **Ajouter les feuilles d'autres années antérieures ?** Puis cliquez n'importe où dans la feuille.

Remarquez qu'un commentaire indique toujours l'auteur de celui-ci. C'est en réalité un peu trompeur, car l'identité affichée est en réalité celle de l'utilisateur ayant ouvert la session active, et donc pas forcément celle de l'auteur réel.
Un petit triangle rouge en haut à droite indique que la cellule possède un commentaire et invite l'utilisateur à survoler la cellule avec sa souris pour en voir le contenu.

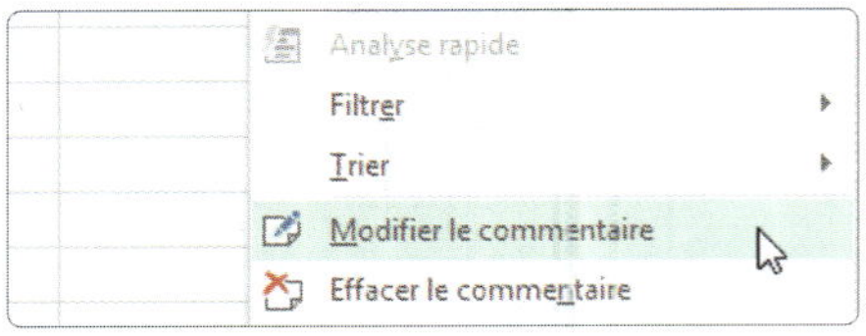

3 Effectuez un clic droit sur la cellule commentée et choisissez Modifier le commentaire. Vous pouvez également sélectionner la cellule et choisir Modifier le commentaire dans le groupe Commentaires de l'onglet Révision.
Effectuez un clic droit dans le commentaire, puis sélectionnez Format du commentaire. La boîte de dialogue Format de commentaire permet de choisir la couleur de fond et le format et la couleur du texte.

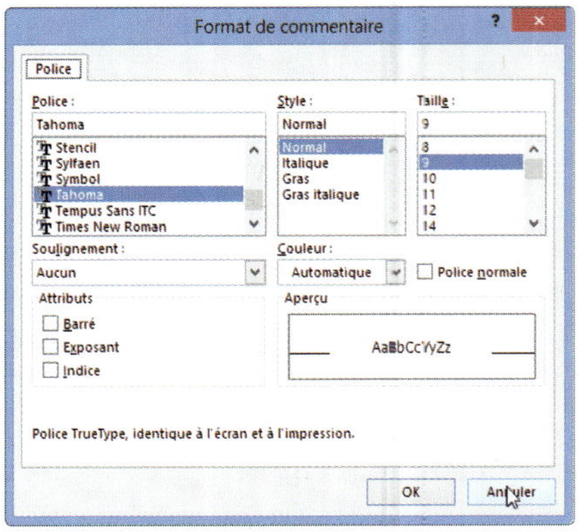

4 Entrez quelques autres commentaires dans une ou deux autres cellules. Cela fait, cliquez dans le groupe Commentaires de l'onglet Révision sur Afficher tous les commentaires. Tous les commentaires présents sur la feuille s'affichent, ce qui facilite leur examen. Cliquez à nouveau sur le bouton bascule Afficher tous les commentaires pour les masquer à nouveau. Cliquez dans le groupe Commentaires de l'onglet Révision sur les boutons Précédent et Suivant pour parcourir tous les commentaires. Cette méthode permet d'être certain de n'ignorer aucun commentaire. Enregistrez et fermez le fichier **TP36.xlsx**.

Graphiques

Un des grands intérêts d'Excel a toujours été sa capacité à générer des graphiques à partir des données présentes dans les feuilles de calcul, qu'il s'agisse de données brutes ou de données calculées.

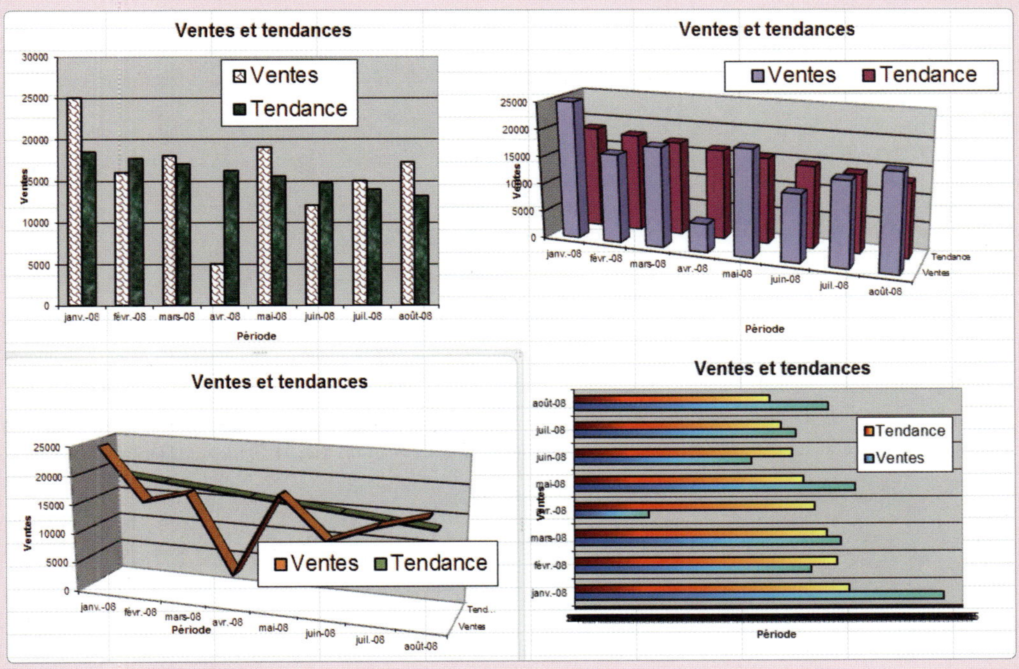

Excel propose une grande variété de types de graphique : histogrammes, barres, courbes, secteurs, anneaux, nuages de points, radars, surfaces, bulles, boursiers, cônes, cylindres, pyramides, le tout généralement en 2 ou en 3D. Vous pouvez également créer des types personnalisés.

La meilleure façon d'interpréter des données dépend de celles-ci. Il n'est toutefois pas toujours très simple de déterminer quel type de graphique correspond le mieux à certaines données : le mieux est généralement d'essayer différents types avant d'en retenir un.

Un graphique peut être placé sur la feuille de calcul comportant les données ou créé dans une feuille spécifique. Par défaut, la touche F11 d'Excel crée automatiquement une feuille graphique indépendante. Il est toujours plus facile de créer un graphique à partir de données correctement présentées, comprenant idéalement des titres dans la première colonne, ligne par ligne, et des catégories sur la première ligne, colonne par colonne, tandis qu'il ne doit pas y avoir de ligne ou de colonne vide entre les titres, les en-têtes et les données, ni entre les données.

Il est souvent intéressant de créer un tableau intermédiaire qui récupère les données brutes pour les présenter de façons structurées : le graphique est alors créé à partir de ce tableau intermédiaire, souvent un tableau croisé dynamique (que nous examinerons sous peu).

TP 37

Création d'un graphique

Créer un graphique est une démarche simple avec Excel.

Prérequis : néant
Fichier employé : TP37_début.xlsx
Temps de réalisation : 5 minutes

1 Ouvrez le fichier TP37_début.xlsx et enregistrez-le sous le nom **TP37.xlsx**. Sélectionnez la plage B2:C10, puis cliquez sur l'onglet Insertion. Dans le groupe Graphiques, cliquez sur la flèche en dessous du bouton Colonnes. La liste des sous-types s'adapte au choix du type de graphique principal. Cliquez sur le sous-type Histogramme groupé.

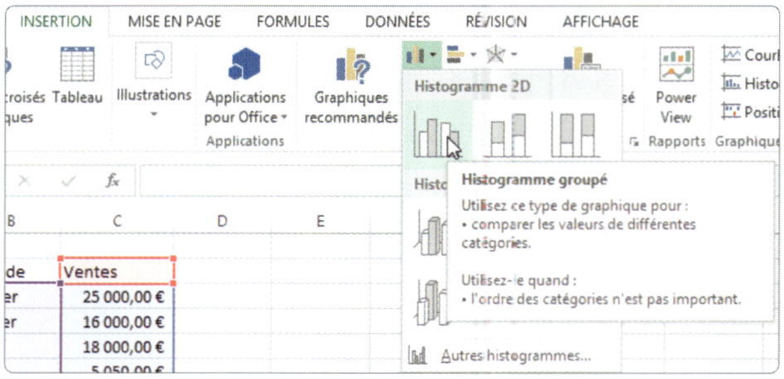

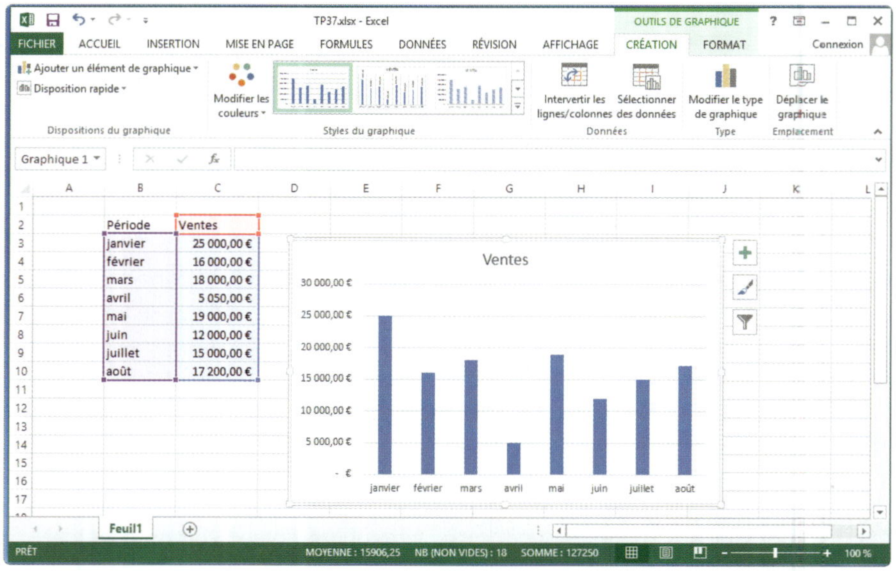

2 Le graphique apparaît sur la feuille de calcul. Vous voyez apparaître dans le ruban un nouvel onglet contextuel nommé Outils de graphique, lui-même doté de deux onglets qui permettent de personnaliser ou de modifier un graphique.

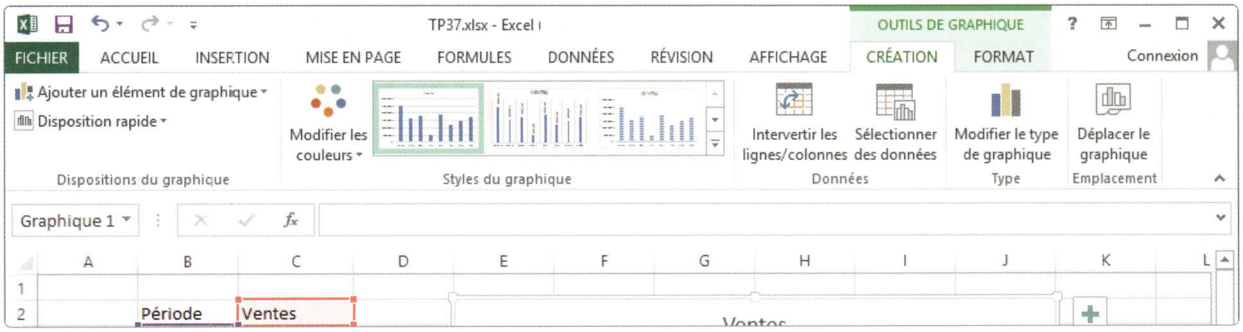

3 Glissez-déposez le graphique de façon à ce que son coin supérieur gauche soit environ sur la cellule E2. L'onglet Création de l'onglet contextuel Outils de graphique (normalement actif) propose toutes les options permettant de jouer sur les paramètres principaux de création du graphique. Remarquez que le style actuel figure encadré en vert dans le groupe Style de graphique.

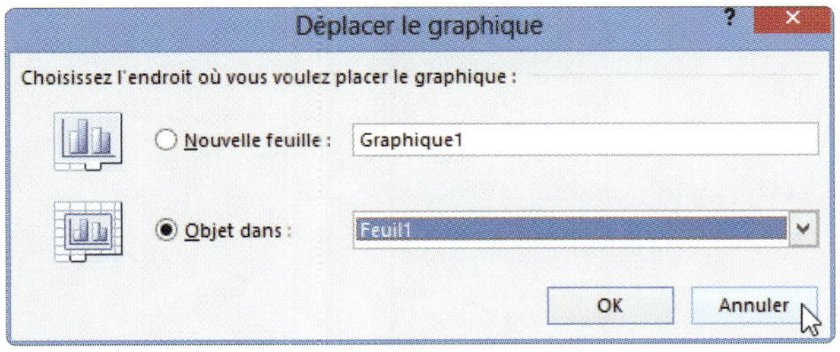

4 Dans l'onglet Création de l'onglet contextuel Outils de graphique, dans le Groupe Emplacement, cliquez sur Déplacer le graphique : la boîte de dialogue qui s'ouvre permet de déplacer le graphique comme objet dans une feuille existante ou sur une nouvelle feuille graphique dédiée. Cliquez sur Annuler pour fermer la boîte de dialogue.

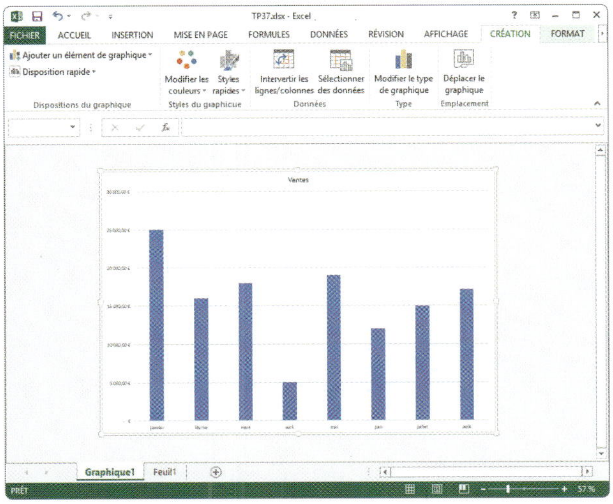

5 Sélectionnez à nouveau la plage B2:C10, puis appuyez sur la touche F11 : vous créez automatiquement un graphique avec les options par défaut dans une nouvelle feuille nommée Graphique 1.

En cliquant sur Déplacer le graphique, vous pourriez déplacer le graphique vers une feuille de calcul existante. Cette fonction se comporte comme une touche bascule et n'est donc pas irréversible : vous pouvez à tout moment déplacer un graphique d'une feuille de calcul vers sa propre feuille graphique et inversement.

Pour supprimer un graphique, sélectionnez-le et appuyez sur la touche Suppr. Si le graphique est situé sur une feuille graphique indépendante, supprimez simplement cette feuille.

Enregistrez le fichier **TP37.xlsx** et fermez-le si vous ne poursuivez pas immédiatement avec le TP suivant.

TP 38 Modification d'un graphique (onglet Création)

Que vous ayez créé un graphique à l'aide de la touche F11 ou ayez sélectionné un type de graphique en passant par l'onglet Insertion, il est probable que vous souhaiterez le modifier peu ou prou pour le rendre plus explicite. L'onglet Création regroupe la plupart des commandes qui permettent d'agir sur la configuration générale d'un graphique.

Prérequis : TP 37
Fichier employé : TP37.xlsx ou TP_38_début.xlsx
Temps de réalisation : 10 minutes

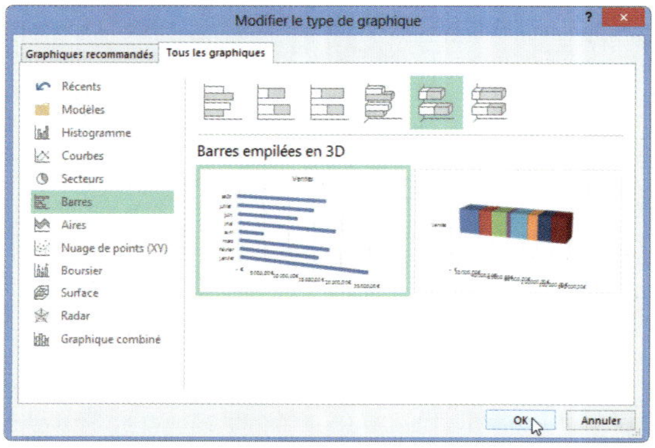

1 Ouvrez le fichier TP37.xlsx ou le fichier TP38_début.xlsx et enregistrez-le sous le nom **TP38.xlsx**. Sélectionnez le graphique de la feuille 1. Dans le groupe Type, cliquez sur Modifier le type de graphique. La boîte de dialogue qui s'ouvre permet de choisir un autre type principal (dans le volet de gauche) et secondaire (dans le volet de droite). Cliquez sur Barres dans le volet de gauche, puis cliquez dans le volet de droite sur Barres empilées 3D (l'avant-dernier type). Cliquez sur OK.

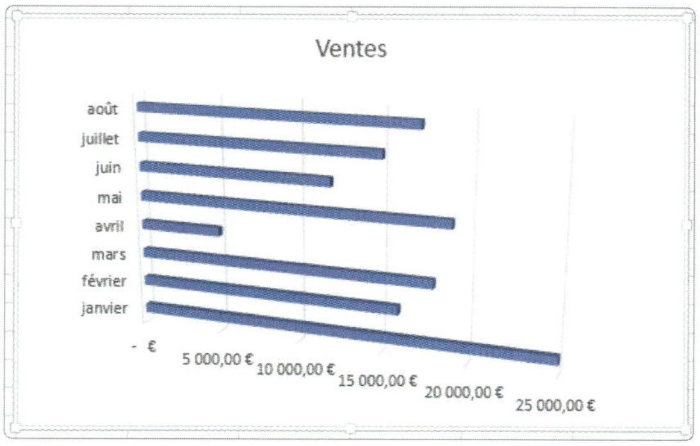

2 Le graphique se présente sous une nouvelle apparence.

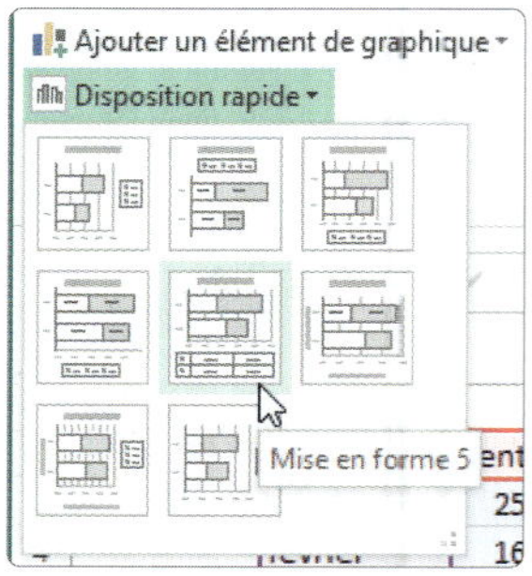

3 Dans l'onglet Création, dans le groupe Disposition rapide, cliquez sur le bouton.

Vous voyez apparaître un ensemble de dispositions préprogrammées. Cliquez sur Mise en forme 5.

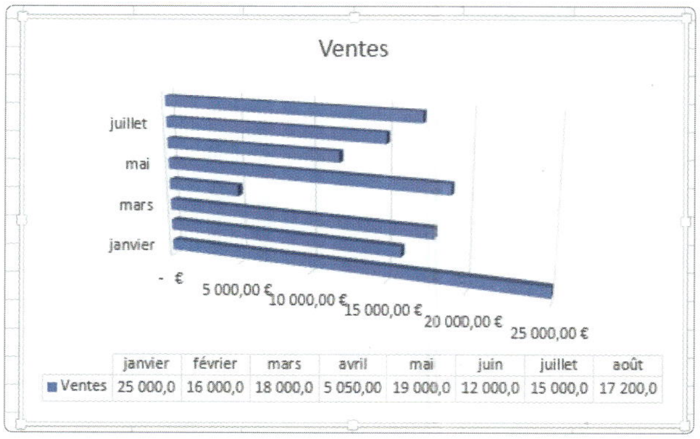

4 Cette mise en forme préprogrammée affiche en sus du graphique un tableau des données, ce qui peut parfois être précieux.

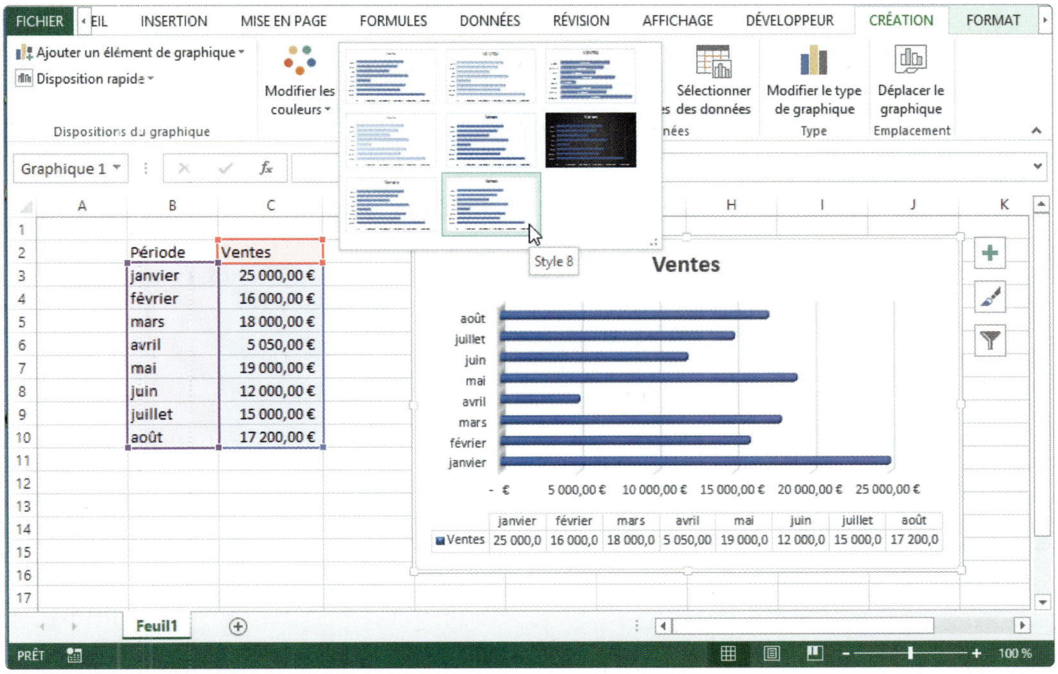

5	Cliquez sur la flèche située en bas à droite de Styles de graphiques. Dans la fenêtre qui s'ouvre, cliquez sur Style 8. L'aspect du graphique se modifie légèrement. Vous pouvez essayer d'autres styles de graphiques. Enregistrez le fichier **TP38.xlsx** et fermez-le si vous ne poursuivez pas immédiatement avec le TP suivant.

TP 39

Modification d'un graphique (bouton plus)

À ce stade, le graphique présente encore un certain nombre de défauts qu'il convient de corriger. Vous accomplissez cela à l'aide de l'onglet Disposition de l'onglet contextuel Outils de graphique.

Prérequis : TP 37 et 38
Fichier employé : TP38.xlsx ou TP_39_début.xlsx
Temps de réalisation : 10 minutes

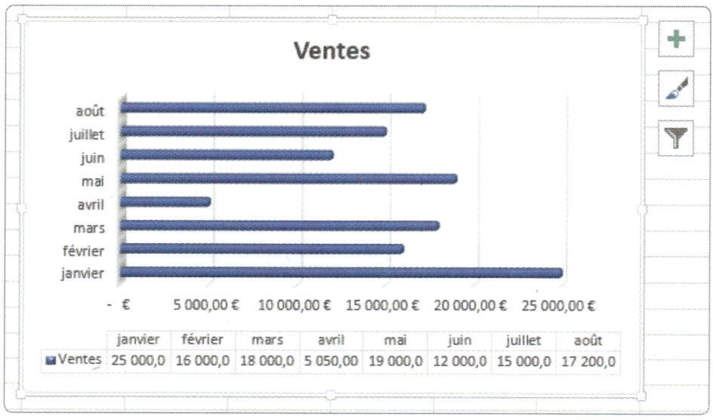

1 Ouvrez le fichier TP38.xlsx ou le fichier TP39_début.xlsx et enregistrez-le sous le nom TP39.xlsx. Sélectionnez le graphique. Remarquez les boutons d'options à côté du graphique.

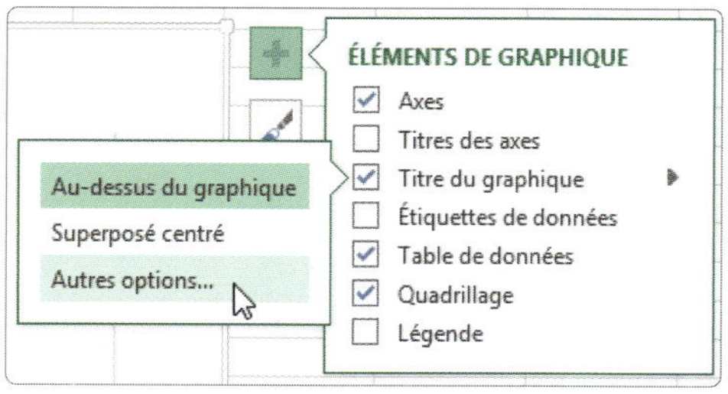

2 Cliquez sur le bouton + situé à côté du graphique. Dans la liste, cliquez sur la flèche située à côté de Titre du graphique, puis cliquez sur Autres options.

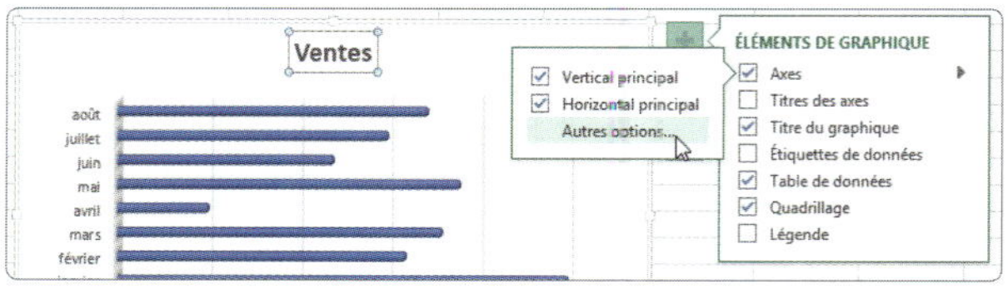

3 Remarquez dans le graphique que le titre est sélectionné et apparaît encadré. Fermez ce volet, puis cliquez à nouveau sur le bouton +, cliquez sur la flèche située à côté de Axes et cliquez sur Autres options.

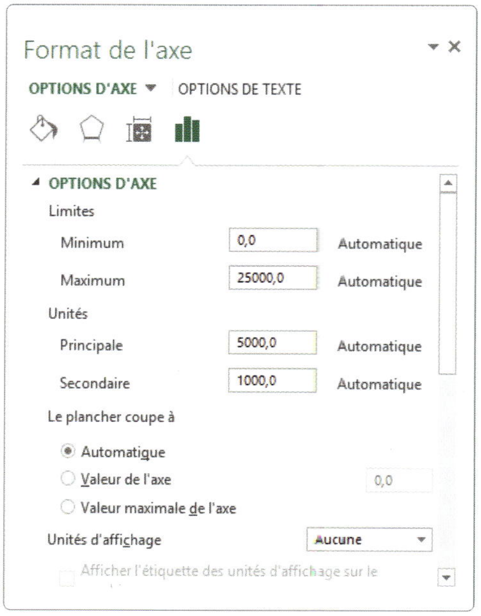

4 Le volet Format de l'axe s'ouvre. Ce volet dialogue Format de… existe pour tous les éléments de graphique, mais ses onglets et options dépendent de l'objet sélectionné. Il concerne ici l'axe horizontal.

5 Examinez les différents onglets, puis dans l'onglet Options d'axe, descendez jusqu'à la section Nombre. Développez celle-ci, puis dans la zone Décimales, entrez 0. Fermez le volet.

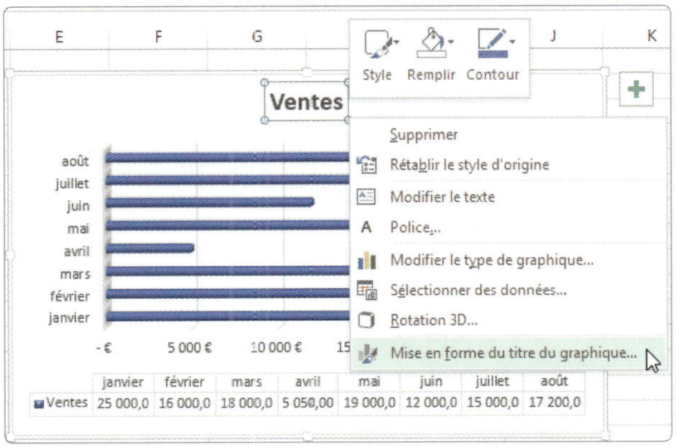

6 Les chiffres sont désormais affichés sans décimale, ce qui rend la légende plus lisible. Cliquez dans le graphique sur le titre : celui-ci apparaît avec un cadre. Vous pouvez sélectionner un élément de graphique en cliquant dessus. Pour afficher son volet, vous pouvez effectuer un clic droit sur l'élément dans le graphique et choisir Mise en forme de... Vous pouvez également employer les menus du bouton +.

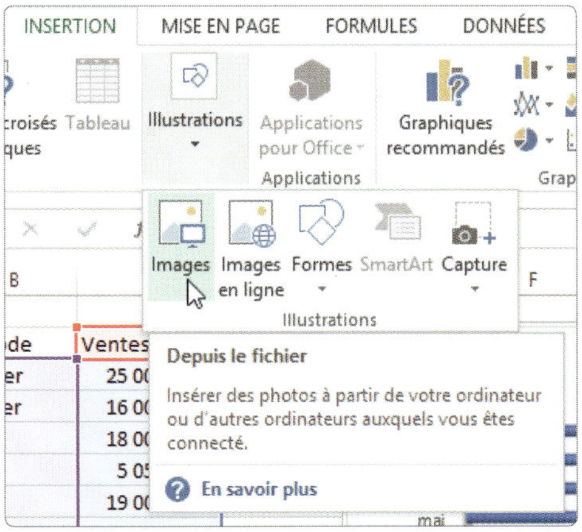

7 Sélectionnez le graphique, puis dans le groupe Insertion, cliquez sur Insertion : cela permet d'insérer un objet, comme une image, une forme ou une zone de texte dans le graphique. Cette option est souvent employée afin d'insérer un logo.

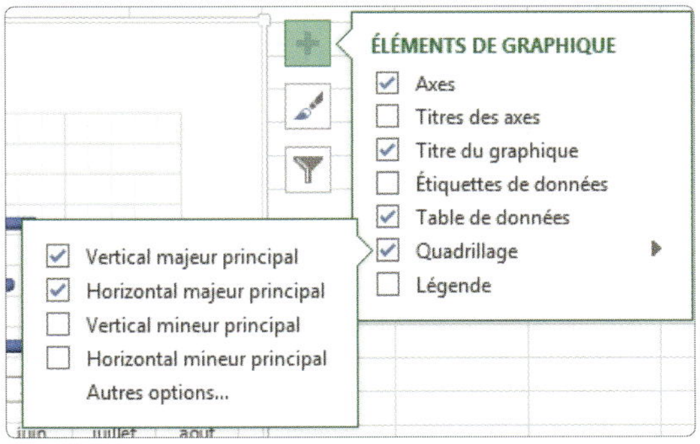

8 Cliquez sur le bouton +, puis cliquez sur la flèche de Quadrillage. Cochez les cases Vertical majeur principal et Horizontal majeur principal, puis cliquez sur Autres options.

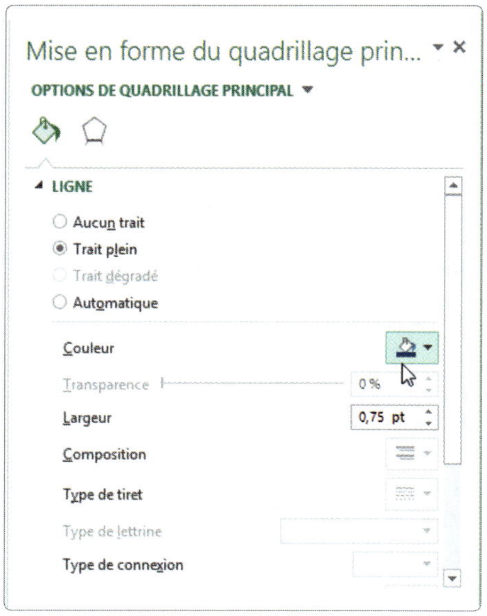

9 Dans le volet Options de quadrillage principal, dans la section Ligne, cliquez sur la palette de Couleur et choisissez Bleu foncé, Texte 2. Cliquez sur la flèche située à côté de Options de quadrillage principal et choisissez Quadrillage principal - Axe vertical (Valeurs) si Quadrillage principal - Axe Horizontal (Catégories) était sélectionné et inversement. Choisissez à nouveau comme couleur Bleu foncé, Texte 2.

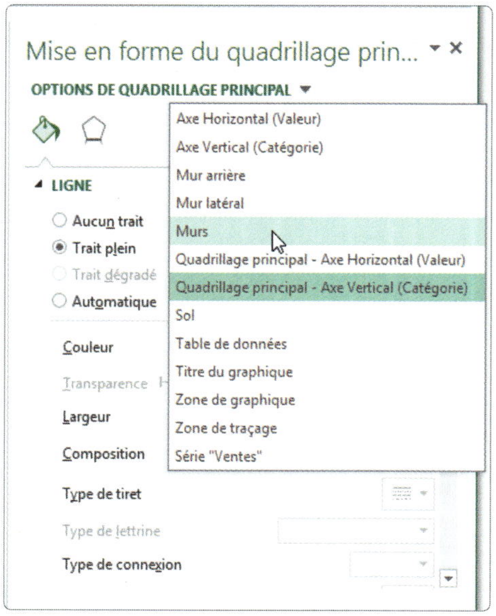

10 Cliquez sur la flèche située à côté de Options de quadrillage principal et choisissez Murs.

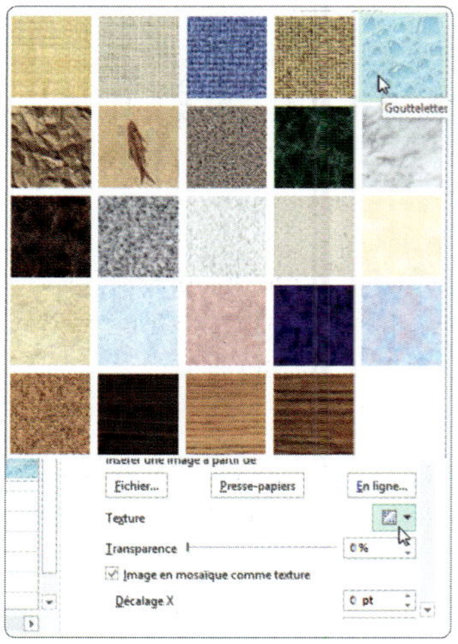

11 Le volet Format des panneaux s'ouvre. Développez la section Remplissage. Cochez l'option Remplissage avec motif ou texture. Cliquez sur Textures et double-cliquez sur la texture Gouttelettes. Fermez le volet Format des panneaux.

12 Cliquez sur le graphique, effectuez un clic droit et choisissez Mise en forme de… Cliquez sur la flèche dans le volet, à côté de Options de… (le libellé dépend de l'élément sélectionné) et choisissez Zone de graphique. Dans le volet Options de zone de graphique, cliquez sur Effets.

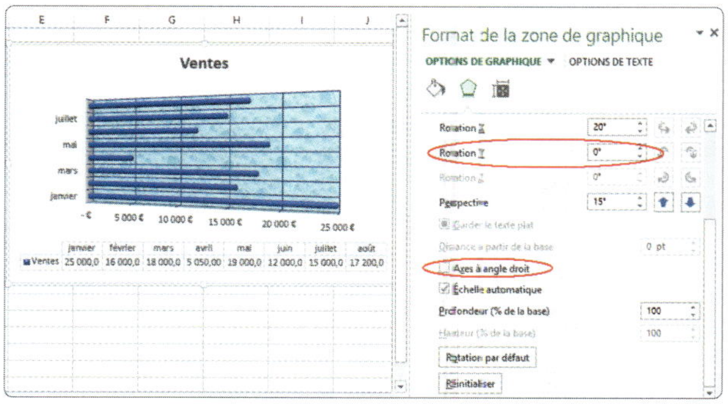

13 Développez la section Rotation 3D. Vers le bas, décochez l'option Axes à angles droits, puis modifiez le paramètre Rotation Y de 15° en 0°. Fermez le volet, puis enregistrez le fichier TP39.xlsx et fermez-le si vous ne poursuivez pas immédiatement avec l'exemple suivant.

TP 40 Modification d'un graphique (onglet format)

L'onglet Mise en forme de l'onglet contextuel Outils de graphique permet d'apporter encore d'autres types de modifications à un graphique. Il comporte à gauche un groupe Sélection active strictement identique au groupe de même nom de l'onglet Disposition.

Prérequis : TP 37 à 39
Fichier employé : TP39.xlsx ou TP40_début.xlsx
Temps de réalisation : 10 minutes

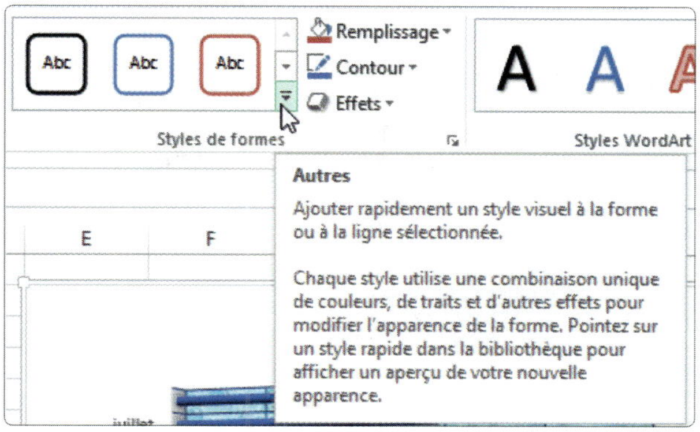

1 Ouvrez le fichier TP39.xlsx ou le fichier TP40_début.xlsx et enregistrez-le sous le nom **TP40.xlsx**. Cliquez sur le titre du graphique. Dans le groupe Styles de forme, déplacez le pointeur de votre souris sur les aperçus : comme il s'agit d'une galerie, le titre de votre graphique procure un aperçu de l'effet du style. Cliquez sur la flèche Autres en bas à droite.

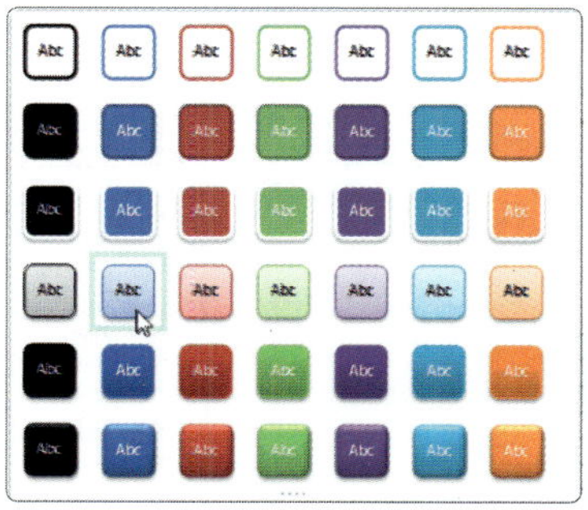

2 Dans la galerie qui s'affiche, sélectionnez Effet discret : Bleu 1 accentué (deuxième colonne, quatrième ligne). Le titre est modifié.

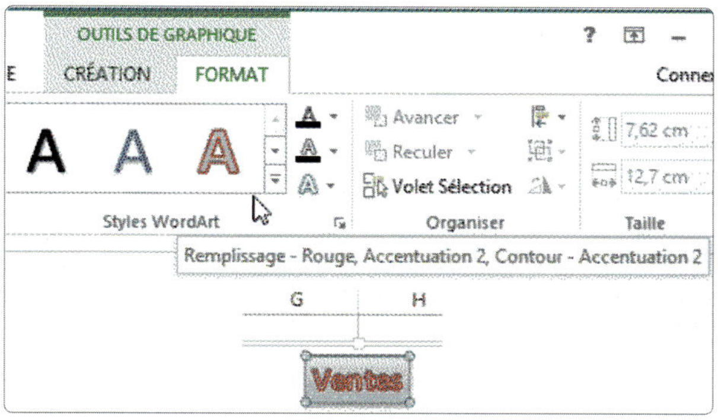

3 Le titre étant toujours sélectionné, déplacez le pointeur de votre souris sur les aperçus du groupe Styles Word Art. C'est encore une galerie : le titre de votre graphique produit un aperçu de l'effet du style. Cliquez sur la flèche Autres, en bas à droite.

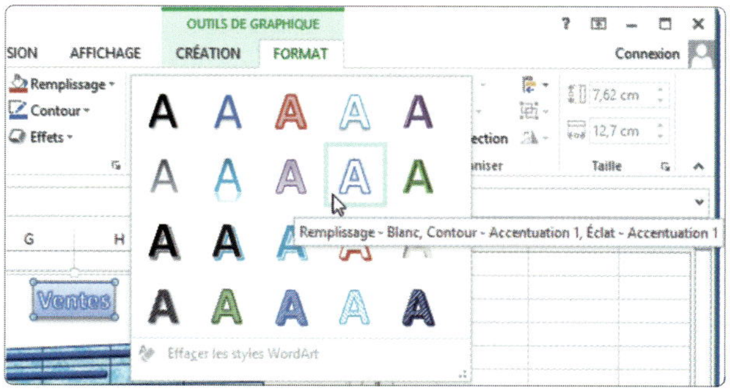

4 Dans la galerie qui s'affiche, sélectionnez Remplissage – Blanc, Contour – Accentuation 1, Eclat – Accentuation 1 (quatrième colonne, deuxième ligne). Le titre est à nouveau modifié.

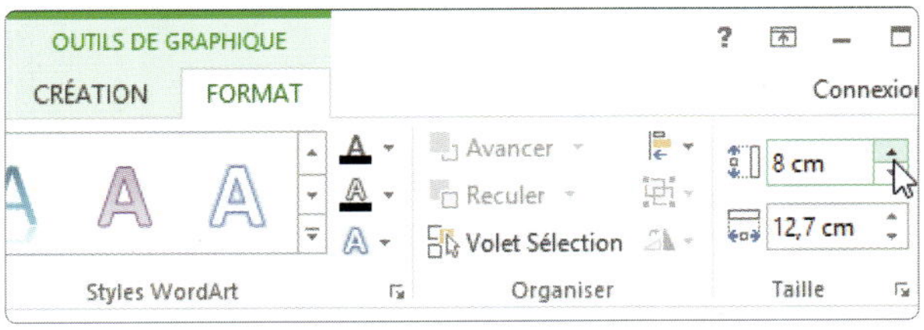

5 Pour le moment, sur l'axe vertical, seul un mois sur deux est affiché. Pour y remédier, dans le groupe Taille, cliquez sur la flèche Hauteur jusqu'à définir une hauteur de 8 cm : tous les mois s'affichent.

Vous pourriez également modifier directement la taille du graphique à tout moment en le sélectionnant, puis en glissant-déposant une de ses bordures ou un de ses coins, de façon à équilibrer le graphique ou au contraire amplifier les effets visuels. C'est généralement plus rapide.

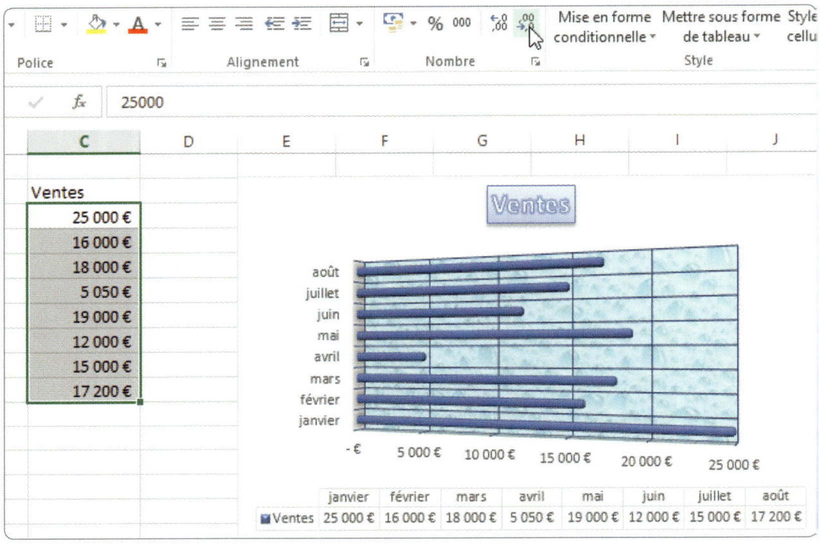

6 Vous pourriez essayer de procéder de même avec la largeur pour afficher correctement les chiffres dans la table de données, mais il existe une meilleure solution. Le format affiché dans la table de données est celui de la plage source : ici, un format Monétaire à deux décimales. La largeur du graphique, étant insuffisante, les chiffres s'affichent avec une vilaine virgule. Sélectionnez la plage C3:C10, puis, dans l'onglet Accueil, cliquez dans le groupe Nombre à deux reprises sur Réduire les décimales. Les nombres s'affichent correctement dans la table de données.

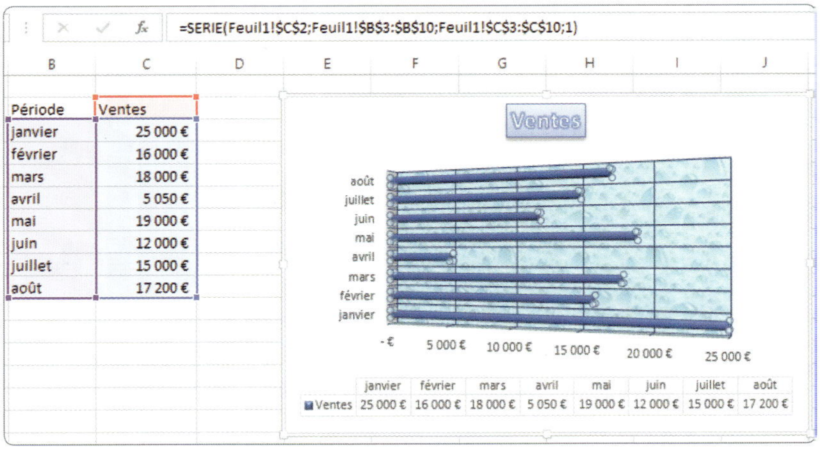

7 Cliquez sur une des barres du graphique. La totalité des barres apparaît sélectionnée, la sélection étant symbolisée par un petit rond à chaque extrémité de chaque donnée de la série. Parallèlement, les données correspondantes de la feuille de calcul sont entourées d'une bordure bleue, tandis que la plage concernée est affichée dans la barre de formule.

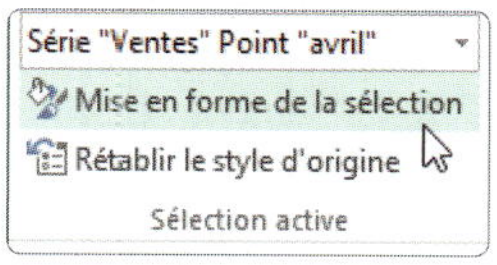

8 Cliquez maintenant sur la barre avril (la plus courte). Celle-ci est alors individuellement sélectionnée. Cliquez sur l'onglet Format de Outils de graphique, puis cliquez sur Mise en forme de la sélection dans le groupe Sélection active, qui affiche Séries «Ventes» Point «Avril». Cela ouvre le volet Mettre en forme le point de données.

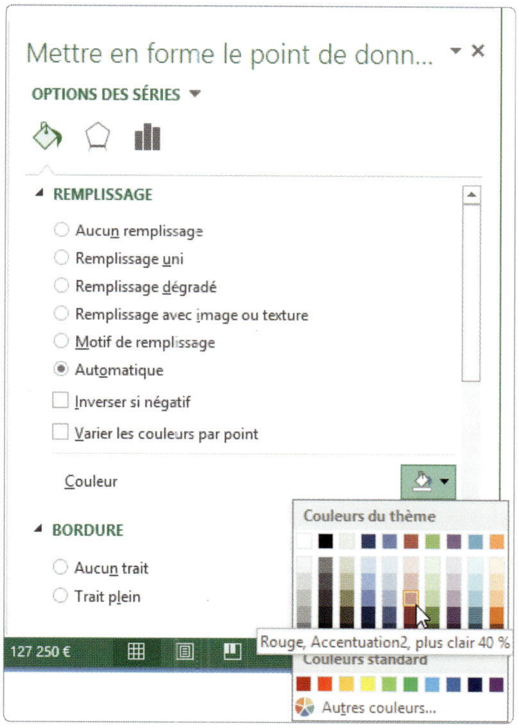

9 Cliquez sur Remplissage et ligne, développez Remplissage, puis cliquez sur la flèche à côté de Couleurs. Dans la palette, choisissez Rouge, Accentuation2, plus clair 40 % (sixième colonne, quatrième ligne). Fermez le volet.

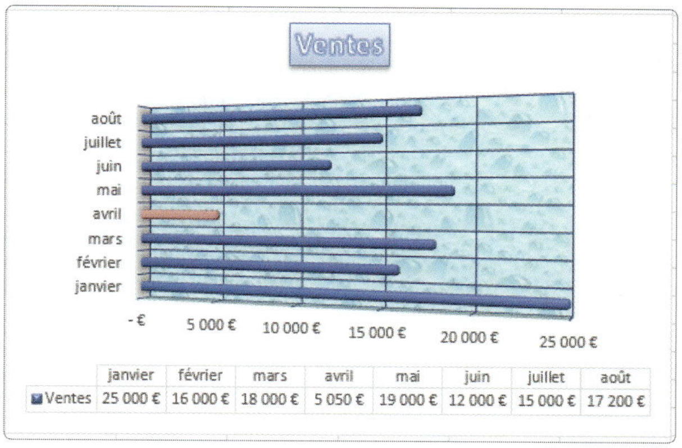

10 La barre du mois d'avril apparaît en rouge clair, ressortant nettement dans le graphique.

Vous avez vu au cours de ces TP portant sur la modification des graphiques quelques-unes des options parmi la palette impressionnante qui vous est offerte. N'hésitez pas à mener vos propres expérimentations pour bien comprendre l'intérêt de ces différentes possibilités.

Enregistrez et fermez le classeur **TP40.xlsx**.

TP 41 Modification des données source d'un graphique

Une série de données est représentée par des barres dans un graphique à barres ou par des colonnes dans un histogramme, etc., par défaut d'une même couleur. Vous pouvez aisément modifier, ajouter ou retirer des séries dans un graphique.

Prérequis : TP 39
Fichier employé : TP41_début.xlsx
Temps de réalisation : 5 minutes

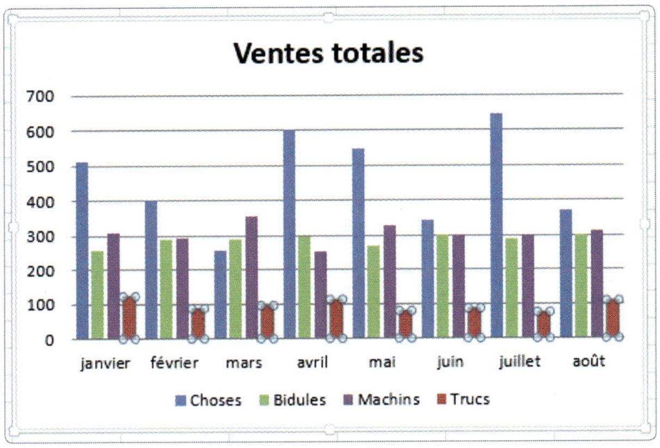

1 Ouvrez le fichier TP41_début.xlsx et enregistrez-le comme **TP41.xlsx**. Dans la feuille Graphiques, cliquez sur une des barres de la série de données Trucs (la série brun rouge) pour toute la sélectionner. Appuyez sur la touche SUPPR ou effectuez dessus un clic droit et choisissez Supprimer : la série disparaît du graphique.

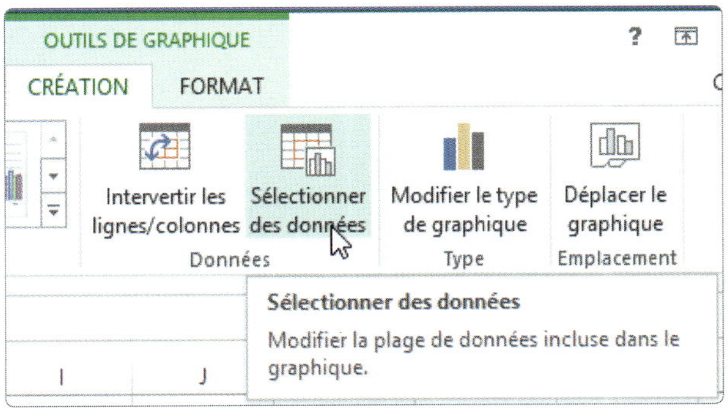

2 Sélectionnez tout le graphique, puis cliquez dans l'onglet Création de l'onglet contextuel Outils de Graphique sur l'option Sélectionner des données, pour ouvrir la boîte de dialogue Sélectionner la source de données.

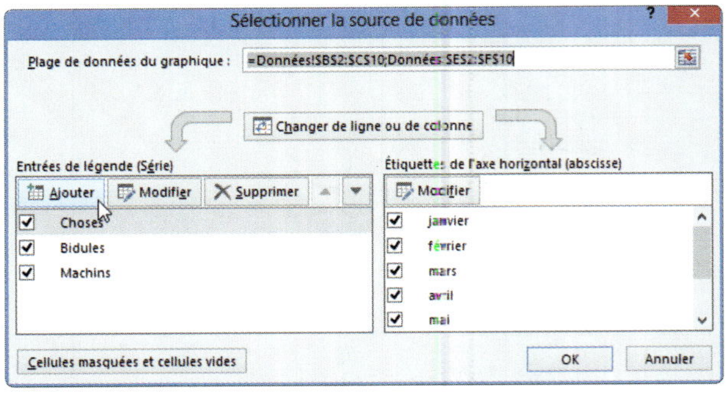

3 Comme vous avez supprimé la série Trucs, la plage de données du graphique est affichée comme =Données!$B$2:$C$10;Données!$E$2:$F$10 : la plage D2:D10 en est omise. Vous retrouvez ici la syntaxe d'une sélection de plages disjointes, en outre situées sur une autre feuille. Vous pourriez simplement modifier manuellement cette plage en **=Données!$B$2:$F$10** pour réintégrer la série manquante, mais nous allons procéder autrement : dans la zone Entrées de légende (Séries), cliquez sur Ajouter.

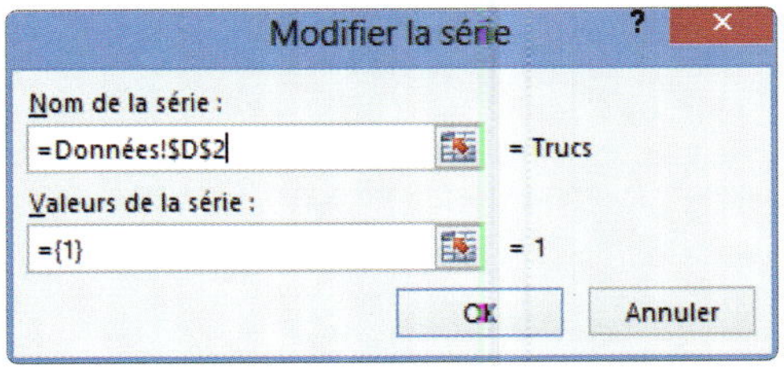

4 Dans la boîte de dialogue qui apparaît, cliquez sur le bouton de réduction situé à droite de la zone Nom de la série. Cliquez sur la feuille Données, sélectionnez la cellule D2. =Données!$D$2 s'affiche dans la boîte de dialogue. Cliquez à nouveau sur le bouton de réduction.

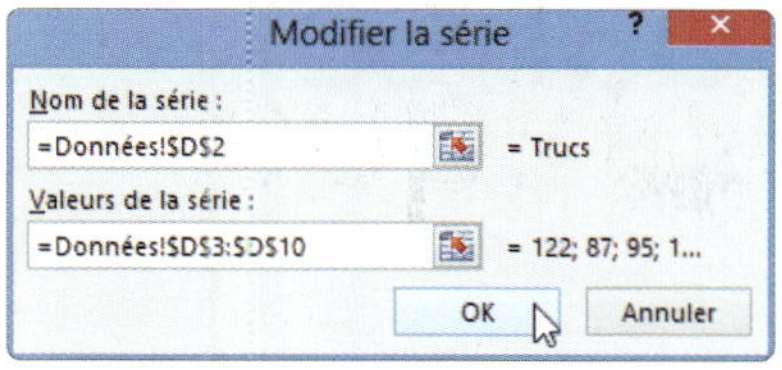

5 Cliquez sur le bouton de réduction situé à côté de la zone Valeurs de la série. Sélectionnez la plage D3:D10, puis cliquez à nouveau sur le bouton de réduction. Cliquez à deux reprises sur OK pour fermer les boîtes de dialogues.

Le graphique est redevenu tel qu'à l'origine, avec ses quatre séries de données. Remarquez que cette méthode permet d'ajouter des séries situées n'importe où dans votre classeur.

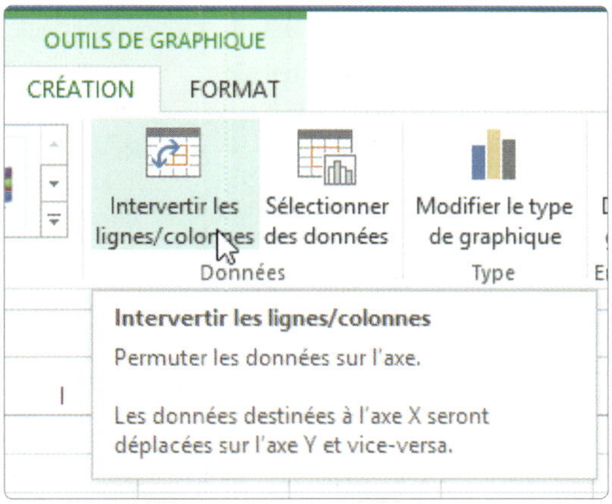

6 Dans la feuille Graphiques, descendez et sélectionnez le second graphique, Ventes par catégorie et région. Dans l'onglet Création de l'onglet contextuel Outils de graphique, cliquez sur Intervertir les lignes/colonnes.

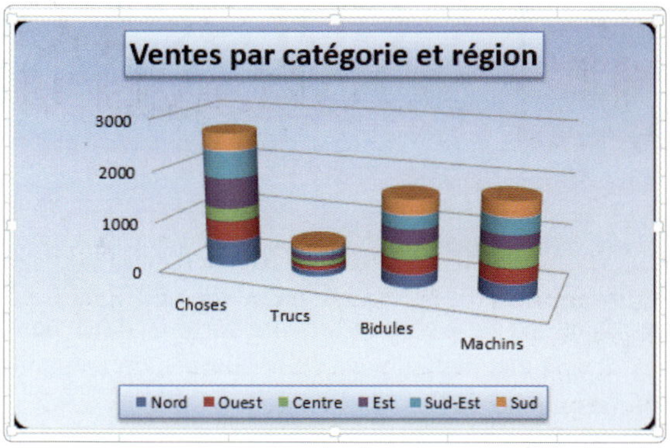

7 Les lignes et les colonnes sont interverties. Quand les séries de données sont présentées en lignes, chaque ligne est supposée être une série de données, avec l'en-tête de ligne dans la légende. Quand les séries de données sont présentées en colonnes, chaque colonne est supposée être une série de données, avec l'en-tête de colonne dans la légende. Un graphique peut prendre une toute autre signification selon sa disposition, comme vous pouvez le constater ici.

Enregistrez et fermez le classeur **TP41.xlsx**.

TP 42

Courbes de tendance

L'ajout d'une courbe de tendance permet de suivre certaines évolutions. Avec une analyse de régression, vous pouvez définir une tendance et effectuer des projections. Bien sûr, vous pourriez construire vous-même une telle courbe en créant une série comportant une formule dotée des fonctions adéquates, mais la tâche n'est pas simple si vous n'êtes pas rompu aux statistiques ! Les courbes de tendance ne sont toutefois disponibles que pour certains types de graphiques : histogrammes, aires, courbes, barres et nuages de points.

Prérequis : TP 39
Fichier employé : TP42_début.xlsx
Temps de réalisation : 5 minutes

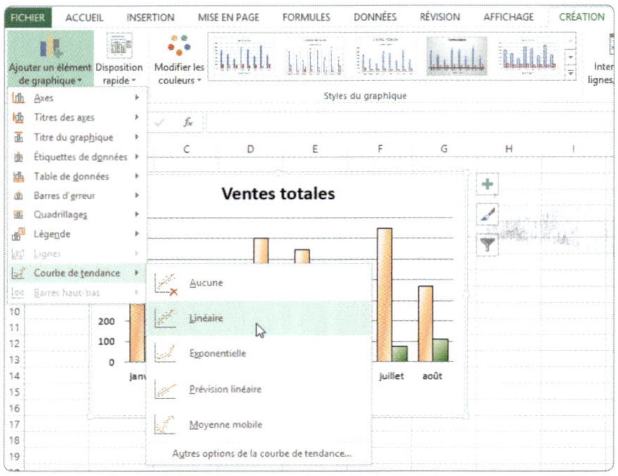

1 Ouvrez le classeur TP42_début.xlsx et enregistrez-le sous le nom **TP42.xlsx**. Dans la feuille Graphiques, cliquez sur le premier graphique. Dans l'onglet Création de l'onglet contextuel Outils de graphique, cliquez sur le bouton Ajouter un élément graphique, puis sur Courbe de tendance, puis sélectionnez le type Linéaire.

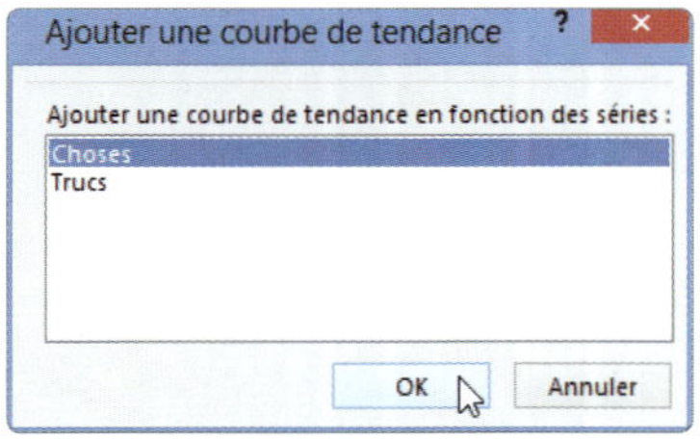

2 Une boîte de dialogue vous demande de sélectionner une série. Cliquez sur Choses, puis sur OK. Une courbe de tendance apparaît sur le graphique.

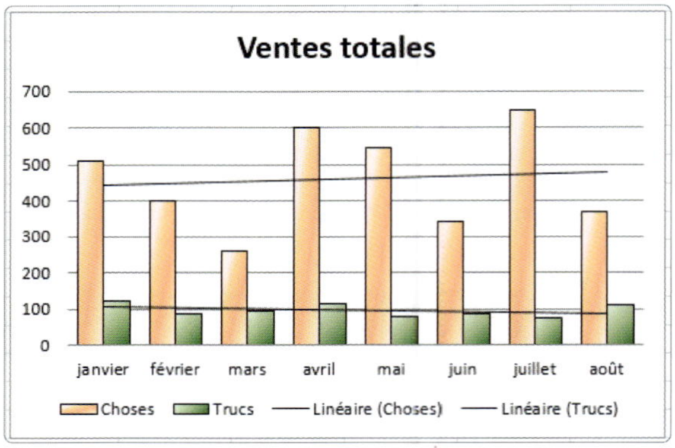

3 Cliquez à nouveau sur le bouton Ajouter un élément graphique, puis sur Courbe de tendance, puis sélectionnez encore le type Linéaire. Dans la boîte de dialogue, cliquez sur Trucs, puis sur OK. Le graphique comporte désormais deux courbes de tendance, mentionnées dans la légende.

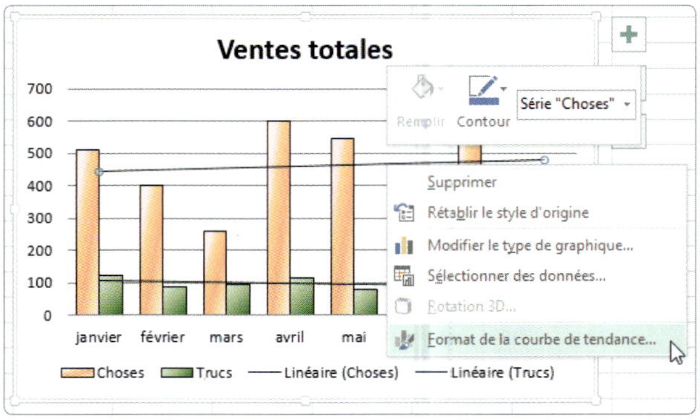

4 Sélectionnez la première ligne de tendance, puis effectuez un clic droit et choisissez Format de Courbe de tendance.

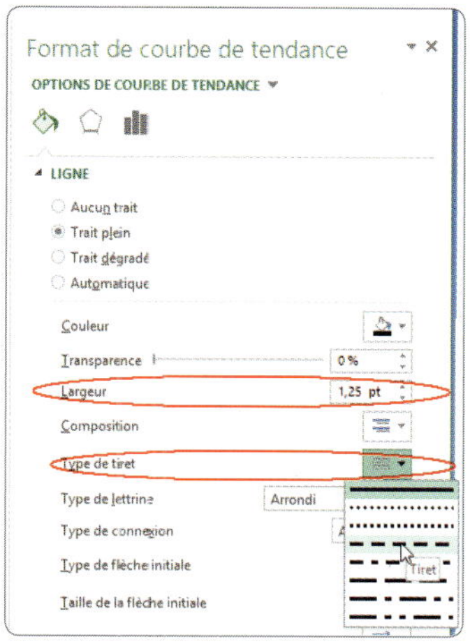

5 Dans le volet Format de courbe de tendance, cliquez sur Remplissage et ligne. Dans la section Ligne, augmentez la largeur à 1,25 pt, puis cliquez sur Type de tiret et choisissez Tiret.

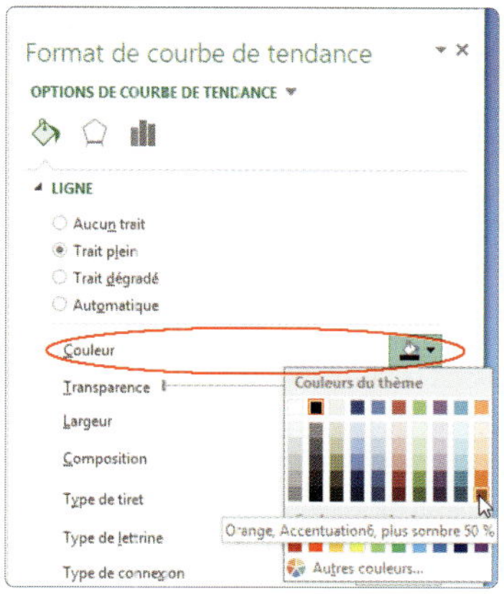

6 Cliquez sur le bouton Couleur et choisissez dans la palette l'orange le plus foncé (dernière ligne de la dernière colonne). Fermez le volet.

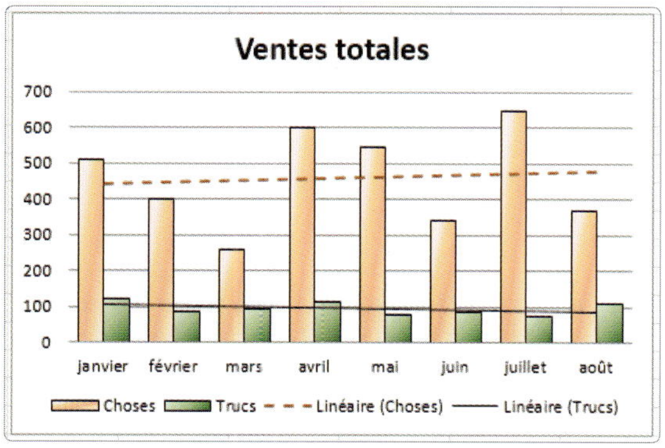

7 La ligne de tendance Choses apparaît en pointillés orange foncé. Cliquez sur la ligne de tendance Trucs, puis effectuez un clic droit et choisissez Format de la courbe de tendance.

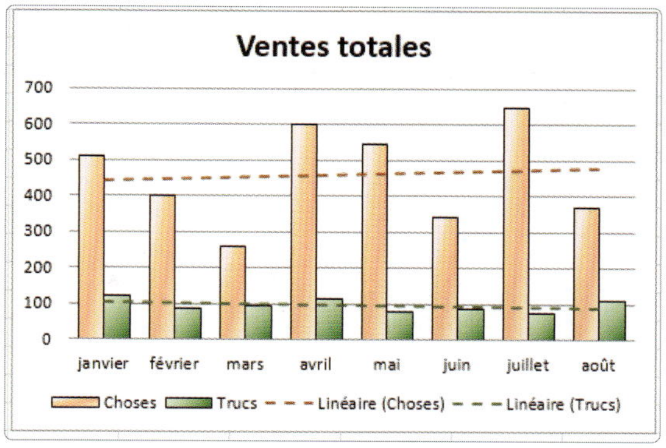

8 Dans le volet Format de la ligne de tendance, répétez les étapes 5 et 6, mais en choisissant comme couleur un vert foncé (dernière ligne de la colonne des verts). Cliquez sur Fermer.

Les deux lignes de tendance apparaissent maintenant en pointillés, et dans une couleur proche de celle de la série correspondante.

De façon générale, mieux vaut toujours mettre en forme une courbe de tendance pour améliorer la présentation du graphique. Il est par exemple judicieux d'employer des pointillés, ce genre de ligne indiquant plutôt une prévision qu'une ligne pleine qui fait généralement référence à une réalité. De même, par défaut, les courbes de tendance ne sont pas forcément de la même couleur que les séries de données qu'elles accompagnent. Mieux vaut les harmoniser pour que le lecteur comprenne plus facilement la relation entre la courbe et la série. Cela rend superflue toute explication supplémentaire.

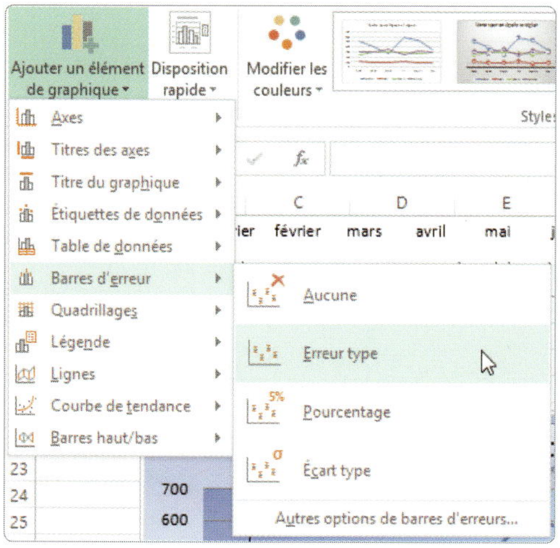

9 Dans la feuille graphique, descendez et sélectionnez le deuxième graphique, Ventes par catégorie et régions. Dans l'onglet Création de l'onglet contextuel Outils de graphique, cliquez sur le bouton Ajoutez un élément de graphique, sélectionnez Barres d'erreur, puis le type Erreur type.

GRAPHIQUES

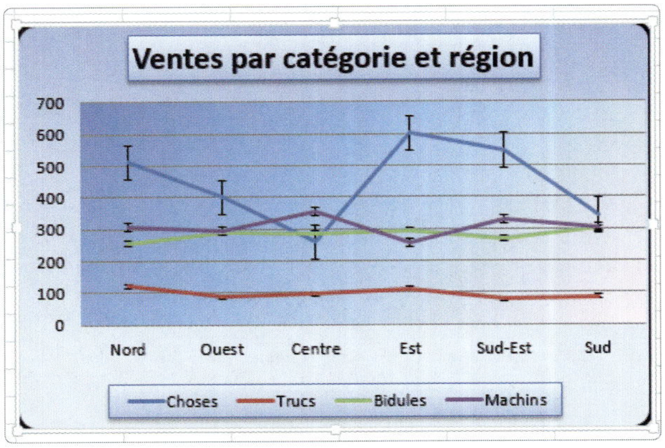

10 Le graphique présente maintenant des barres d'erreur avec une erreur type. Pour les données présentées ici (des chiffres de ventes), cela n'a guère de sens, mais pourrait en avoir plus pour des données recueillies d'après une estimation ou un échantillonnage.

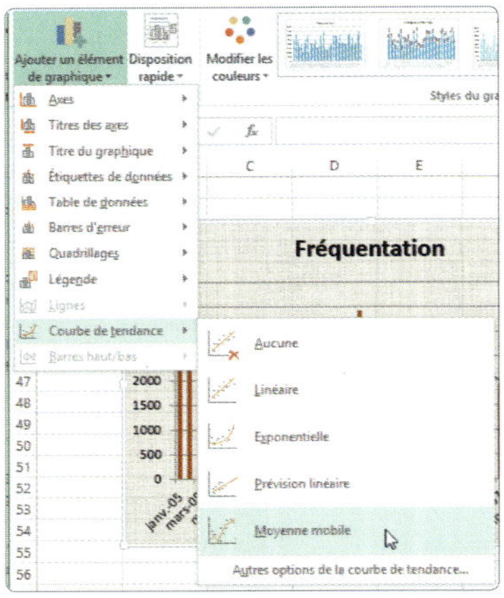

11 Dans la feuille Graphique, descendez et sélectionnez le troisième graphique, Fréquentation. Dans l'onglet Création de l'onglet contextuel Outils de graphique, cliquez sur le bouton Ajouter un élément de graphique, sélectionnez Courbe de tendance puis le type Moyenne mobile.

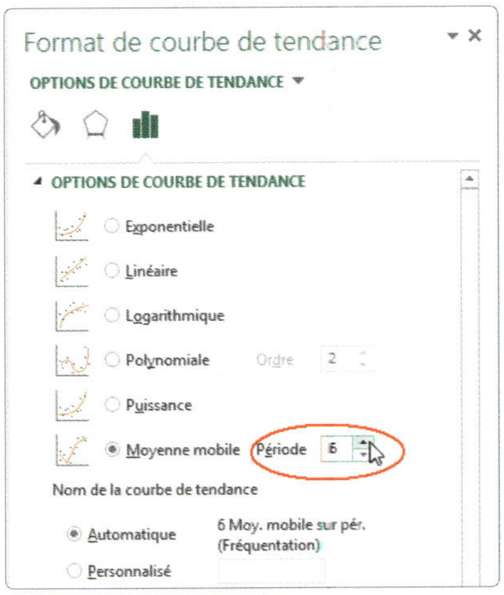

12 Le graphique affiche une moyenne mobile sur deux périodes (ici deux mois), ce qui est peu représentatif. Sélectionnez la moyenne mobile, puis dans le groupe Sélection active de l'onglet Création ou Disposition de l'onglet contextuel Outils de graphique, cliquez sur Mise en forme de la sélection (ou effectuez un clic droit sur la courbe et choisissez Format de la courbe de tendance).

Dans l'onglet Options de la boîte de dialogue Format de courbe de tendance, vous voyez que le choix Moyenne mobile est coché. Modifiez la valeur Période de 2 en 6.

Remarquez que cet onglet permet également de modifier le type de courbe de tendance, de définir un nom personnalisé pour la courbe (plutôt que celui attribué par défaut par Excel) et de définir d'autres options (selon le type de courbe de tendance).

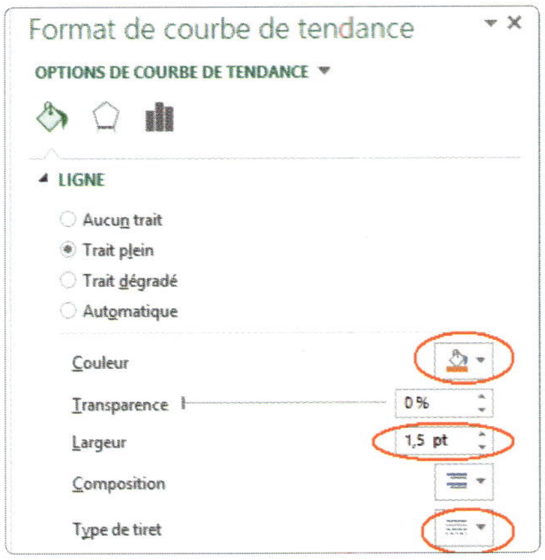

13 Cliquez sur Remplissage et ligne. Dans la section Ligne, augmentez la largeur à 1,5 pt, puis cliquez sur Type de tiret et choisissez Tiret. Cliquez sur Couleur du trait, cliquez sur le bouton Couleur et choisissez dans la palette un orange vif (avant-dernière ligne de la dernière colonne). Fermez le volet. La courbe affichée sur le graphique est une moyenne mobile sur 6 mois, nettement plus intéressante que sur deux mois. Enregistrez et fermez le classeur **TP42.xlsx**.

TP 43

Graphiques de tendance *(sparkline)*

Les graphiques de tendance ou *sparkline* sont de petits graphiques insérés dans une cellule de la feuille de calcul, permettant de récapituler visuellement des tendances dans des données. Contrairement à un graphique Excel classique, un graphique *sparkline* n'est pas un objet, mais un graphique minuscule figurant à l'arrière-plan d'une cellule. Intérêt supplémentaire, les graphiques *sparkline* sont imprimés en même temps que la feuille de calcul où ils figurent, ce qui n'est pas le cas des graphiques normaux.

Prérequis : TP 39
Fichier employé : TP43_début.xlsx
Temps de réalisation : 5 minutes

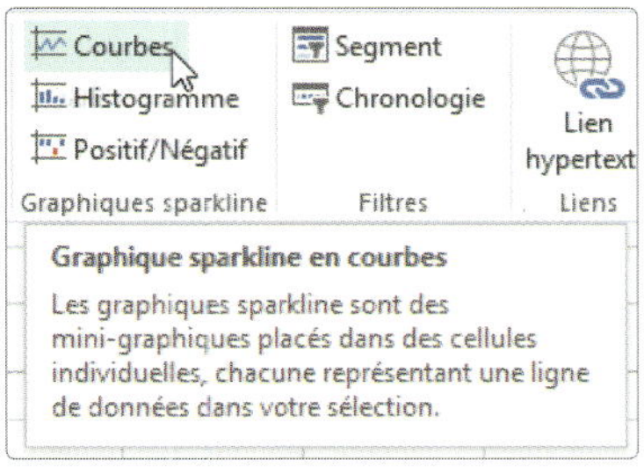

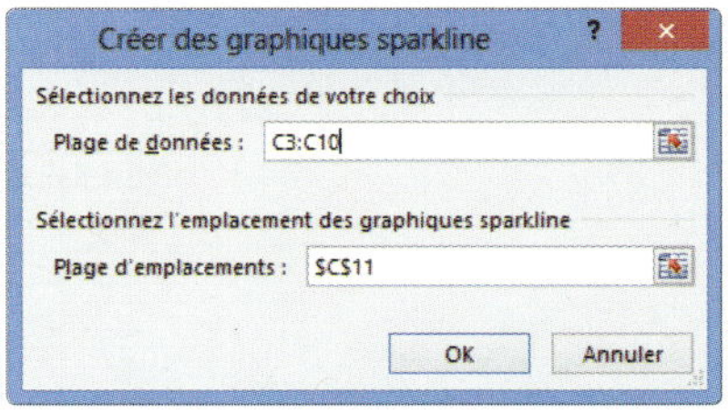

1 Ouvrez le fichier TP43_début.xlsx et enregistrez-le sous **TP43.xlsx**. Sélectionnez la cellule C11. Dans le groupe Graphiques sparkline de l'onglet Insertion, cliquez sur Courbes.

2 Dans la boîte de dialogue Créer des graphiques sparkline qui s'ouvre, la zone Plage d'emplacements est déjà remplie par $C$11. Dans la zone Plage de données, saisissez C3:C10, puis cliquez sur OK.

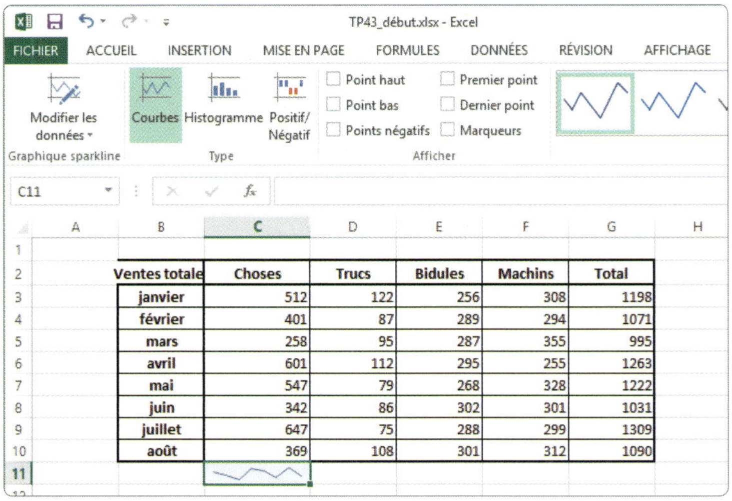

Ventes totale	Choses	Trucs	Bidules	Machins	Total
janvier	512	122	256	308	1198
février	401	87	289	294	1071
mars	258	95	287	355	995
avril	601	112	295	255	1263
mai	547	79	268	328	1222
juin	342	86	302	301	1031
juillet	647	75	288	299	1309
août	369	108	301	312	1090

3 Un graphique sparkline en courbe s'affiche dans la cellule C11, tandis qu'apparaît dans le ruban l'onglet contextuel Outils sparkline doté d'un seul onglet, Création. La cellule C11 étant encore sélectionnée, appuyez sur Ctrl+C, sélectionnez la plage D11:G11 et appuyez sur Ctrl+V. Le graphique sparkline est recopié dans les cellules sélectionnées, la plage de données étant ajustée selon la colonne concernée.

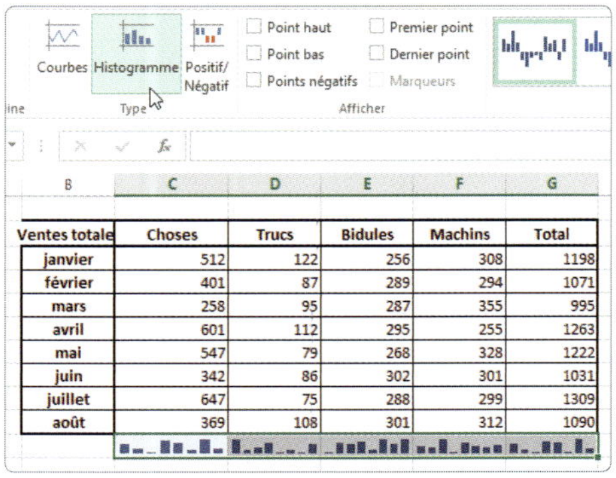

4 Dans l'onglet Création de l'onglet contextuel Outils sparkline, cliquez dans le groupe Type sur Histogramme. Les graphiques en courbes se transforment en histogrammes.

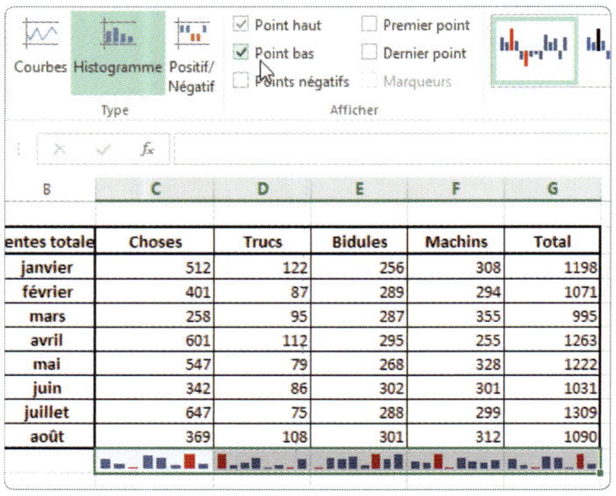

5 Dans l'onglet Création de l'onglet contextuel Outils sparkline, dans le groupe Afficher cochez les cases Point haut et Point bas. Les points les plus élevés et les plus bas de chaque histogramme s'affichent dans une couleur différente. Vous pourriez également afficher les points négatifs (absents ici), ou le premier et le dernier point de chaque histogramme. Avec un graphique en courbe, vous pourriez placer des marqueurs sur les valeurs.

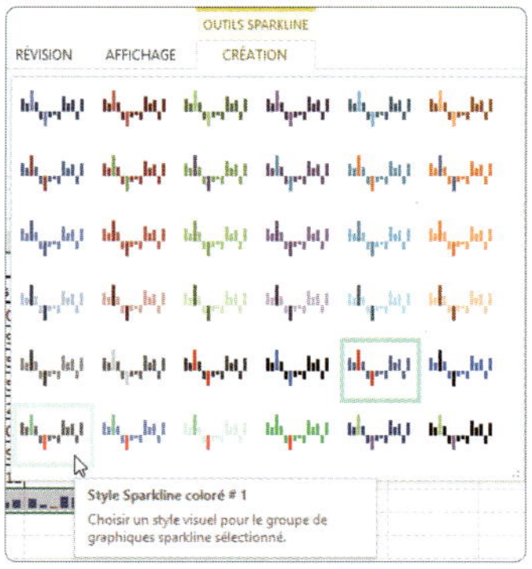

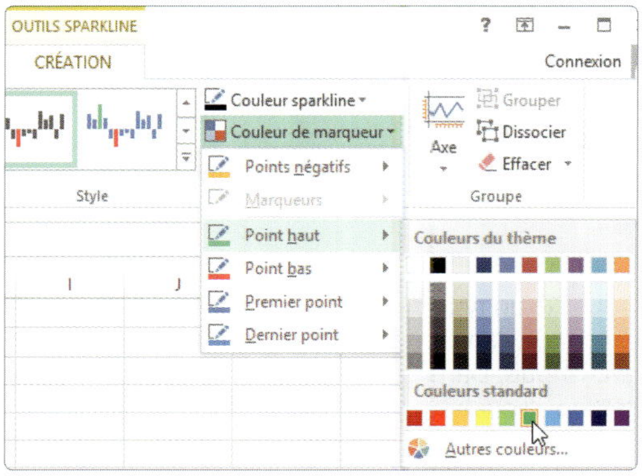

6 Dans l'onglet Création de l'onglet contextuel Outils sparkline, cliquez dans le groupe Style sur la flèche Autres. Dans la fenêtre qui s'ouvre, choisissez Style coloré #1. Vous pouvez modifier à votre guise le style des graphiques sparkline.

7 Dans l'onglet Création de l'onglet contextuel Outils sparkline, cliquez dans le groupe Type sur le bouton Couleur de marqueur. Choisissez Point haut, puis sélectionnez dans la palette le vert vif standard. Recommencez en choisissant Point bas, puis la couleur standard rouge vif.
Vous pouvez personnaliser à votre guise les couleurs des marqueurs. De même, en cliquant sur le bouton Couleur sparkline (situé juste au-dessus du précédent), vous pouvez personnaliser les couleurs du graphique sparkline.

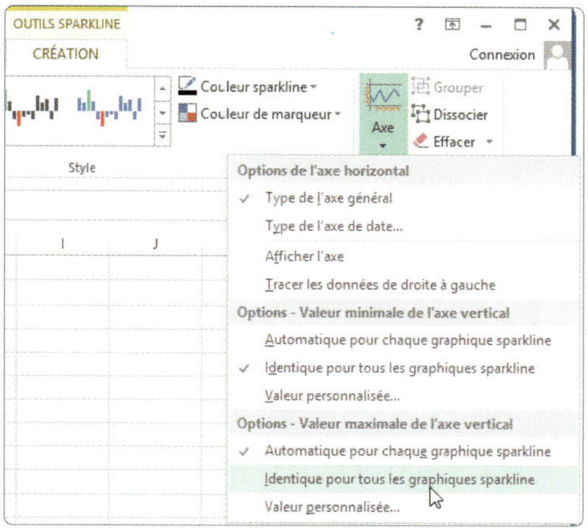

8 Dans l'onglet Création de l'onglet contextuel Outils sparkline, cliquez dans le groupe Groupe sur Axe. Dans la boîte de dialogue, sous Option - Valeur minimale de l'axe vertical, cochez Identique pour tous les graphiques sparkline. Recommencez et faites de même pour Option - Valeur maximale de l'axe vertical.

Les graphiques sparkline adoptent les mêmes valeurs maximales et minimales : c'est ici une mauvaise idée, car certains graphiques en deviennent presque illisibles. Recommencez, en cochant cette fois Automatique pour chaque graphique sparkline (la valeur par défaut). Vous pourriez aussi cliquer à deux reprises sur le bouton Annuler de la barre d'outils Accès rapide.

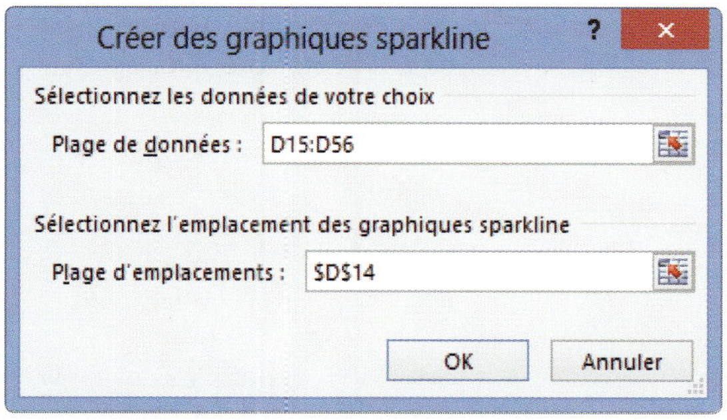

9 Il reste un type de graphique sparkline à examiner. Descendez dans la feuille Données, sélectionnez la cellule D14 puis, Dans le groupe Graphiques sparkline de l'onglet Insertion, cliquez sur Positif/Négatif.

Dans la boîte de dialogue Créer des graphiques sparkline qui s'ouvre, la zone Plage d'emplacements est déjà remplie par $C$14. Dans la zone Plage de données, saisissez D15:D56, puis cliquez sur OK.

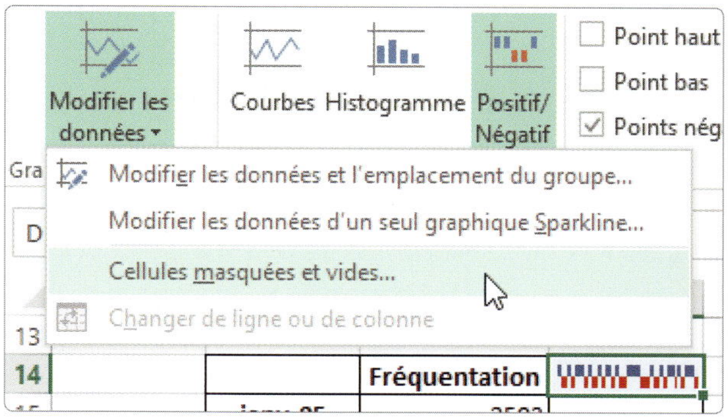

10 Un graphique sparkline Positif/Négatif s'affiche dans la cellule D14. Remarquez que la cellule D15 est vide : mieux vaut peut-être vérifier la façon dont elle est gérée. Dans le groupe Graphique sparkline de l'onglet Création de l'onglet contextuel Outils sparkline, cliquez sur Modifier les données puis choisissez Cellules masquées et vides.

Dans la boîte de dialogue qui s'ouvre, vous voyez qu'une cellule vide génère actuellement un intervalle : c'est parfait ici. Remarquez que vous pourriez la considérer comme valeur nulle. Fermez la boîte de dialogue en cliquant sur Annuler.

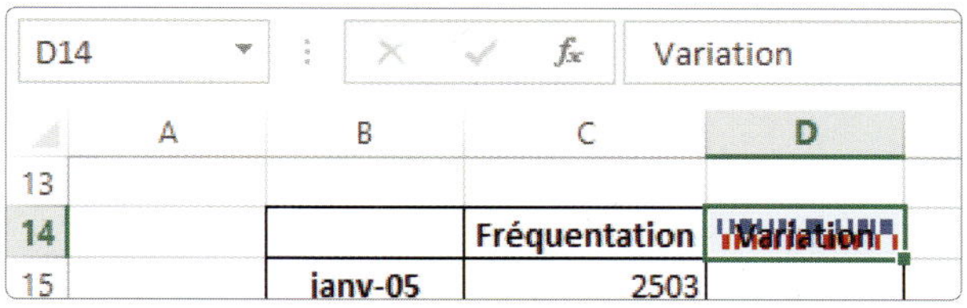

11 La cellule D14 étant toujours sélectionnée, saisissez **Variation**, puis validez par Entrée ou en cliquant sur une autre cellule. Le texte apparaît dans la cellule, en surimpression sur le graphique.

Un graphique sparkline étant un graphique minuscule imbriqué dans une cellule, vous pouvez ajouter du texte. Celui-ci, selon le type de graphique et ses données, peut être difficilement lisible : c'est le cas ici.

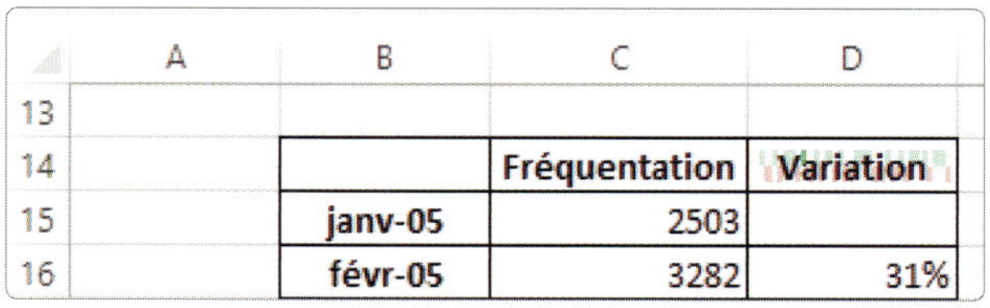

12 À l'aide des options Style de graphique sparkline et Couleur de marqueur, vous pouvez modifier les couleurs du graphique pour rendre plus lisible le texte. Il existe d'autres solutions : nous vous laissons les expérimenter…

Enregistrez et fermez le classeur **TP43.xlsx**.

Travail avec les données

Tout travail avec des données se résume à trois opérations précises : tri, filtrage et synthèse. Une synthèse s'effectue généralement à l'aide de tableaux croisés dynamiques. Vous découvrirez également une amélioration des tableaux croisés dynamiques, les segments.

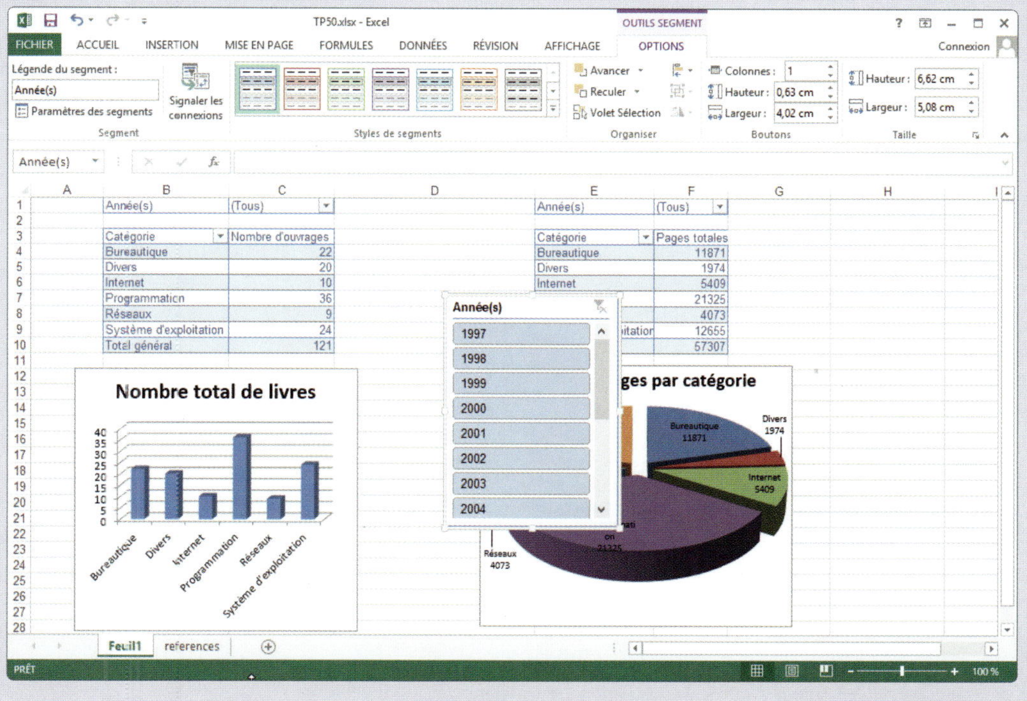

Nous allons examiner successivement tout au long des TP de cette partie ces opérations, ainsi que comment générer des graphiques de tableau croisé dynamiques.

Les deux derniers TP sont consacrés à l'impression d'un document Excel.

TP 44 Tri de données

Une des plus fréquentes des opérations effectuées sur les données est le tri. Excel permet de facilement trier des données, même importantes et complexes.

Prérequis : néant
Fichier employé : TP44_début.xlsx
Temps de réalisation : 5 minutes

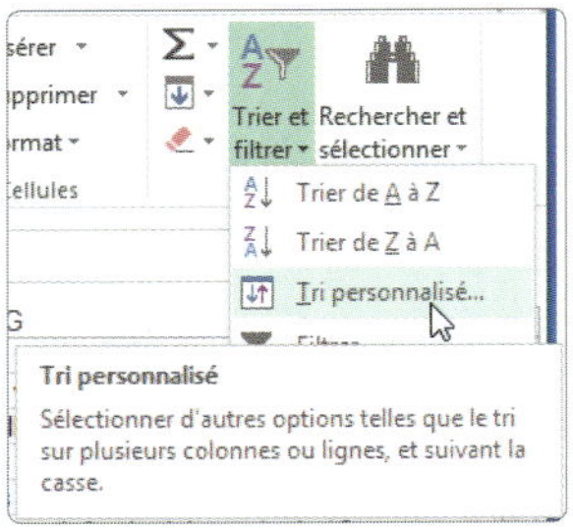

1 Ouvrez le fichier TP44_début.xlsx et enregistrez-le sous le nom **TP44.xlsx**[1]. Cliquez sur le rectangle situé à l'intersection des lettres de colonnes et des chiffres des lignes pour sélectionner toute la feuille. Dans le groupe Trier et filtrer de l'onglet Données, cliquez sur Trier et filtrer.

Dans le menu qui s'ouvre, les deux premières options (Trier du plus petit au plus grand et Trier du plus grand au plus petit) sont explicites. Cliquez sur Tri personnalisé.

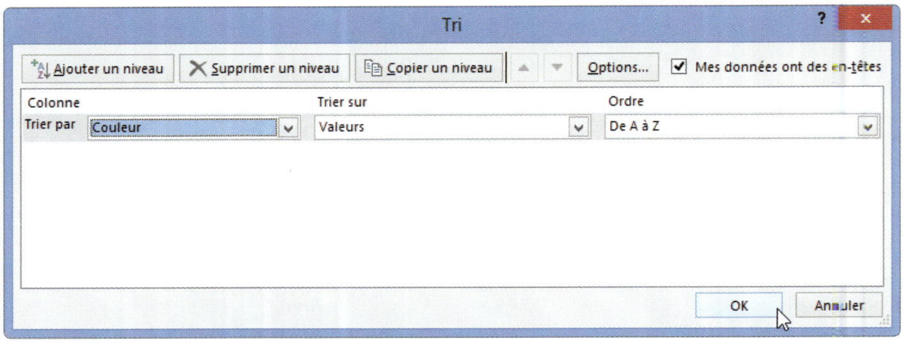

2 Dans la boîte de dialogue Tri personnalisé, vérifiez que l'option Mes données ont des en-têtes est cochée. Dans la zone Trier par, sous Colonne, cliquez sur la flèche et choisissez Couleur. Cliquez sur la flèche sous Trier sur : vous pouvez effectuer un tri selon la valeur, la couleur ou l'icône de la cellule. Laissez le réglage par défaut Valeurs. Cliquez sur la flèche sous Ordre : vous pouvez effectuer un tri croissant, décroissant ou personnalisé. Laissez le réglage par défaut De A à Z, puis cliquez sur OK.

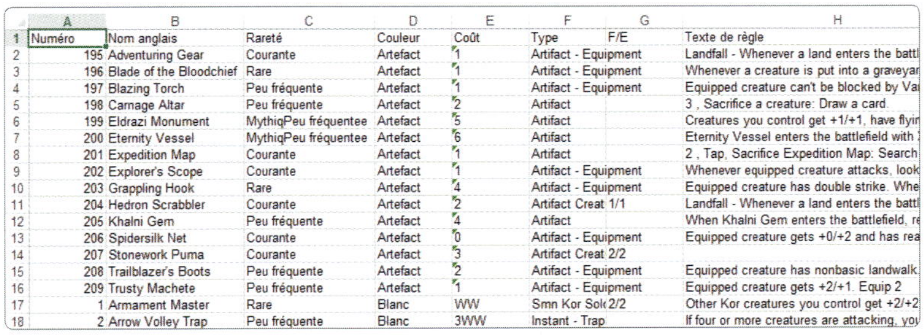

	A	B	C	D	E	F	G	H
1	Numéro	Nom anglais	Rareté	Couleur	Coût	Type	F/E	Texte de règle
2	195	Adventuring Gear	Courante	Artefact	1	Artifact - Equipment		Landfall - Whenever a land enters the battl
3	196	Blade of the Bloodchief	Rare	Artefact	1	Artifact - Equipment		Whenever a creature is put into a graveyar
4	197	Blazing Torch	Peu fréquente	Artefact	1	Artifact - Equipment		Equipped creature can't be blocked by Va
5	198	Carnage Altar	Peu fréquente	Artefact	2	Artifact		3 , Sacrifice a creature: Draw a card.
6	199	Eldrazi Monument	MythiqPeu fréquentee	Artefact	5	Artifact		Creatures you control get +1/+1, have flyi
7	200	Eternity Vessel	MythiqPeu fréquentee	Artefact	6	Artifact		Eternity Vessel enters the battlefield with
8	201	Expedition Map	Courante	Artefact	1	Artifact		2 , Tap, Sacrifice Expedition Map: Search
9	202	Explorer's Scope	Courante	Artefact	1	Artifact - Equipment		Whenever equipped creature attacks, look
10	203	Grappling Hook	Rare	Artefact	4	Artifact - Equipment		Equipped creature has double strike. Whe
11	204	Hedron Scrabbler	Courante	Artefact	2	Artifact Creat	1/1	Landfall - Whenever a land enters the battl
12	205	Khalni Gem	Peu fréquente	Artefact	4	Artifact		When Khalni Gem enters the battlefield, re
13	206	Spidersilk Net	Courante	Artefact	0	Artifact - Equipment		Equipped creature gets +0/+2 and has rea
14	207	Stonework Puma	Courante	Artefact	3	Artifact Creat	2/2	
15	208	Trailblazer's Boots	Peu fréquente	Artefact	2	Artifact - Equipment		Equipped creature has nonbasic landwalk.
16	209	Trusty Machete	Peu fréquente	Artefact	1	Artifact - Equipment		Equipped creature gets +2/+1. Equip 2
17	1	Armament Master	Rare	Blanc	WW	Smn Kor Sol	2/2	Other Kor creatures you control get +2/+2
18	2	Arrow Volley Trap	Peu fréquente	Blanc	3WW	Instant - Trap		If four or more creatures are attacking, you

3 La feuille de calcul s'affiche triée selon vos spécifications.

1. NDA : Au cas où vous vous poseriez la question, les données employées dans les quelques TP suivants sont réelles et concernent le jeu de cartes Magic The Gathering™, commercialisé par Wizard of the Coast™, et plus particulièrement les cartes de l'extension Zendikar™.

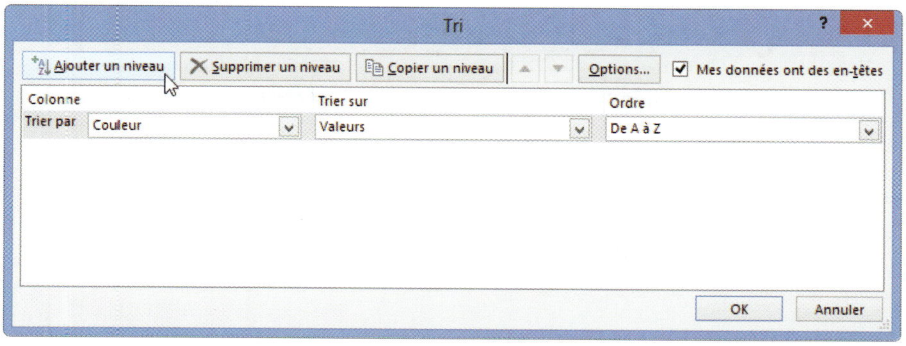

4 Cliquez à nouveau sur Trier et filtrer et choisissez encore Tri personnalisé. Dans la boîte de dialogue, cliquez sur Ajouter un niveau.

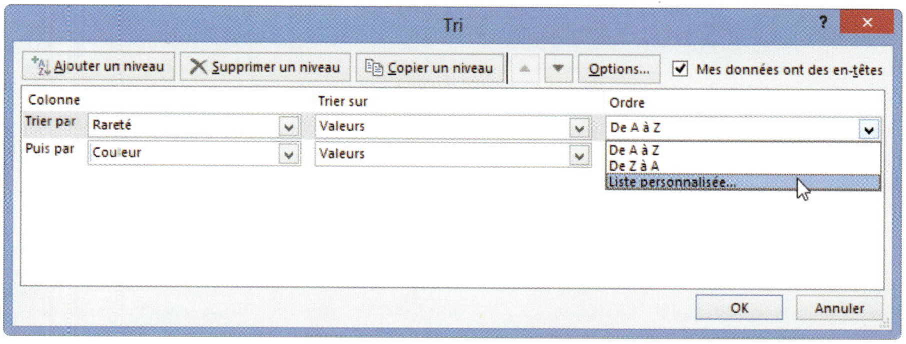

5 Dans la zone Colonne, cliquez sur la première flèche et choisissez Rareté, puis cliquez sur la seconde flèche et choisissez Couleur. Laissez les valeurs par défaut de la colonne Trier par. Cliquez sur la première flèche de la zone Ordre (pour la ligne Rareté) et cliquez sur Tri personnalisé.

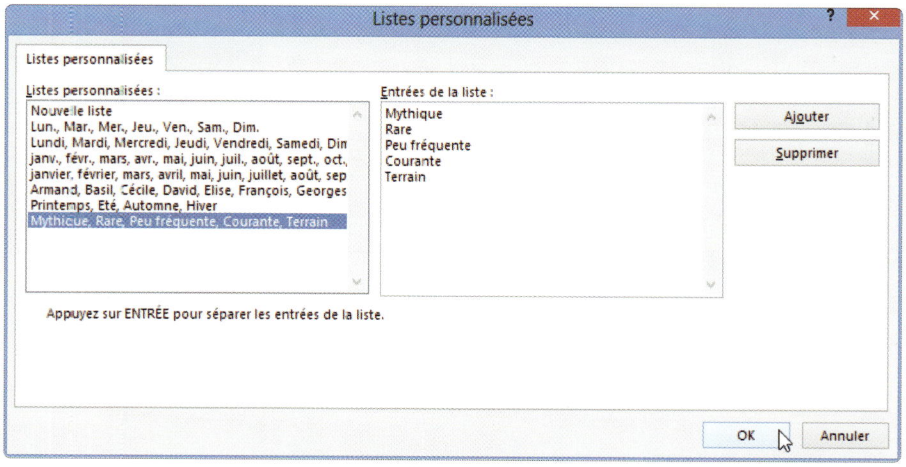

6 La boîte de dialogue Liste personnalisée s'affiche. Saisissez dans la zone de droite les termes **Mythique**, **Rare**, **Peu fréquente**, **Courante**, **Terrain**, sans les virgules et en appuyant après chaque entrée sur ENTRÉE. Cliquez ensuite sur Ajouter, puis sur OK.

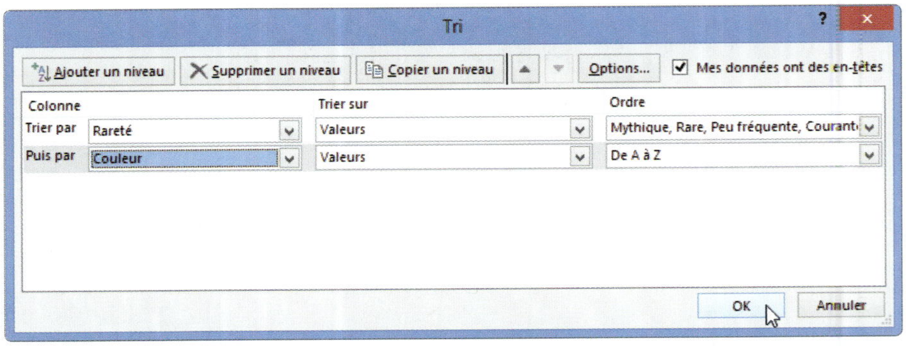

7 Vous voyez réapparaître la boîte de dialogue Tri, votre liste personnalisée servant d'ordre de tri pour la colonne Rareté. Cliquez sur OK.

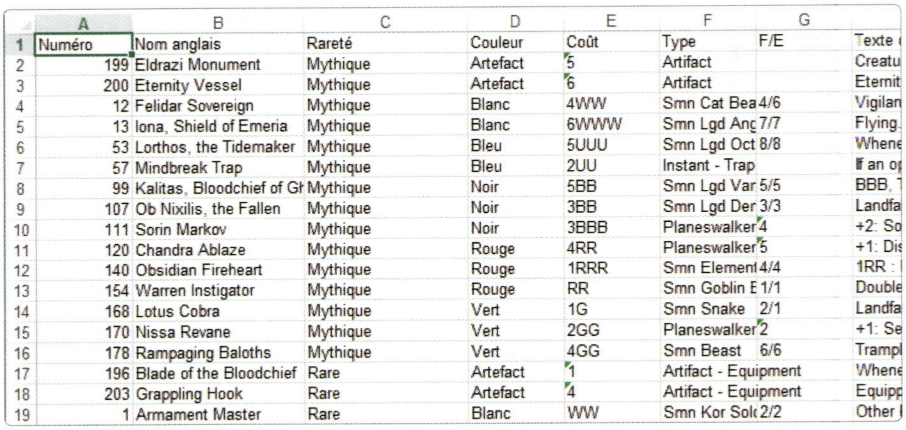

	A	B	C	D	E	F	G	
1	Numéro	Nom anglais	Rareté	Couleur	Coût	Type	F/E	Texte (
2	199	Eldrazi Monument	Mythique	Artefact	5	Artifact		Creatu
3	200	Eternity Vessel	Mythique	Artefact	6	Artifact		Eternit
4	12	Felidar Sovereign	Mythique	Blanc	4WW	Smn Cat Bea	4/6	Vigilan
5	13	Iona, Shield of Emeria	Mythique	Blanc	6WWW	Smn Lgd Anç	7/7	Flying.
6	53	Lorthos, the Tidemaker	Mythique	Bleu	5UUU	Smn Lgd Oct	8/8	Whene
7	57	Mindbreak Trap	Mythique	Bleu	2UU	Instant - Trap		If an op
8	99	Kalitas, Bloodchief of Gh	Mythique	Noir	5BB	Smn Lgd Var	5/5	BBB, T
9	107	Ob Nixilis, the Fallen	Mythique	Noir	3BB	Smn Lgd Der	3/3	Landfa
10	111	Sorin Markov	Mythique	Noir	3BBB	Planeswalker	4	+2: So
11	120	Chandra Ablaze	Mythique	Rouge	4RR	Planeswalker	5	+1: Dis
12	140	Obsidian Fireheart	Mythique	Rouge	1RRR	Smn Element	4/4	1RR :
13	154	Warren Instigator	Mythique	Rouge	RR	Smn Goblin E	1/1	Double
14	168	Lotus Cobra	Mythique	Vert	1G	Smn Snake	2/1	Landfa
15	170	Nissa Revane	Mythique	Vert	2GG	Planeswalker	2	+1: Se
16	178	Rampaging Baloths	Mythique	Vert	4GG	Smn Beast	6/6	Trampl
17	196	Blade of the Bloodchief	Rare	Artefact	1	Artifact - Equipment		Whene
18	203	Grappling Hook	Rare	Artefact	4	Artifact - Equipment		Equipp
19	1	Armament Master	Rare	Blanc	WW	Smn Kor Sol	2/2	Other

8 La feuille de calcul s'affiche, triée selon vos spécifications : d'abord la rareté, puis la couleur.

9 Excel réalise par défaut un tri sur les colonnes. Si vous devez trier des données horizontalement, sélectionnez les données à trier, cliquez à nouveau sur Trier et filtrer, choisissez Tri personnalisé, puis cliquez dans la boîte de dialogue Tri sur le bouton Options. Dans la boîte de dialogue Options, dans Orientation, cochez l'option De la gauche vers la droite.

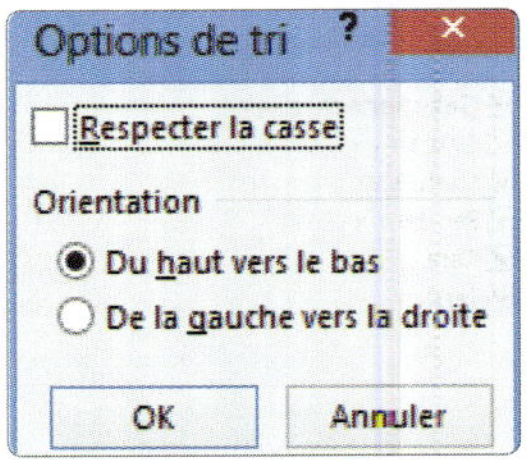

Enregistrez et fermez le classeur **TP44.xlsx**.

TP 45

Filtre de données

Lors du travail avec des données, il est fréquent de souhaiter filtrer une liste de données selon différents critères.

Prérequis : néant
Fichier employé : TP45_début.xlsx
Temps de réalisation : 5 minutes

1 Ouvrez le fichier TP45_début.xlsx et enregistrez-le sous le nom **TP45.xlsx**. Cliquez n'importe où dans la plage des données puis cliquez dans le groupe Trier et filtrer de l'onglet Données sur le bouton Filtrer et trier. Choisissez Filtrer.

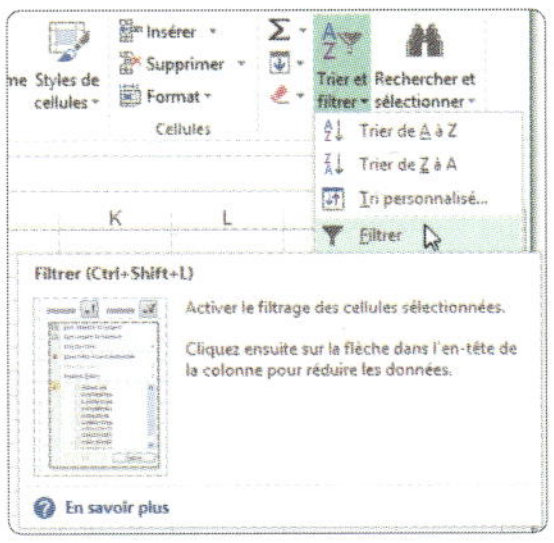

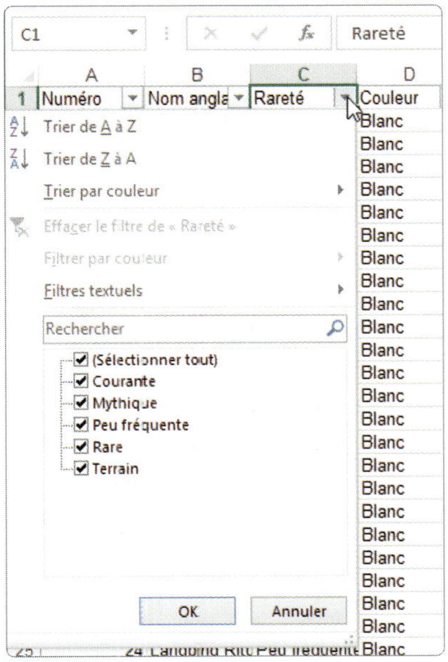

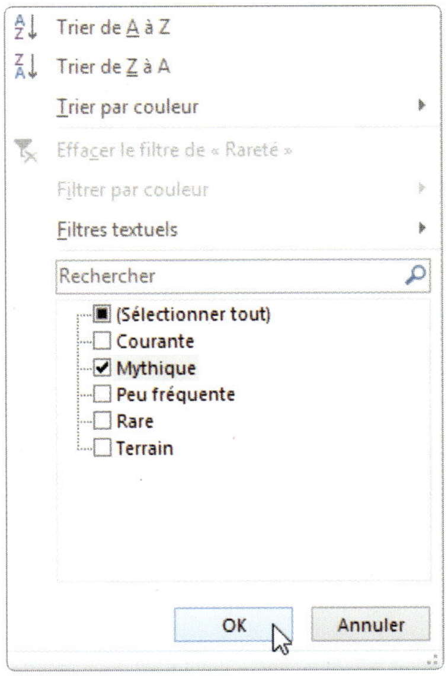

2 Sur la ligne de titre (la première ligne de la plage sélectionnée) s'affichent des flèches déroulantes. Cliquez sur la flèche située à côté de Rareté : une zone s'affiche, proposant de nombreuses options de tri (croissant ou décroissant, tri par couleur, tri textuel), suivie d'une zone Rechercher qui permet de rechercher du texte et des nombres, puis on trouve la liste de tous les contenus différents de cette colonne.

3 Dans la liste, désélectionnez toutes les cases sauf Mythique. Une méthode rapide consiste à cliquer sur la case (Sélectionner tout) pour tout décocher, puis à cocher ensuite ce qui vous intéresse, ici Mythique.

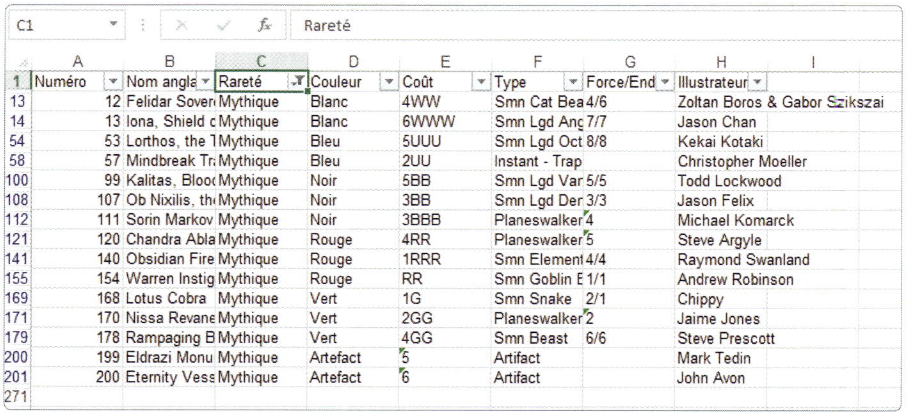

C1 | Rareté

	A	B	C	D	E	F	G	H
1	Numéro	Nom angla	Rareté	Couleur	Coût	Type	Force/End	Illustrateur
13	12	Felidar Sover	Mythique	Blanc	4WW	Smn Cat Bea	4/6	Zoltan Boros & Gabor Szikszai
14	13	Iona, Shield c	Mythique	Blanc	6WWW	Smn Lgd Ang	7/7	Jason Chan
54	53	Lorthos, the T	Mythique	Bleu	5UUU	Smn Lgd Oct	8/8	Kekai Kotaki
58	57	Mindbreak Tr	Mythique	Bleu	2UU	Instant - Trap		Christopher Moeller
100	99	Kalitas, Blooc	Mythique	Noir	5BB	Smn Lgd Var	5/5	Todd Lockwood
108	107	Ob Nixilis, th	Mythique	Noir	3BB	Smn Lgd Der	3/3	Jason Felix
112	111	Sorin Markov	Mythique	Noir	3BBB	Planeswalker	4	Michael Komarck
121	120	Chandra Abla	Mythique	Rouge	4RR	Planeswalker	5	Steve Argyle
141	140	Obsidian Fire	Mythique	Rouge	1RRR	Smn Element	4/4	Raymond Swanland
155	154	Warren Instig	Mythique	Rouge	RR	Smn Goblin E	1/1	Andrew Robinson
169	168	Lotus Cobra	Mythique	Vert	1G	Smn Snake	2/1	Chippy
171	170	Nissa Revane	Mythique	Vert	2GG	Planeswalker	2	Jaime Jones
179	178	Rampaging B	Mythique	Vert	4GG	Smn Beast	6/6	Steve Prescott
200	199	Eldrazi Monu	Mythique	Artefact	5	Artifact		Mark Tedin
201	200	Eternity Vess	Mythique	Artefact	6	Artifact		John Avon
271								

4 La feuille de calcul n'affiche plus que les cartes de rareté Mythique. Remarquez les numéros de lignes affichés en bleu et non consécutifs, ainsi que la présence à côté de l'en-tête Rareté d'une icône de filtrage.

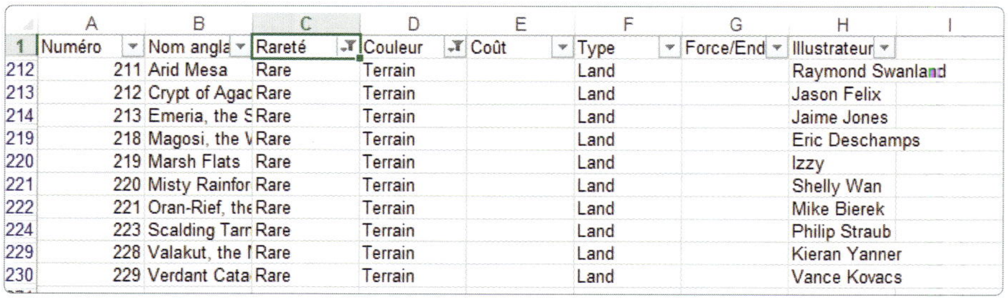

	A	B	C	D	E	F	G	H
1	Numéro	Nom angla	Rareté	Couleur	Coût	Type	Force/End	Illustrateur
212	211	Arid Mesa	Rare	Terrain		Land		Raymond Swanland
213	212	Crypt of Agac	Rare	Terrain		Land		Jason Felix
214	213	Emeria, the S	Rare	Terrain		Land		Jaime Jones
219	218	Magosi, the V	Rare	Terrain		Land		Eric Deschamps
220	219	Marsh Flats	Rare	Terrain		Land		Izzy
221	220	Misty Rainfor	Rare	Terrain		Land		Shelly Wan
222	221	Oran-Rief, the	Rare	Terrain		Land		Mike Bierek
224	223	Scalding Tarr	Rare	Terrain		Land		Philip Straub
229	228	Valakut, the I	Rare	Terrain		Land		Kieran Yanner
230	229	Verdant Cata	Rare	Terrain		Land		Vance Kovacs

5 Cliquez sur la flèche à côté de Rareté. Désélectionnez Mythique et sélectionnez Rare. Cliquez sur OK. Cliquez sur la flèche à côté de Couleur. Sélectionnez Terrain. Cliquez sur OK. Seules les cartes rares de couleur Terrain s'affichent.

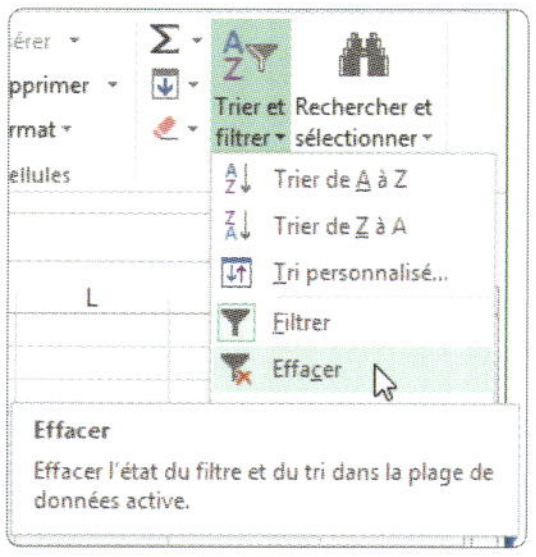

6 Vous pouvez facilement effectuer des tris multiples à l'aide des flèches figurant dans la zone de titre. Cliquez à nouveau sur la flèche à côté de couleur, puis sélectionnez Effacer le filtre de « Couleur ». Vous pourriez également cocher la case (Sélectionner tout). Cliquez sur OK.

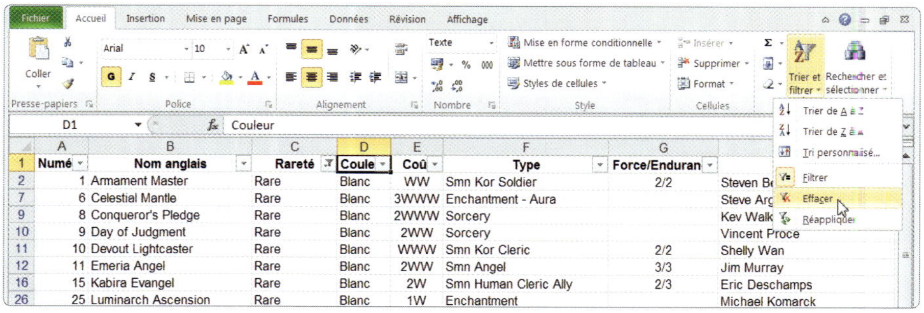

D1 | Couleur

	A	B	C	D	E	F	G	
1	Numé	Nom anglais	Rareté	Coule	Coû	Type	Force/Enduran	
2	1	Armament Master	Rare	Blanc	WW	Smn Kor Soldier	2/2	Steven Be
7	6	Celestial Mantle	Rare	Blanc	3WWW	Enchantment - Aura		Steve Arg
9	8	Conqueror's Pledge	Rare	Blanc	2WWW	Sorcery		Kev Walk
10	9	Day of Judgment	Rare	Blanc	2WW	Sorcery		Vincent Proce
11	10	Devout Lightcaster	Rare	Blanc	WWW	Smn Kor Cleric	2/2	Shelly Wan
12	11	Emeria Angel	Rare	Blanc	2WW	Smn Angel	3/3	Jim Murray
16	15	Kabira Evangel	Rare	Blanc	2W	Smn Human Cleric Ally	2/3	Eric Deschamps
26	25	Luminarch Ascension	Rare	Blanc	1W	Enchantment		Michael Komarck

7 La totalité de la liste des cartes rares réapparaît. Pour effacer tous les filtres, cliquez sur Trier et filtrer, puis cliquez sur Effacer le filtre. La totalité de la liste réapparaît. En cliquant sur Réappliquer le filtre, vous pouvez revenir au filtrage précédent.

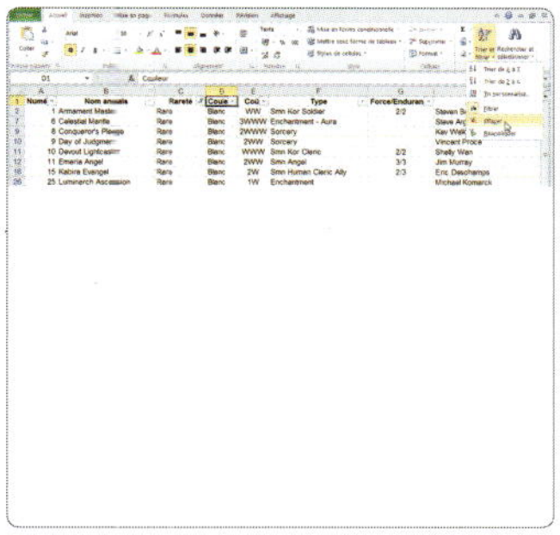

8 Cliquez sur la flèche à côté de Type. Dans la zone Rechercher, saisissez **Scout**.

La liste qui suit s'ajuste et ne présente plus que les noms qui comprennent Scout. Vous pouvez effectuer une sélection parmi ceux-ci ou tous les afficher en cliquant sur Sélectionner tous les résultats de la recherche.

Ce filtre textuel est extrêmement pratique pour affiner une recherche ou lorsque la liste des possibilités est très longue, comme avec des numéros d'articles.

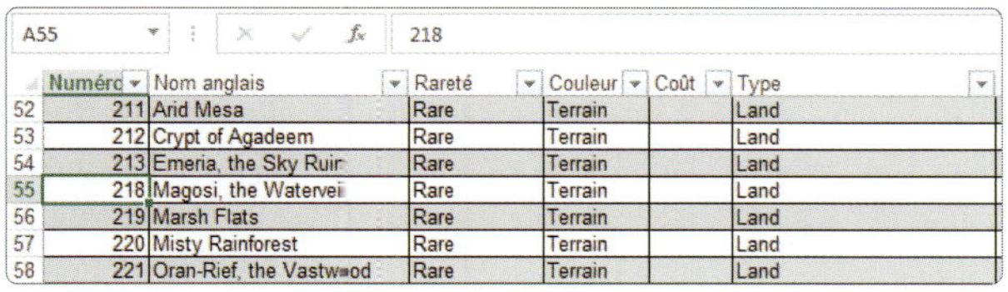

A55 — 218

	Numéro	Nom anglais	Rareté	Couleur	Coût	Type
52	211	Arid Mesa	Rare	Terrain		Land
53	212	Crypt of Agadeem	Rare	Terrain		Land
54	213	Emeria, the Sky Ruir	Rare	Terrain		Land
55	218	Magosi, the Waterve	Rare	Terrain		Land
56	219	Marsh Flats	Rare	Terrain		Land
57	220	Misty Rainforest	Rare	Terrain		Land
58	221	Oran-Rief, the Vastwood	Rare	Terrain		Land

9 Sélectionnez la feuille Tableau, puis sélectionnez la cellule A55. Remarquez que la ligne d'en-tête de tableau se déplace et reste toujours visible.

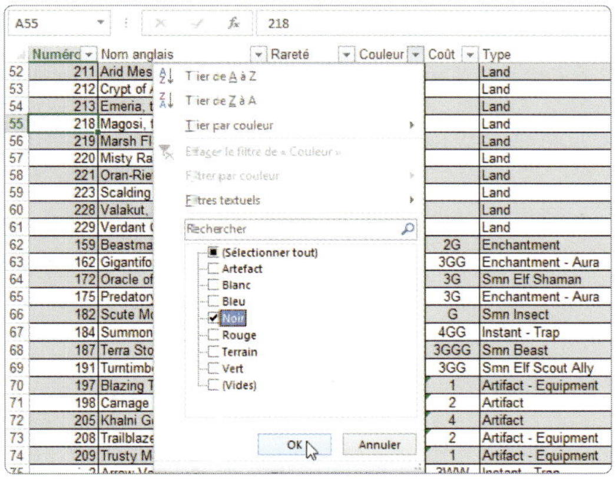

10 Cliquez sur la flèche à côté de Couleur, puis Sélectionnez Noir. Seules les cartes noires s'affichent. Les filtres fonctionnent exactement comme avec une plage de données normale.

Vous pouvez filtrer et trier indépendamment de l'emplacement. Enregistrez et fermez le classeur TP45.xlsx.

TP 46 Tableaux croisés dynamiques

Un tableau croisé dynamique, également nommé rapport de tableau croisé dynamique, permet de synthétiser, analyser, explorer et présenter une synthèse des données de feuille de calcul ou d'une source de données externe. Il se sert de données bidimensionnelles pour créer un tableau à trois dimensions, à partir de conditions multiples possédant des points d'intersection. Un tableau croisé dynamique est particulièrement utile lorsque vous disposez d'une vaste plage de données susceptible d'être examinée selon diverses perspectives. Les plages doivent contenir des en-têtes de colonne ou les en-têtes être affichés dans le tableau et il ne doit exister aucune ligne vide dans la plage ou le tableau.

Prérequis : néant
Fichier employé : TP46_début.xlsx
Temps de réalisation : 10 minutes

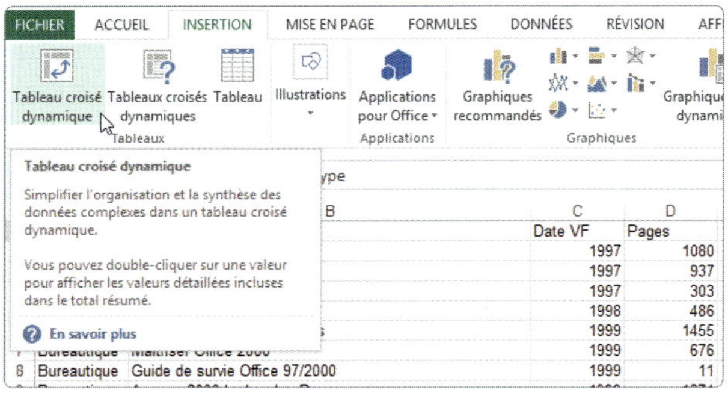

1 Ouvrez le classeur TP 46_début.xlsx et enregistrez-le sous le nom **TP46.xlsx**. Cette feuille de calcul comporte une liste d'ouvrages. Chaque ligne possède des données sur le titre, l'année, le type et le nombre de pages. Cliquez sur une cellule de la plage qui contient des données. Dans le groupe Tableaux de l'onglet Insertion, cliquez sur Tableau croisé dynamique.

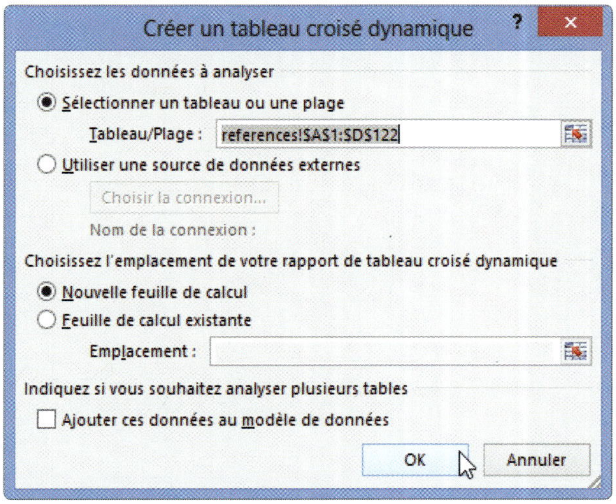

2 La boîte de dialogue Créer un tableau croisé dynamique s'ouvre. Assurez-vous que l'option Sélectionner un tableau ou une plage est sélectionnée, puis dans la zone Tableau/Plage, vérifiez la plage de cellules. Excel détermine automatiquement la plage pour le rapport de tableau croisé dynamique, mais vous pouvez la remplacer en tapant une autre plage ou un nom défini pour la plage. Vous pourriez également choisir une source de données externe.

Laissez cochée l'option Nouvelle feuille de calcul pour placer le nouveau tableau croisé dynamique dans une nouvelle feuille de calcul.

Pour plutôt insérer le tableau croisé dynamique à un emplacement spécifique d'une feuille de calcul existante, vous auriez choisi Feuille existante, puis dans la zone Emplacement, auriez spécifié la première cellule de la plage dans laquelle vous voulez placer le rapport de tableau croisé dynamique. Cliquez sur OK.

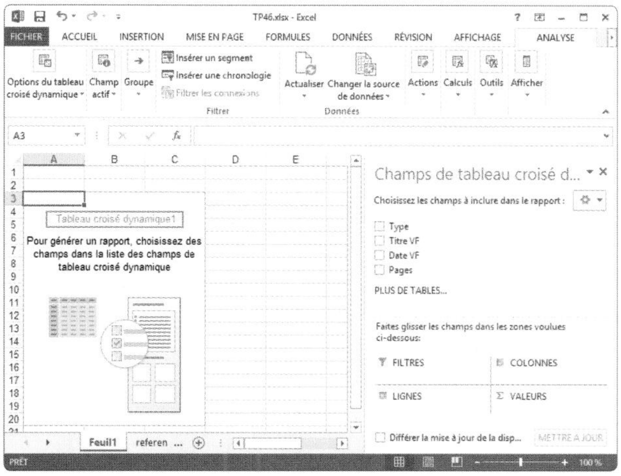

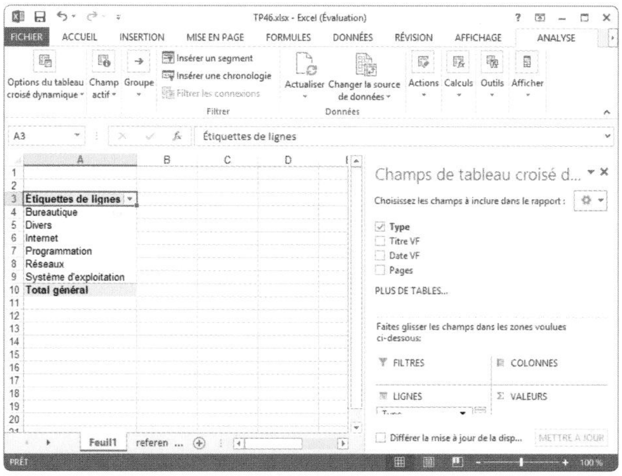

3 Excel ajoute un rapport de tableau croisé dynamique vide à l'emplacement spécifié. Remarquez l'apparition dans le Ruban de l'onglet Outils de tableau croisé dynamique et sur la droite le volet Champs de tableau croisé dynamique. Cet onglet contient les noms des champs que vous pouvez ajouter au rapport.

4 Dans la section Choisissez les champs à inclure dans le rapport, cochez la case située à côté de Type. Comme il s'agit d'un champ de type non numérique, il est automatiquement placé par défaut dans la zone Lignes. Les champs numériques sont ajoutés par défaut à la zone Valeurs et les hiérarchies de date et d'heure à la zone Colonnes.

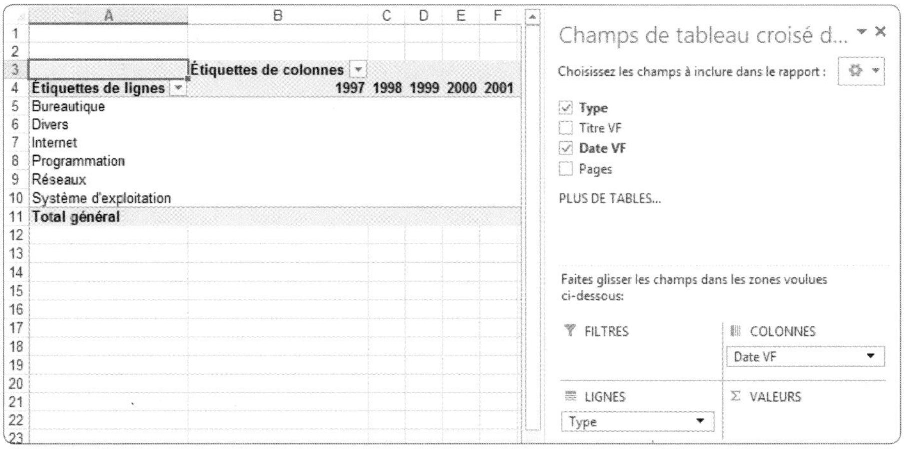

5 Cliquez sur le champ Date VF dans la section du haut, puis en maintenant enfoncé le bouton de la souris faites-le glisser vers la zone Colonnes du volet. Des étiquettes de colonne apparaissent dans le tableau croisé dynamique.

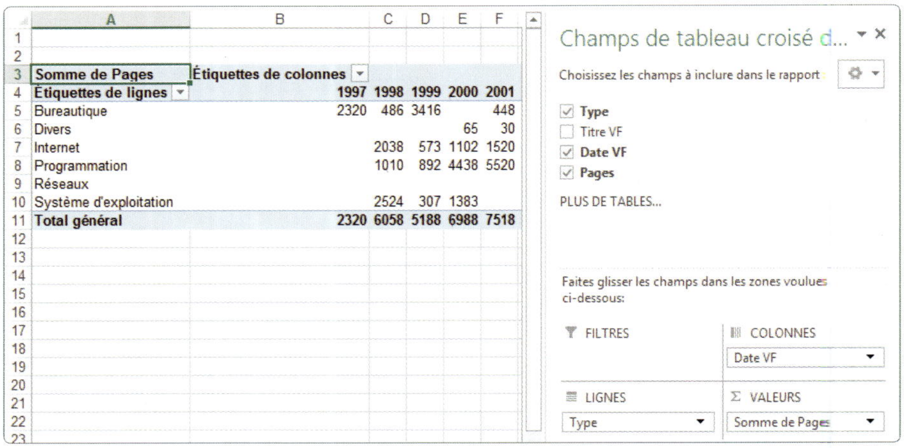

6 Cochez la case située à côté du champ Pages dans la section du haut. Comme il s'agit d'un champ de type numérique, il est automatiquement ajouté aux valeurs. Remarquez qu'il apparaît sous la forme « Somme de pages ». Dans le tableau croisé dynamique, le total des pages des ouvrages appartenant aux types définis (les lignes) apparaît pour chaque année (les colonnes Date VF).

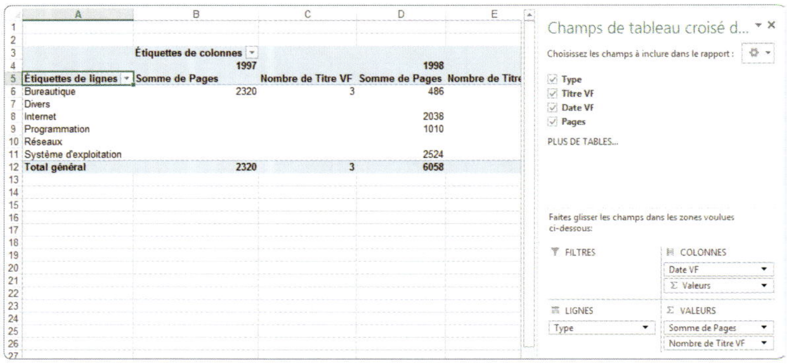

7 Cochez la case située à côté de Titre VF : le champ s'ajoute automatiquement à la zone Lignes. Cliquez dans cette zone sur Titre VF et faites glisser le nom vers la zone Valeurs.

Le nom se transforme en Nombre de Titre VF. Le tableau croisé dynamique affiche désormais en sus du total des pages le nombre d'ouvrages par année et par type.

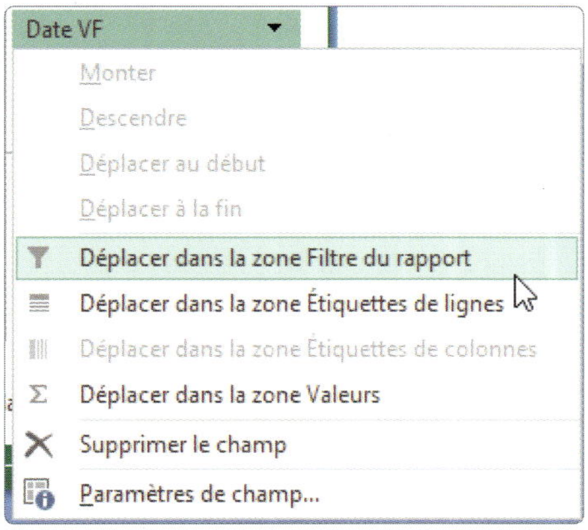

8 Dans la zone Colonnes, cliquez sur la flèche située à côté du champ Date VF et choisissez dans la liste Déplacer dans la zone Filtre du rapport.

Vous auriez également pu le glisser-déposer de la zone Colonnes à la zone Filtres : vous pouvez à tout moment réorganiser les champs en les faisant glisser entre les zones dans cette section, ou à l'aide des flèches situées à côté des noms des champs.

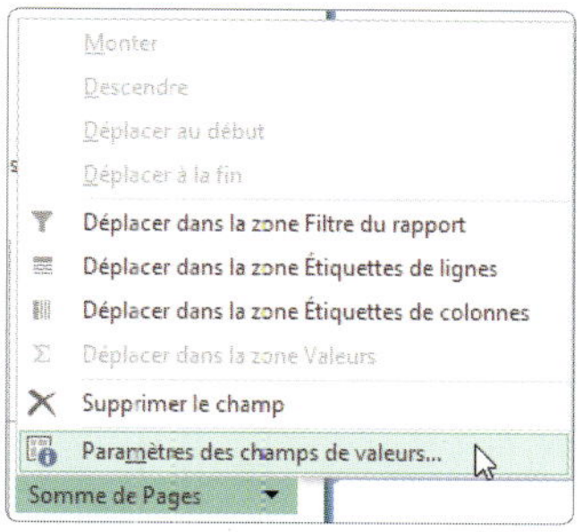

9 Dans la zone Valeurs, cliquez sur la flèche à côté de Somme de Pages et choisissez dans la liste Paramètres des champs de valeur.

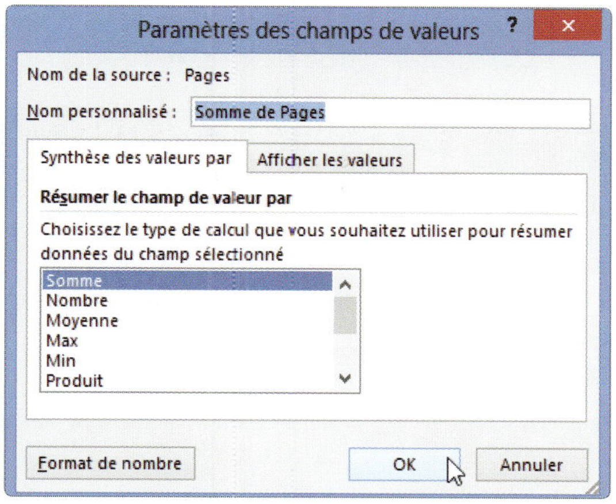

10 Dans la boîte de dialogue qui s'affiche, vous pouvez modifier le type de synthèse. C'est ici par défaut Somme, ce qui est parfait, mais vous pourriez choisir une des autres fonctions. Remarquez en bas à gauche de la boîte de dialogue le bouton Format de nombre, qui permet de définir précisément le format d'affichage du nombre à l'aide de la classique boîte de dialogue Format de nombre. Cliquez sur OK sans modifier le type de synthèse.

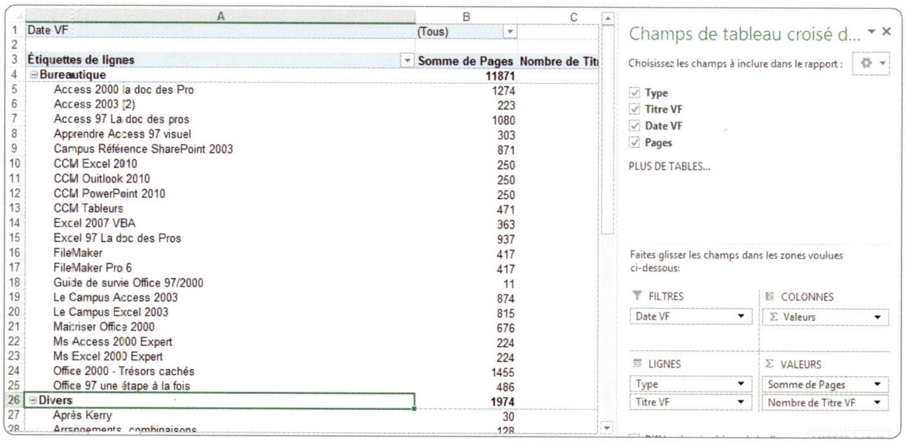

11 Glissez-déposez à nouveau le champ Titre VF de la zone Choisissez les champs à inclure dans la zone Lignes. Vous voyez apparaître dans le tableau croisé dynamique les titres des livres, tandis qu'un signe – apparaît à côté de chaque type.

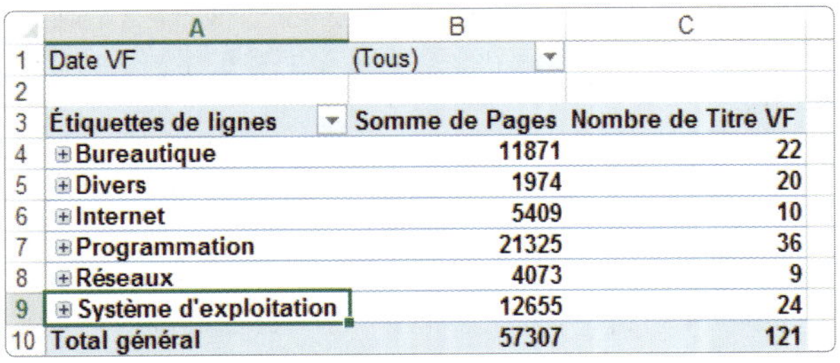

	A	B	C
1	Date VF	(Tous)	
2			
3	Étiquettes de lignes	Somme de Pages	Nombre de Titre VF
4	⊞Bureautique	11871	22
5	⊞Divers	1974	20
6	⊞Internet	5409	10
7	⊞Programmation	21325	36
8	⊞Réseaux	4073	9
9	⊞Système d'exploitation	12655	24
10	Total général	57307	121

12 Cliquez successivement sur tous les signes –. Ils se transforment en signes +, et vous retrouvez l'aspect que vous aviez avant d'ajouter le champ Titre VF. Vous pouvez toutefois, en cliquant sur +, afficher le détail à tout moment.

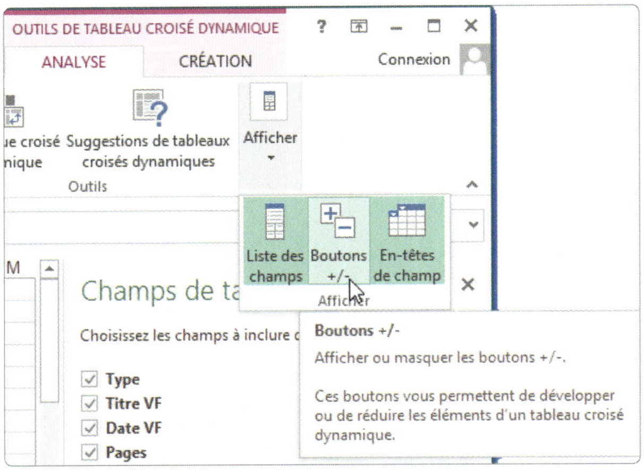

13 Dans l'onglet Analyse de l'onglet contextuel Outils de tableau croisé dynamique, cliquez dans le groupe Afficher sur Boutons +/-. Les boutons + disparaissent du tableau, mais les données restent toutefois présentes. Cliquez dans le même groupe sur Liste des champs pour masquer le volet Liste des champs.

Cliquez à nouveau sur Bouton +/- pour réafficher les signes +. Vous pouvez de même réafficher à tout moment la liste des champs en cliquant sur le bouton du même nom. De la même façon, le bouton En-tête des champs permet d'afficher ou de masquer l'en-tête Étiquettes de ligne.

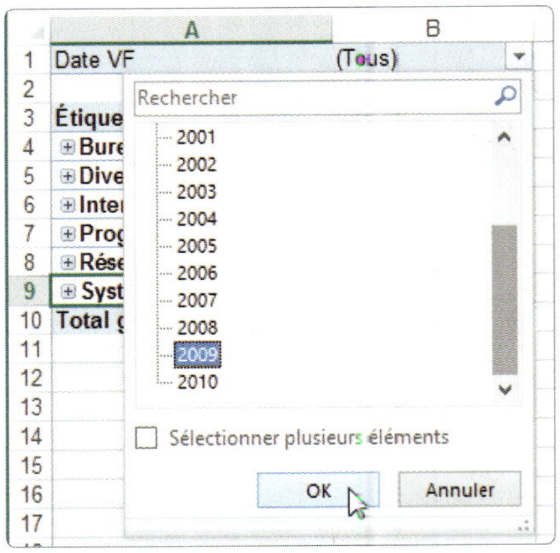

14 En haut du tableau croisé dynamique, cliquez dans la cellule B2 sur la flèche située à côté de (Tous). Cliquez dans la liste sur 2009. Remarquez qu'une case à cocher permettrait de sélectionner plusieurs années. Cliquez sur OK.

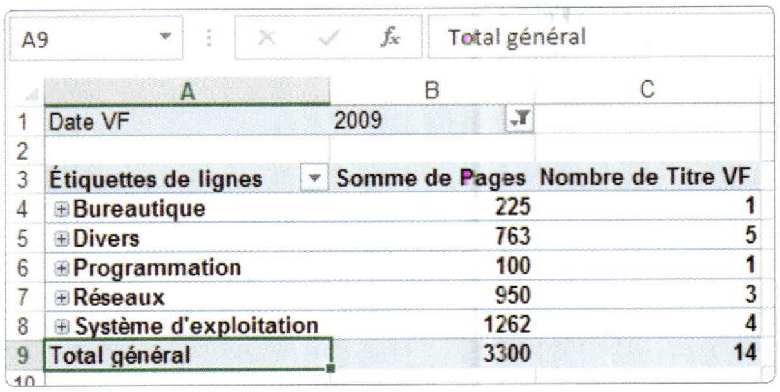

	A	B	C
1	Date VF	2009	
2			
3	Étiquettes de lignes	Somme de Pages	Nombre de Titre VF
4	⊞Bureautique	225	1
5	⊞Divers	763	5
6	⊞Programmation	100	1
7	⊞Réseaux	950	3
8	⊞Système d'exploitation	1262	4
9	Total général	3300	14

15 Seuls les ouvrages de l'année 2009 s'affichent.

Le grand intérêt d'un tableau croisé dynamique est que vous pouvez très rapidement afficher les données que vous souhaitez, comme vous le souhaitez, en les extrayant d'une liste de données interne ou externe. Si la liste originale se modifie, le tableau est automatiquement actualisé.

Cliquez dans la cellule B2 sur la flèche située à côté de 2009, sélectionnez (Tous) puis cliquez sur OK. Enregistrez le fichier **TP46.xlsx** et fermez-le si vous ne poursuivez pas immédiatement avec le TP suivant.

TP 47 Personnalisation d'un tableau croisé dynamique

Vous pouvez facilement ajuster la présentation d'un tableau croisé dynamique à l'aide de l'onglet Création de l'onglet contextuel Outils de tableau croisé dynamique. Vous pouvez également accéder aux options et fonctionnalités spécifiques à chaque élément de tableau croisé dynamique en effectuant un clic droit sur un élément.

Prérequis : TP 46
Fichier employé : TP46.xlsx ou TP47_début.xlsx
Temps de réalisation : 10 minutes

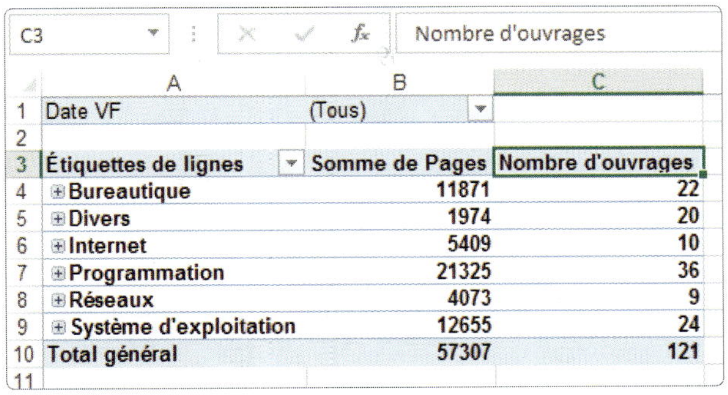

	A	B	C
1	Date VF	(Tous)	
2			
3	Étiquettes de lignes	Somme de Pages	Nombre d'ouvrages
4	⊞Bureautique	11871	22
5	⊞Divers	1974	20
6	⊞Internet	5409	10
7	⊞Programmation	21325	36
8	⊞Réseaux	4073	9
9	⊞Système d'exploitation	12655	24
10	Total général	57307	121
11			

1 Ouvrez le fichier TP46.xlsx ou TP47_début.xlsx et enregistrez-le sous le nom **TP47.xlsx**. Cliquez sur la cellule C3. Saisissez **Nombre d'ouvrages**, puis appuyez sur ENTRÉE.

Les modifications les plus fréquentes concernent la modification des libellés, ce qui s'effectue en modifiant simplement le contenu de la cellule concernée.

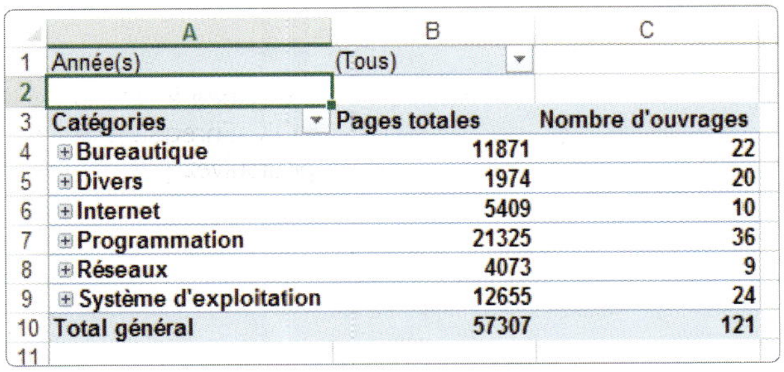

	A	B	C
1	Année(s)	(Tous)	
2			
3	Catégories	Pages totales	Nombre d'ouvrages
4	⊞Bureautique	11871	22
5	⊞Divers	1974	20
6	⊞Internet	5409	10
7	⊞Programmation	21325	36
8	⊞Réseaux	4073	9
9	⊞Système d'exploitation	12655	24
10	Total général	57307	121
11			

2 Modifiez de la même façon le contenu de la cellule B3 en **Pages totales**, celui de la cellule A3 en **Catégories** et celui de la cellule A1 en **Année(s)**.

Les noms de champs adoptés pour créer une liste ne sont pas toujours pertinents dans un tableau croisé dynamique.

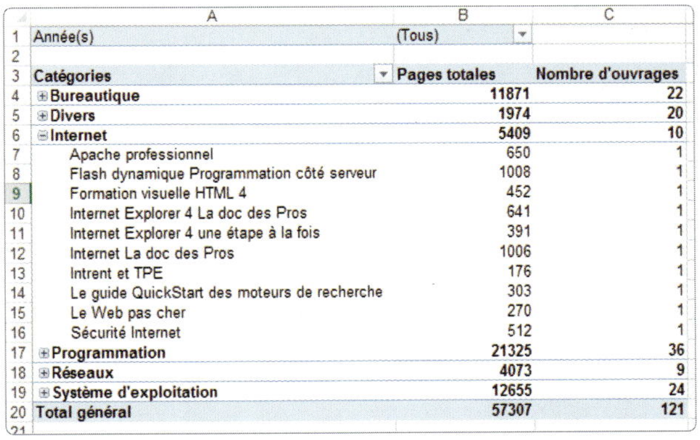

	A	B	C
1	Année(s)	(Tous)	
2			
3	Catégories	Pages totales	Nombre d'ouvrages
4	⊞Bureautique	11871	22
5	⊞Divers	1974	20
6	⊟Internet	5409	10
7	Apache professionnel	650	1
8	Flash dynamique Programmation côté serveur	1008	1
9	Formation visuelle HTML 4	452	1
10	Internet Explorer 4 La doc des Pros	641	1
11	Internet Explorer 4 une étape à la fois	391	1
12	Internet La doc des Pros	1006	1
13	Intrent et TPE	176	1
14	Le guide QuickStart des moteurs de recherche	303	1
15	Le Web pas cher	270	1
16	Sécurité Internet	512	1
17	⊞Programmation	21325	36
18	⊞Réseaux	4073	9
19	⊞Système d'exploitation	12655	24
20	Total général	57307	121

3 Cliquez sur le signe + situé à droite dans la cellule B6, Internet. La catégorie Internet se développe et affiche tous les ouvrages appartenant à cette catégorie.

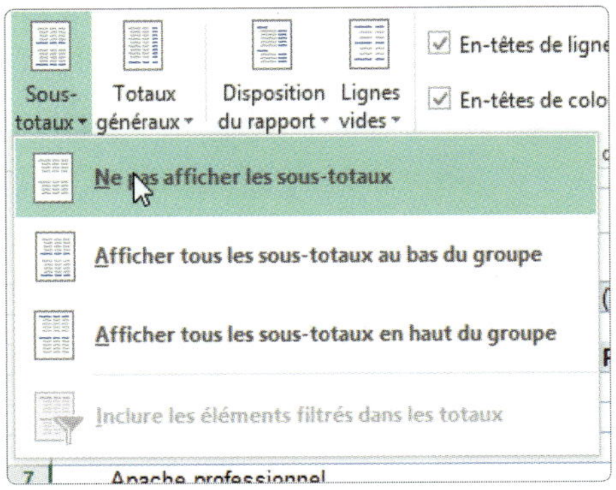

4 Dans l'onglet Création de l'onglet contextuel Outils de tableau croisé dynamique, dans le groupe Disposition, cliquez sur le bouton Sous-totaux et choisissez dans la liste Ne pas afficher les sous-totaux.

	A	B	C
1	Année(s)	(Tous)	
2			
3	Catégories	Pages totales	Nombre d'ouvrages
4	⊞ Bureautique	11871	22
5	⊞ Divers	1974	20
6	⊟ Internet		
7	Apache professionnel	650	1
8	Flash dynamique Programmation côté serveur	1008	1
9	Formation visuelle HTML 4	452	1
10	Internet Explorer 4 La doc des Pros	641	1
11	Internet Explorer 4 une étape à la fois	391	1
12	Internet La doc des Pros	1006	1
13	Intrent et TPE	176	1
14	Le guide QuickStart des moteurs de recherche	303	1
15	Le Web pas cher	270	1
16	Sécurité Internet	512	1
17	⊞ Programmation	21325	36
18	⊞ Réseaux	4073	9
19	⊞ Système d'exploitation	12655	24
20	Total général	57307	121

5 Le chiffre de sous-total pour la catégorie Internet disparaît ligne 6. Recommencez l'étape 4, en choisissant cette fois Afficher tous les sous-totaux en bas du groupe.

	A	B	C
1	Année(s)	(Tous)	
2			
3	Catégories	Pages totales	Nombre d'ouvrages
4	⊞ Bureautique	11871	22
5	⊞ Divers	1974	20
6	⊟ Internet		
7	Apache professionnel	650	1
8	Flash dynamique Programmation côté serveur	1008	1
9	Formation visuelle HTML 4	452	1
10	Internet Explorer 4 La doc des Pros	641	1
11	Internet Explorer 4 une étape à la fois	391	1
12	Internet La doc des Pros	1006	1
13	Intrent et TPE	176	1
14	Le guide QuickStart des moteurs de recherche	303	1
15	Le Web pas cher	270	1
16	Sécurité Internet	512	1
17	Total Internet	5409	10
18	⊞ Programmation	21325	36
19	⊞ Réseaux	4073	9
20	⊞ Système d'exploitation	12655	24
21	Total général	57307	121

6 Une nouvelle ligne apparaît, ligne 17. Dans l'onglet Création de l'onglet contextuel Outils de tableau croisé dynamique, dans le groupe Disposition, cliquez sur le bouton Totaux généraux et choisissez Désactivé pour les lignes et les colonnes.

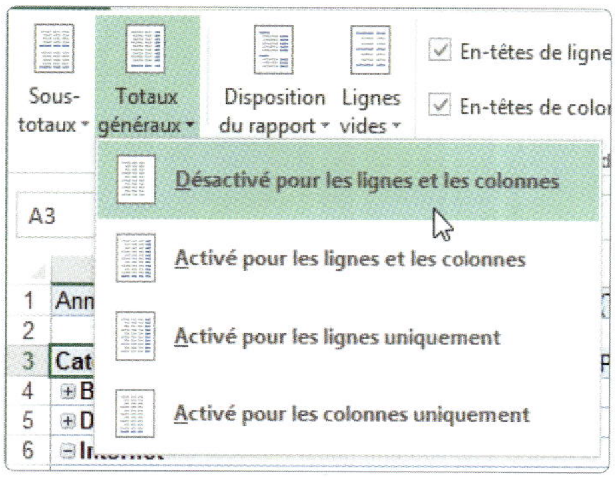

7 La ligne de total général du bas disparaît. Recommencez en choisissant Activé pour les lignes et les colonnes (vous pouvez également cliquer sur le bouton Annuler de la barre d'outils Accès rapide) pour refaire apparaître la ligne des totaux.

Les colonnes renfermant des valeurs calculées, il n'y a pas ici de total général de ligne.

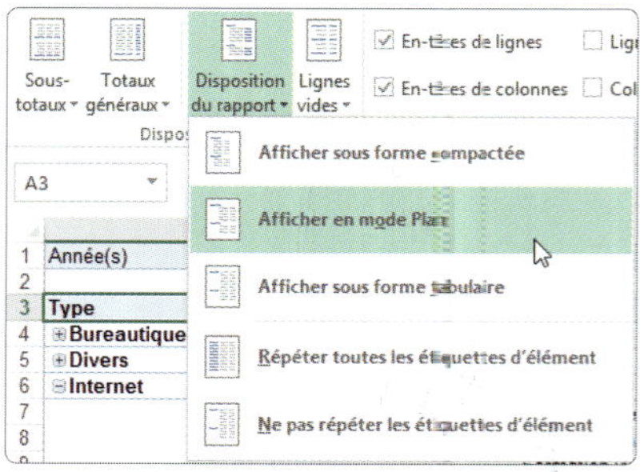

8 Dans l'onglet Création de l'onglet contextuel Outils de tableau croisé dynamique, dans le groupe Disposition, cliquez sur Disposition du rapport et choisissez Afficher en mode plan.

	A	B	C	D
1	Année(s)	(Tous)		
2				
3	Type	Titre VF	Pages totales	Nombre d'ouvrages
4	⊞ Bureautique		11871	22
5	⊞ Divers		1974	20
6	⊟ Internet		5409	10
7		Apache professionnel	650	1
8		Flash dynamique Programmation côté serveur	1008	1
9		Formation visuelle HTML 4	452	1
10		Internet Explorer 4 La doc des Pros	641	1
11		Internet Explorer 4 une étape à la fois	391	1
12		Internet La doc des Pros	1006	1
13		Intrent et TPE	176	1
14		Le guide QuickStart des moteurs de recherche	303	1
15		Le Web pas cher	270	1
16		Sécurité Internet	512	1
17	⊞ Programmation		21325	36
18	⊞ Réseaux		4073	9
19	⊞ Système d'exploitation		12655	24
20	Total général		57307	121

9 L'aspect du tableau croisé dynamique se modifie. Testez les autres dispositions, puis choisissez à nouveau Afficher sous forme compactée.

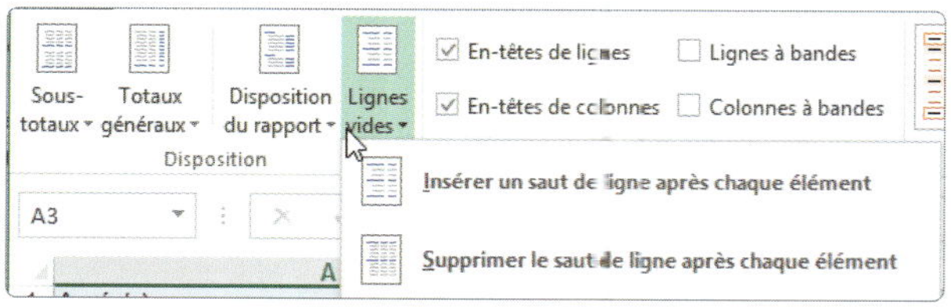

10 Le bouton Lignes vides du groupe Disposition de l'onglet Création de l'onglet contextuel Outils de tableau croisé dynamique permet d'insérer des lignes vides entre les éléments : laissez les choses en l'état.

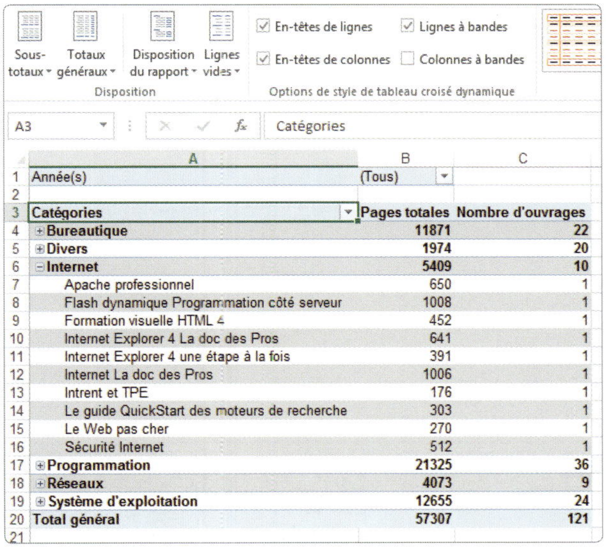

	A	B	C
1	Année(s)	(Tous)	
2			
3	**Catégories**	**Pages totales**	**Nombre d'ouvrages**
4	**⊞Bureautique**	**11871**	**22**
5	**⊞Divers**	**1974**	**20**
6	**⊟Internet**	**5409**	**10**
7	Apache professionnel	650	1
8	Flash dynamique Programmation côté serveur	1008	1
9	Formation visuelle HTML 4	452	1
10	Internet Explorer 4 La doc des Pros	641	1
11	Internet Explorer 4 une étape à la fois	391	1
12	Internet La doc des Pros	1006	1
13	Intrent et TPE	176	1
14	Le guide QuickStart des moteurs de recherche	303	1
15	Le Web pas cher	270	1
16	Sécurité Internet	512	1
17	**⊞Programmation**	**21325**	**36**
18	**⊞Réseaux**	**4073**	**9**
19	**⊞Système d'exploitation**	**12655**	**24**
20	**Total général**	**57307**	**121**
21			

11 Dans le groupe Options de style de tableau croisé dynamiques, les deux options En-têtes de lignes et En-tête de colonnes placent lorsqu'elles sont cochées (c'est le cas ici) une mise en forme spéciale sur les premières lignes ou colonnes du tableau. Les options Lignes à bandes et Colonnes à bandes placent une couleur alternative respectivement sur les lignes et les colonnes. Cochez l'option Lignes à bandes.

Le tableau croisé dynamique affiche des lignes de couleur alternatives.

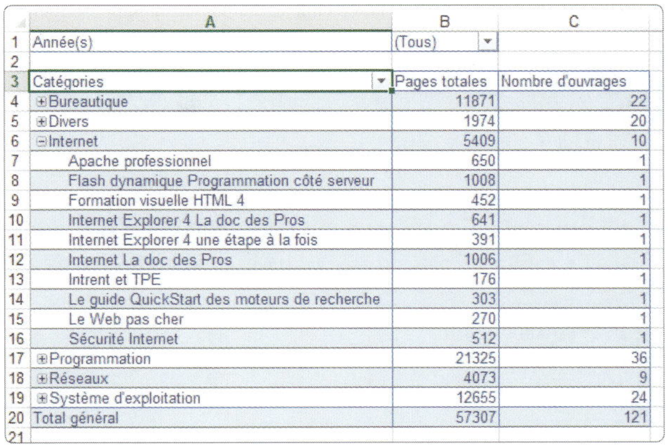

	A	B	C
1	Année(s)	(Tous)	
2			
3	Catégories	Pages totales	Nombre d'ouvrages
4	⊞Bureautique	11871	22
5	⊞Divers	1974	20
6	⊟Internet	5409	10
7	Apache professionnel	650	1
8	Flash dynamique Programmation côté serveur	1008	1
9	Formation visuelle HTML 4	452	1
10	Internet Explorer 4 La doc des Pros	641	1
11	Internet Explorer 4 une étape à la fois	391	1
12	Internet La doc des Pros	1006	1
13	Intrent et TPE	176	1
14	Le guide QuickStart des moteurs de recherche	303	1
15	Le Web pas cher	270	1
16	Sécurité Internet	512	1
17	⊞Programmation	21325	36
18	⊞Réseaux	4073	9
19	⊞Système d'exploitation	12655	24
20	Total général	57307	121
21			

12 Placez le pointeur de la souris successivement sur les icônes du groupe Style de tableau dynamique. Comme il s'agit d'une galerie, le tableau croisé dynamique s'actualise et propose un aperçu de ce style. Cliquez sur le style Style de tableau croisé dynamique Clair 23 (quatrième ligne, troisième style).

Vous venez de voir comme il est facile de personnaliser un tableau croisé dynamique.

Enregistrez le classeur **TP47.xlsx** et fermez-le si vous ne poursuivez pas immédiatement avec le TP suivant.

TP 48 Graphique croisé dynamique

Comme l'indique son nom, un graphique de rapport croisé dynamique est fondé sur un tableau croisé dynamique. Graphique croisé dynamique et tableau croisé dynamique associé doivent toujours être dans le même classeur.

Prérequis : néant
Fichier employé : TP47.xlsx ou TP48_début.xlsx
Temps de réalisation : 5 minutes

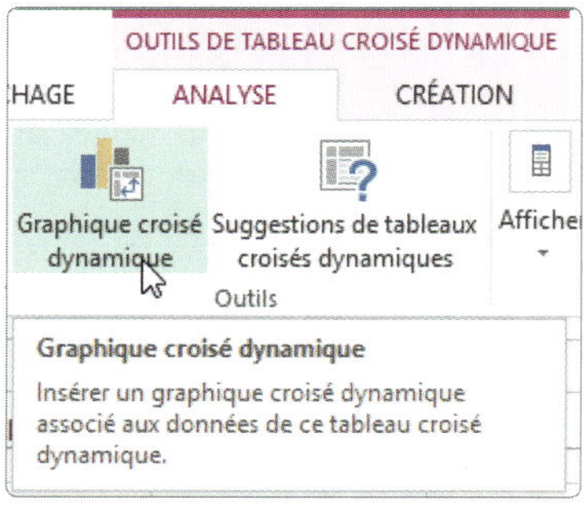

1 Ouvrez le classeur TP48_début.xlsx ou le classeur TP47.xlsx et enregistrez-le sous le nom **TP48.xlsx**. Sélectionnez une des cellules du tableau croisé dynamique, puis cliquez dans le groupe Outils de l'onglet Analyse des outils de tableaux dynamiques sur Graphique croisé dynamique.

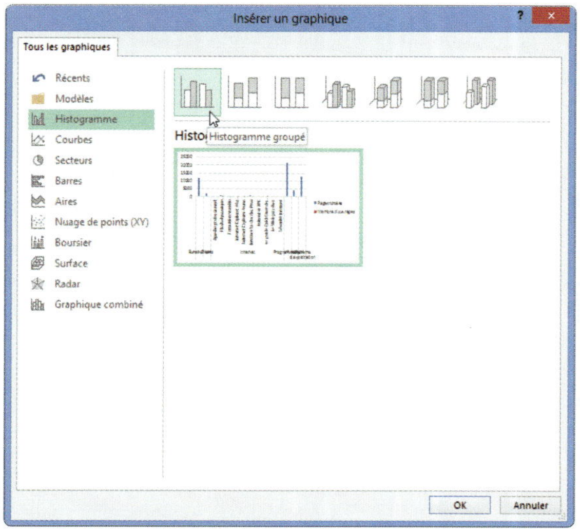

2 Dans la fenêtre qui s'ouvre, analogue à celle que vous avez rencontrée lors de la création de graphiques simples, choisissez le type Histogramme groupé, puis cliquez sur OK.

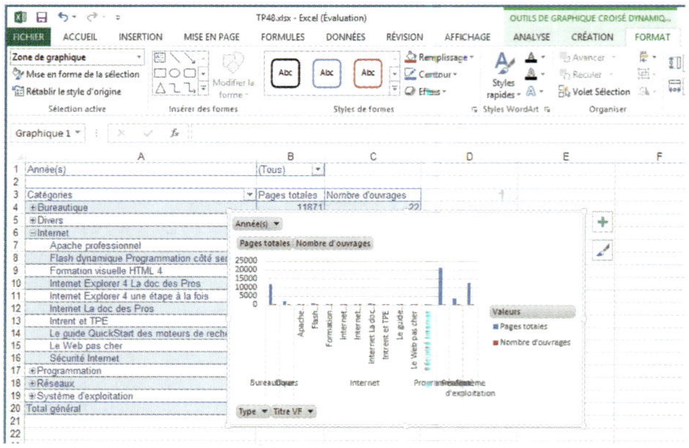

3 Un nouvel onglet contextuel Outils de graphique croisé dynamique apparaît dans le ruban, tandis que le graphique s'affiche à l'écran. Comme vous le voyez, il est mal positionné (masquant le tableau croisé dynamique) et fort peu explicite. Nous allons y remédier. Déplacez le graphique vers la droite et le haut, juste à côté du tableau croisé.

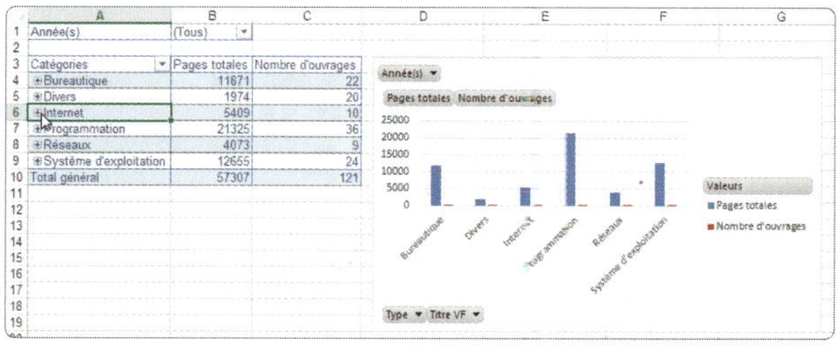

4 Dans le tableau croisé dynamique, cliquez sur le signe – de la cellule A6 : le détail pour la catégorie Internet se réduit et le graphique devient plus lisible.

Un graphique croisé dynamique est étroitement lié au tableau croisé dynamique source. En modifiant la disposition de l'un des rapports, en développant ou en réduisant des valeurs dans le tableau ou en filtrant des valeurs dans le graphique, l'autre change également.

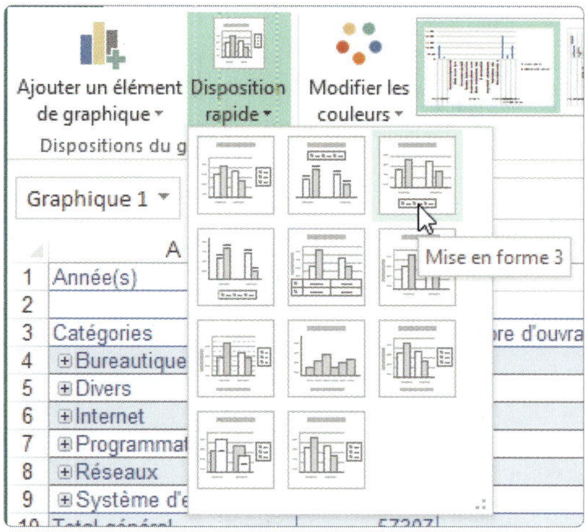

5 Vous pouvez modifier un graphique croisé dynamique exactement comme un graphique normal. Dans l'onglet Création de l'onglet contextuel Outils de graphique croisé dynamique, cliquez dans le groupe Dispositions du graphique sur Disposition rapide et choisissez la disposition Mise en forme 3. Cliquez sur le titre du graphique et remplacez le texte par défaut, Titre du graphique, par **Ouvrages et pages par catégorie**.

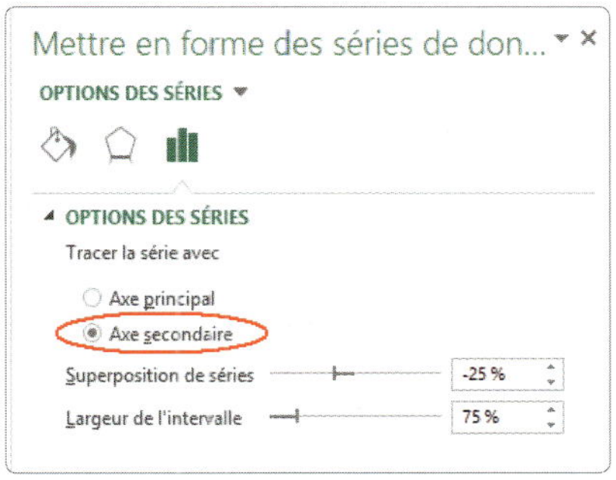

6 Les données du nombre d'ouvrages restent à peine lisibles. Cliquez sur cette série de données. Si vous éprouvez des difficultés à la sélectionner, faites-le depuis la liste du groupe Sélection active de l'onglet Format. Effectuez un clic droit sur la série et choisissez Mettre en forme une série de données ou choisissez Mise en forme de la sélection dans le groupe Sélection active, puis dans le volet cochez la case Axe secondaire, sous Tracer la série avec. Fermez le volet.

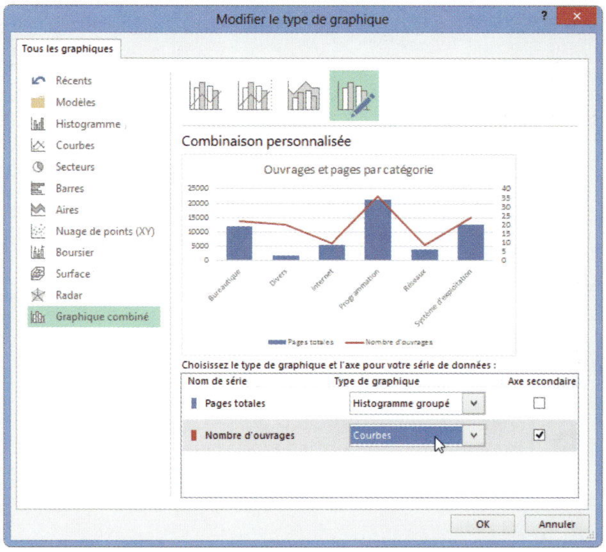

7 La série est désormais liée à un autre axe, mais recouvre hélas la série Pages totales. Effectuez à nouveau un clic droit sur la série, choisissez Modifier le type de graphique Série de données, choisissez Courbe pour la série Nombre d'ouvrages puis cliquez sur OK.

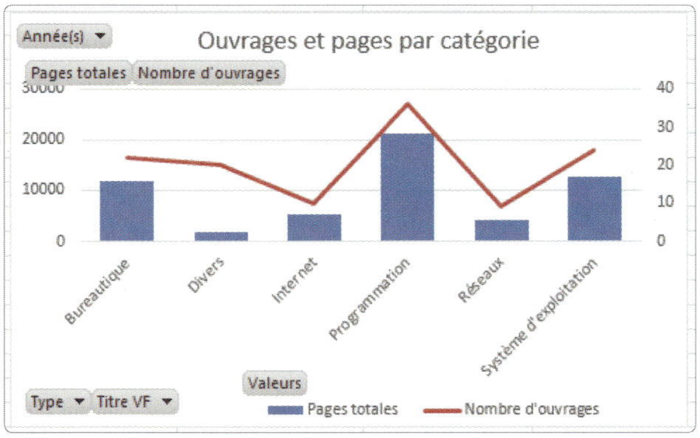

8 Les deux séries sont désormais bien visibles et lisibles. Le graphique peut toutefois encore être un peu amélioré : déplacez le titre vers le haut, la légende vers le bas à droite, puis agrandissez la zone de graphique, jusqu'à obtenir un résultat proche de la copie d'écran ci-dessus.

9 Vous avez dû remarquer la présence sur le graphique de boutons. Ceux-ci permettent de filtrer les données directement depuis le graphique, mais tous ne sont pas forcément indispensables, selon le type de graphique.

Cliquez sur l'onglet Analyse de l'onglet contextuel Outils de graphique croisé dynamique, cliquez dans le groupe Afficher/masquer sur Boutons de champ, puis décochez Afficher les boutons du champ Valeur.

Recommencez en décochant Afficher les boutons du champ Légende.

Les boutons superflus ont disparu du graphique.

10 Cliquez dans le graphique sur le bouton Année(s), puis sélectionnez dans la liste 2009 et cliquez sur OK.

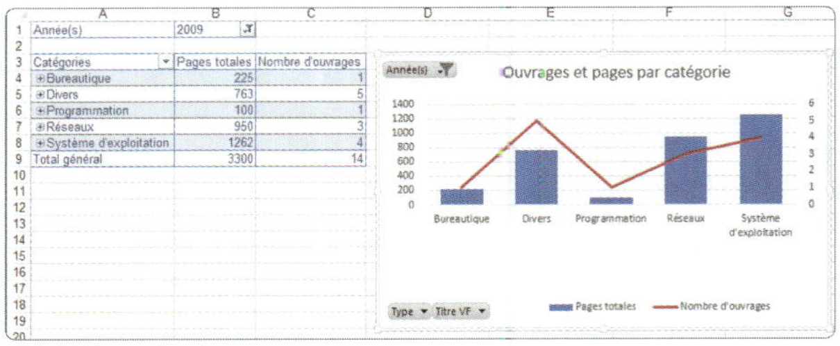

11 Le graphique s'actualise et ne présente plus que les données de l'année 2009. Remarquez que le tableau croisé dynamique est également actualisé et qu'une icône de filtrage est présente dans les deux éléments. Toute action sur le graphique ou le tableau est immédiatement répercutée sur l'autre composant.

Enregistrez et fermez le classeur **TP48.xlsx**.

TP 49 Segments

Les segments sont une des nouveautés spectaculaires apparues avec Excel 2010, qui permettent de filtrer les données des tableaux croisés dynamiques de façon très visuelle.

Prérequis : TP 46
Fichier employé : TP49_début.xlsx
Temps de réalisation : 10 minutes

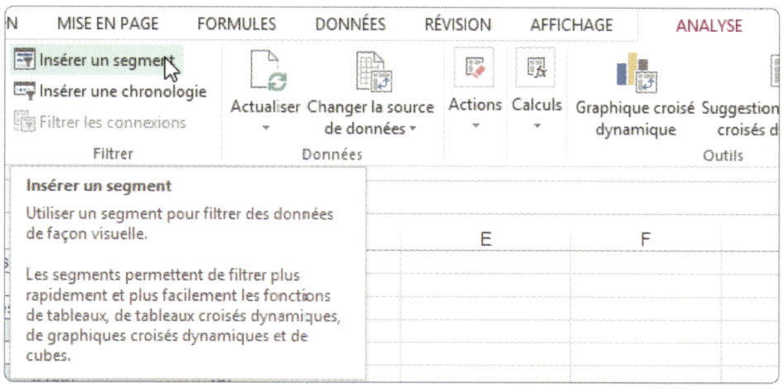

1 Ouvrez le fichier TP49_début.xlsx et enregistrez-le sous le nom **TP49.xlsx**. Cliquez si nécessaire dans le rapport de tableau croisé dynamique sur la cellule A1. Cela affiche les Outils de tableau croisé dynamique, avec ses onglets Analyse et Création. Dans l'onglet Analyse, dans le groupe Filtrer, cliquez sur Insérer un segment.

Dans la boîte de dialogue Insérer des segments, cochez les cases des champs Année(s) et Type. Cliquez sur OK.

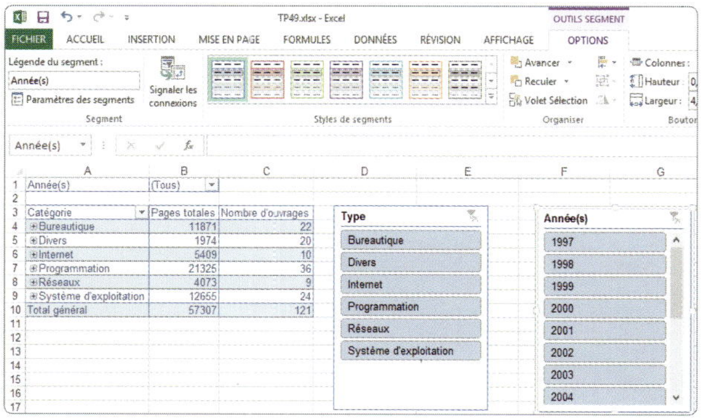

2 Un segment est affiché pour chaque champ sélectionné à côté du tableau croisé dynamique, tandis qu'apparaît dans le ruban l'onglet contextuel Outils segment. Déplacez côte à côte les deux segments, le premier à cheval sur les colonnes D et E, l'autre sur les colonnes F et G.

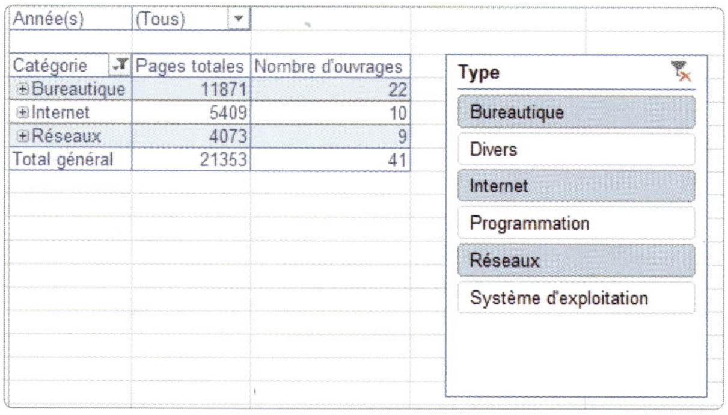

3 Dans le segment Type, cliquez sur l'élément Bureautique, appuyez et enfoncez la touche CTRL, puis cliquez successivement sur les éléments Internet et Réseau avant de relâcher la touche CTRL.

Le tableau croisé dynamique n'affiche plus que les types sélectionnés, tandis qu'une icône de filtrage apparaît à côté de son champ Catégorie.

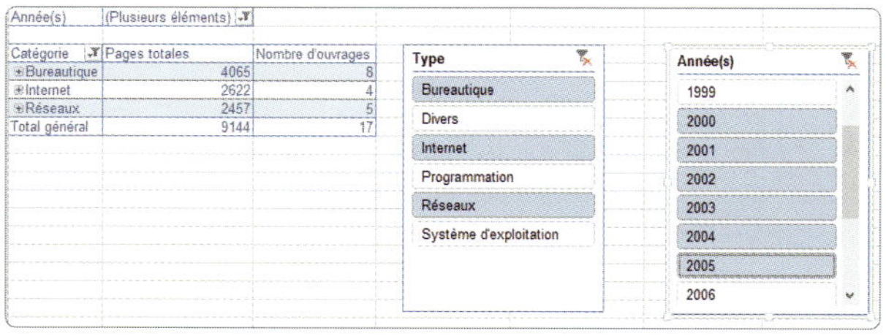

4 Dans le segment Année(s), cliquez sur l'élément 2000, appuyez et laissez enfoncée la touche MAJ, puis cliquez sur l'élément 2005 avant de relâcher la touche MAJ.

Le tableau croisé dynamique n'affiche plus que les types sélectionnés pour les années sélectionnées. Une icône de filtrage apparaît à côté de son champ Année(s).

Remarquez que vous avez employé ici la traditionnelle technique de sélection d'éléments contigus (la touche MAJ) et disjoints (la touche CTRL).

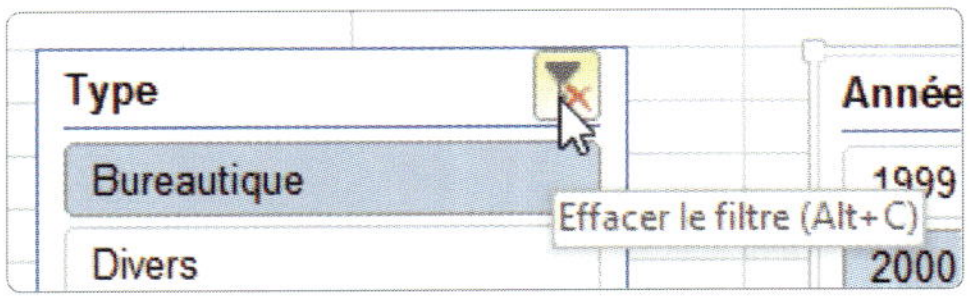

5 Cliquez sur le bouton Effacer le filtrage situé au coin supérieur droit du segment Type : toutes les catégories réapparaissent dans le tableau croisé dynamique.

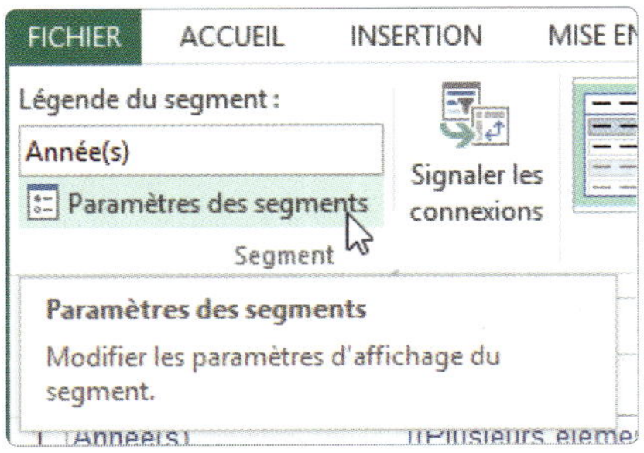

6 Comme vous avez dû le remarquer, le segment Type se fonde sur le champ Type et ne reflète pas le nom Catégorie employé dans le tableau croisé dynamique. C'est facile à corriger : sélectionnez le segment Type et cliquez dans le groupe Segment de l'onglet Options de Outils segment sur Paramètres des segments.

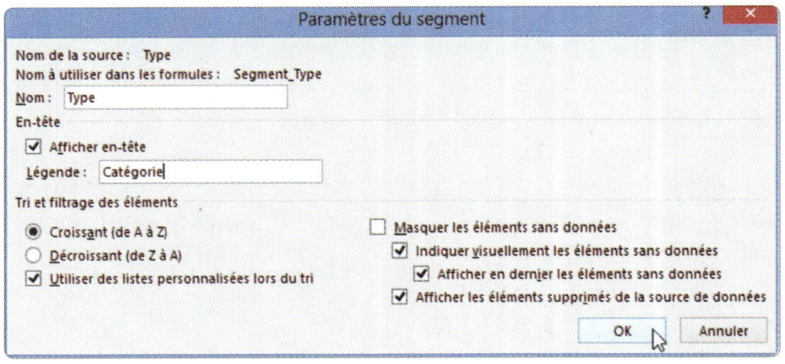

7 Dans la fenêtre qui s'ouvre, remplacez sous Légende le nom actuel Type par Catégorie. Remarquez les diverses options proposées par cette fenêtre. Cliquez ensuite sur OK.

Le segment affiche désormais Catégorie. Vous auriez pu simplement modifier le nom dans la zone Légende du groupe Segment de l'onglet Option, mais c'était l'occasion d'examiner la boîte de dialogue Paramètres des segments.

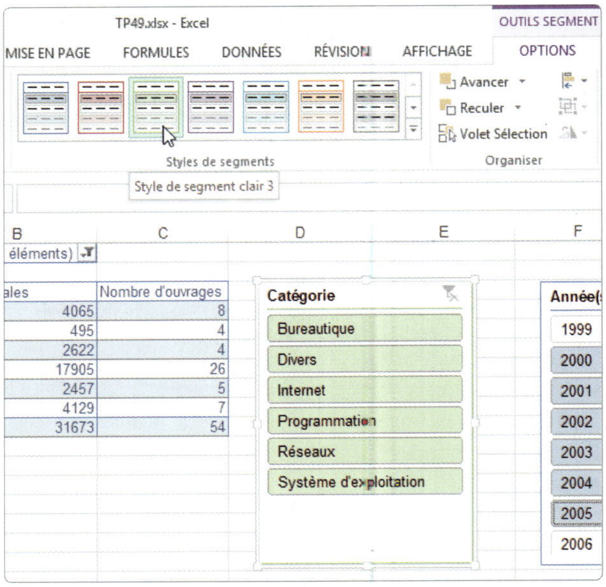

8 Cliquez sur le segment Catégorie, puis dans l'onglet Analyse, dans le groupe Styles de segment, sélectionnez le style Style de segment clair 3.

Un segment créé dans un rapport de tableau croisé dynamique existant possède un style analogue à celui du tableau croisé dynamique. Les modifications de mise en forme apportées au tableau croisé dynamique postérieurement à la création du segment ne sont pas obligatoirement répercutées dans le format du segment.

En appliquant un des différents styles prédéfinis disponibles pour les segments, vous pouvez faire correspondre de manière précise le thème de couleurs appliqué à un tableau croisé dynamique.

Pour personnaliser l'aspect, vous pouvez même créer vos propres styles de segment, de la même manière que vous créez des styles de tableau croisé dynamique personnalisés.

Enregistrez et fermez le classeur **TP49.xlsx**.

TP 50

Partage de segments entre tableaux croisés dynamiques

Si vous possédez plusieurs tableaux croisés dynamiques différents, vous souhaiterez probablement appliquer le même filtre à ces tableaux croisés dynamiques, en partie ou en totalité. Vous pouvez partager un segment créé dans un tableau croisé dynamique avec d'autres tableaux croisés dynamiques : inutile de le dupliquer !

Prérequis : TP 46 et 49
Fichier employé : TP50_début.xlsx
Temps de réalisation : 5 minutes

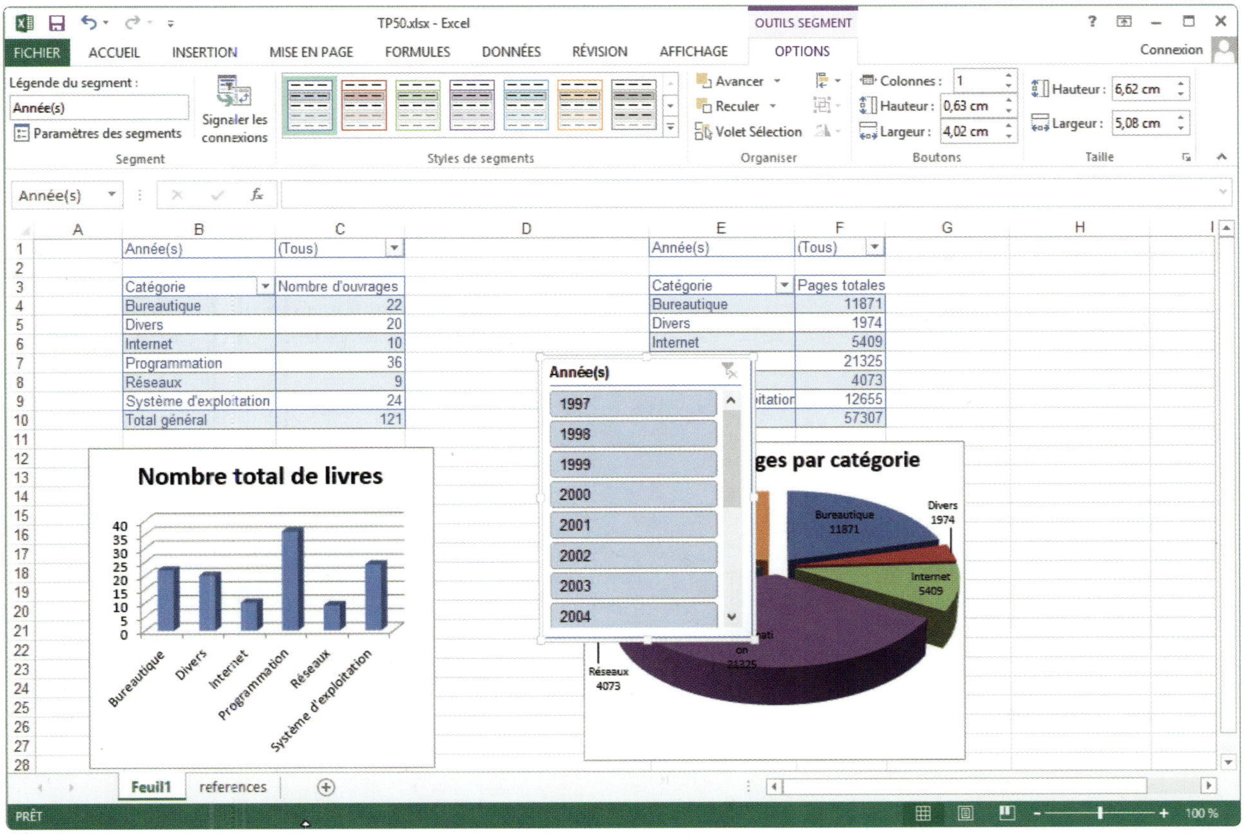

1 Ouvrez le ficher TP50_début.xlsx et enregistrez-le sous le nom **TP50.xlsx**. Cliquez n'importe où dans le tableau dynamique de gauche pour le sélectionner. Dans l'onglet Analyse des Outils de tableau croisé dynamique, dans le groupe Filtrer, cliquez sur Insérer un segment. Dans la boîte de dialogue Insérer des segments, cochez la case du champ Année(s), puis cliquez sur OK. Un segment apparaît.

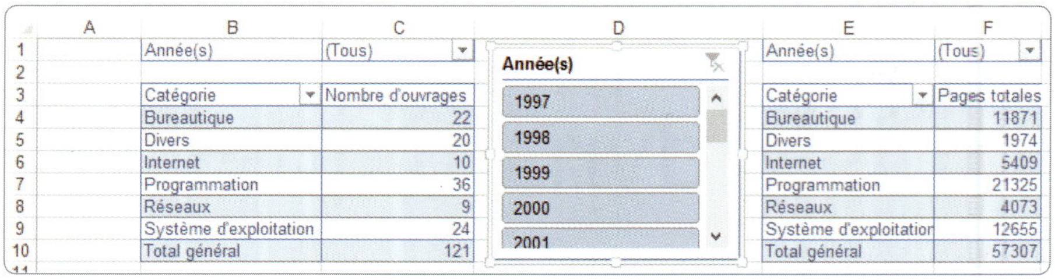

2 Le segment est mal placé et masque les données : déplacez-le au milieu de la colonne D et modifiez sa taille, conformément à la copie d'écran ci-dessus.

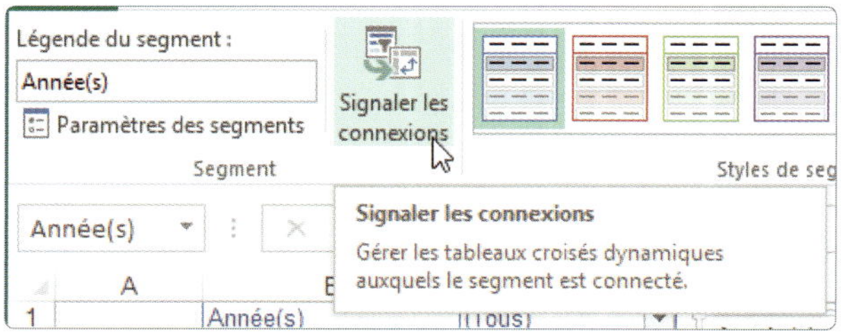

3 Dans le groupe Segment de l'onglet Analyse, cliquez sur Signaler les connexions.

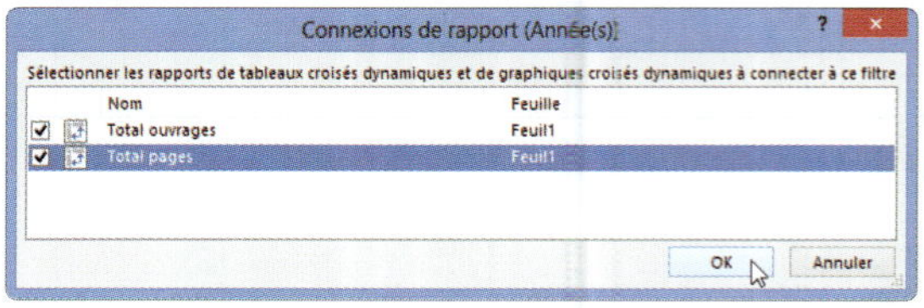

4 Dans la boîte de dialogue Connexions de tableau croisé dynamique (Année(s)), cochez la case Total pages en laissant cochée la case Total ouvrages, puis cliquez sur OK.

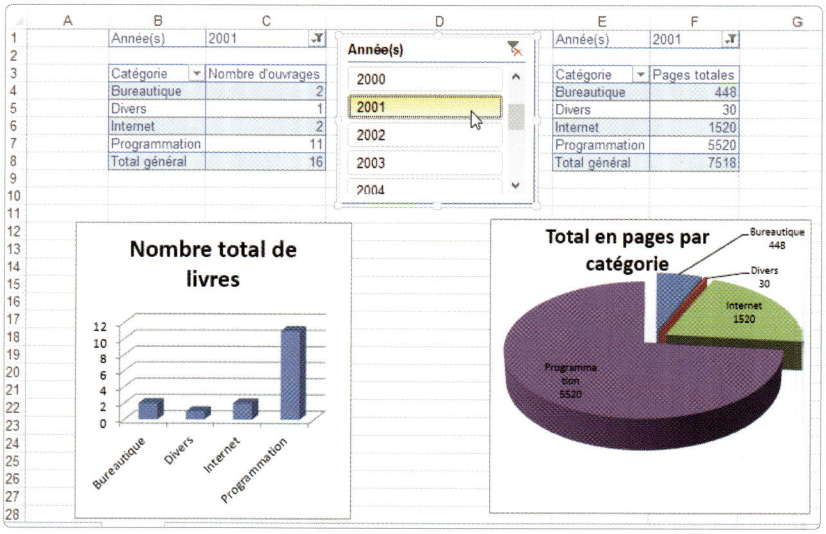

5 Rien ne semble se passer. Cliquez toutefois dans le segment sur 2001 : les deux tableaux croisés dynamiques et les graphiques de tableau croisé dynamique se mettent à jour et n'affichent que les données pour l'année 2001.

Lorsque vous partagez un segment, vous créez une connexion vers un autre tableau croisé dynamique contenant le segment à utiliser. Toute modification apportée à un segment partagé est immédiatement répercutée dans tous les tableaux croisés dynamiques connectés à ce segment.

Si vous n'avez plus besoin d'un segment, vous pouvez le déconnecter du rapport de tableau croisé dynamique : dans la boîte de dialogue Connexions de segment, désactivez la case à cocher des champs du tableau croisé dynamique pour lesquels déconnecter un segment.

Enregistrez et fermez le classeur **TP50.xlsx**.

TP 51 Impression d'un document (1re partie)

Il est bien sûr possible (et facile) d'imprimer une feuille de calcul. Depuis l'apparition du Ruban, la totalité de la procédure s'effectue depuis l'onglet Fichier, en mode Backstage.

Prérequis : néant.
Fichier employé : TP51_début.xlsx.
Temps de réalisation : 5 minutes.

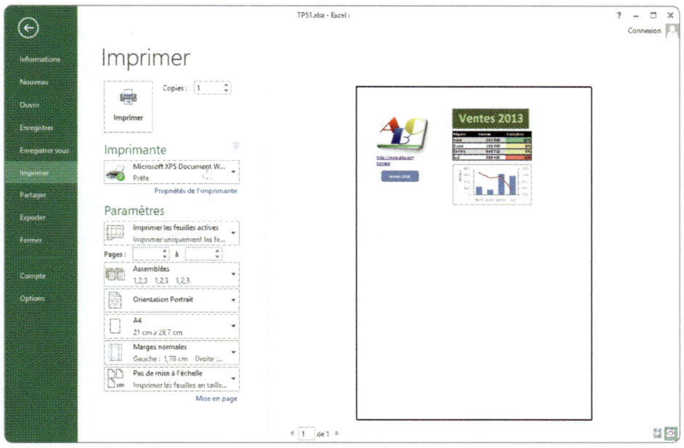

1 Ouvrez le fichier TP51_début.xlsx et enregistrez-le sous le nom **TP51.xlsx**. Cliquez sur l'onglet Fichier, puis cliquez sur Imprimer. Dans la page qui apparaît, vous pouvez modifier de nombreux paramètres d'impression, tandis que vous voyez sur la partie droite un aperçu de l'impression. Laissez tels quels les réglages Imprimante. Sous Paramètres, la première option (par défaut Imprimer les feuilles actives) permet également d'imprimer tout le classeur ou uniquement la sélection active. En dessous, vous pouvez sélectionner les pages à imprimer (si la feuille de calcul devait s'imprimer sur plusieurs pages).

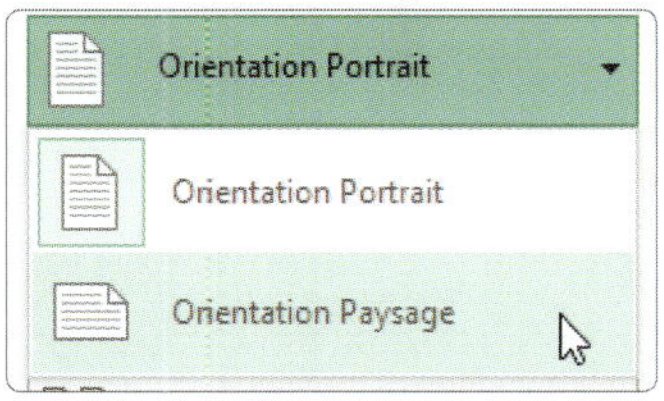

2 Cliquez sur la flèche Orientation, puis choisissez Mode Paysage. La feuille à imprimer est plus adaptée à un mode paysage (c'est fréquent avec les feuilles de calcul). En revanche, la partie intéressante n'occupe qu'une faible partie de la page.

Les options suivantes, plus classiques, permettent de définir la taille du papier et les marges. Nous reviendrons sur ce point.

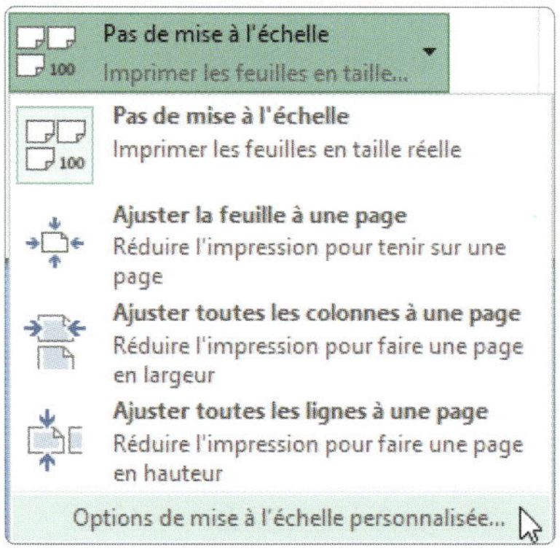

3 Cliquez sur la flèche Pas de mise à l'échelle, puis choisissez tout en bas du menu l'option Options de mise à l'échelle personnalisée.

La boîte de dialogue Mise en page s'affiche sur son onglet Page.

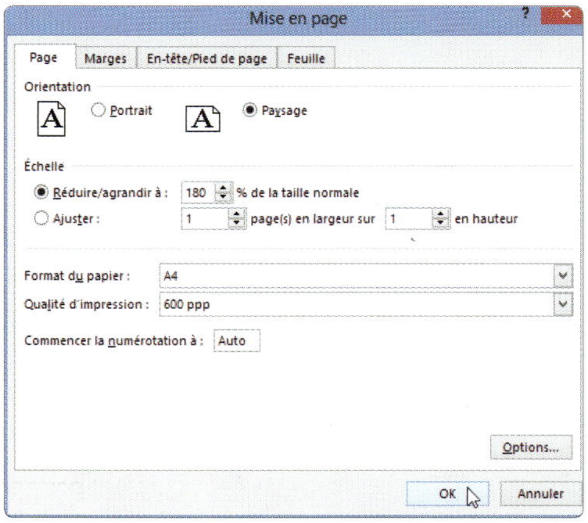

4 Dans celui-ci, sous Échelle, fixez la valeur de Réduire/agrandir à 180 %, puis cliquez sur OK.

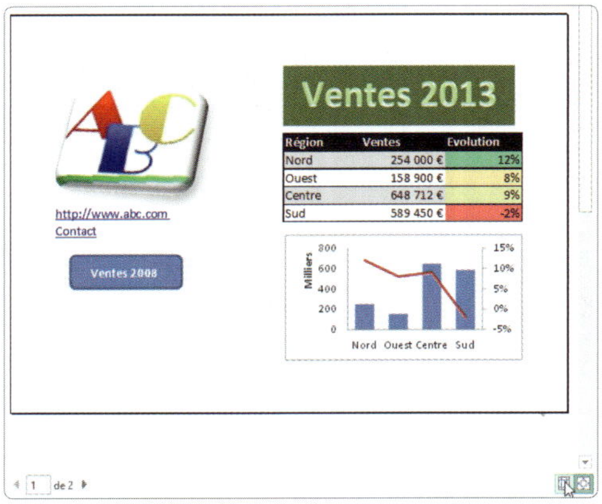

5 Vous voyez dans l'aperçu que les choses sont nettement mieux. Cliquez tout en bas de l'aperçu de droite sur le bouton Marge.

Les marges s'affichent à l'écran, dans l'aperçu. Vous pouvez directement les modifier, ce qui est souvent plus simple que via l'option Marge précédemment entrevue.

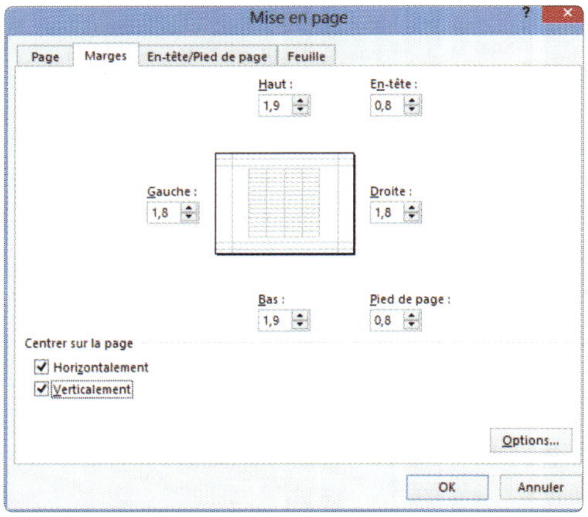

6 Cliquez sur Mise en page, sous les options à gauche de l'aperçu, pour afficher à nouveau la boîte de dialogue format de page. Cliquez sur l'onglet Marges. Vous pouvez y modifier les marges en entrant des valeurs numériques précises. Sous Centrer sur la page, cochez les cases Horizontalement et Verticalement.

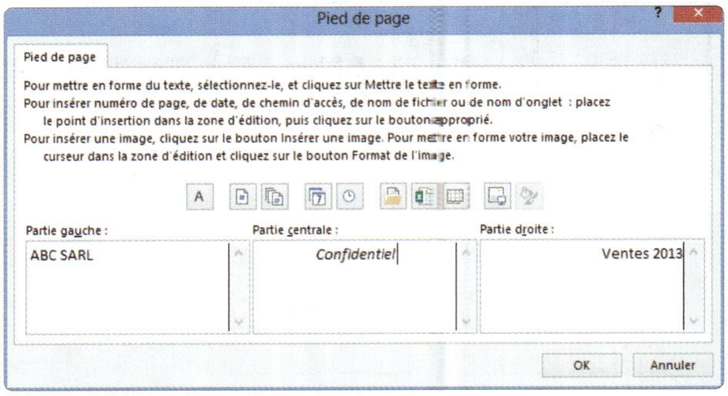

7 Cliquez sur l'onglet En-têtes/Pied de page. Dans celui-ci, cliquez sur Pied de page personnalisé. Saisissez à gauche **ABC SARL**, au milieu **Confidentiel** et à droite **Ventes 2013**. Sélectionnez le mot Confidentiel, cliquez sur le bouton Police et dans la boîte de dialogue, cliquez sur Italique. Cliquez trois fois sur OK pour fermer les trois boîtes de dialogue.

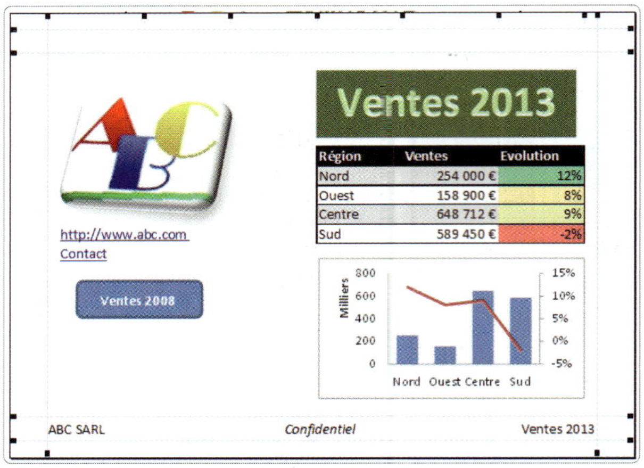

8 Vous voyez l'aperçu de la feuille, avec un pied de page personnalisé. Vous pourriez tout aussi bien définir un en-tête personnalisé, et choisir sur quelle(s) page(s) en-tête et pied de page doivent être imprimés.

Si vous disposez d'une imprimante, vous pouvez si vous le souhaitez cliquer sur le bouton Imprimer pour lancer l'impression.

Enregistrez et fermez le classeur **TP51.xlsx**.

TP 52

Impression d'un document (2e partie)

Dans le TP précédent, nous avons examiné diverses options d'impression pour une feuille de calcul bien mise en forme, tenant facilement sur une unique page. Ce n'est pas toujours le cas et il convient alors de recourir à d'autres paramètres.

Prérequis : TP 51
Fichier employé : TP52_début.xlsx
Temps de réalisation : 5 minutes

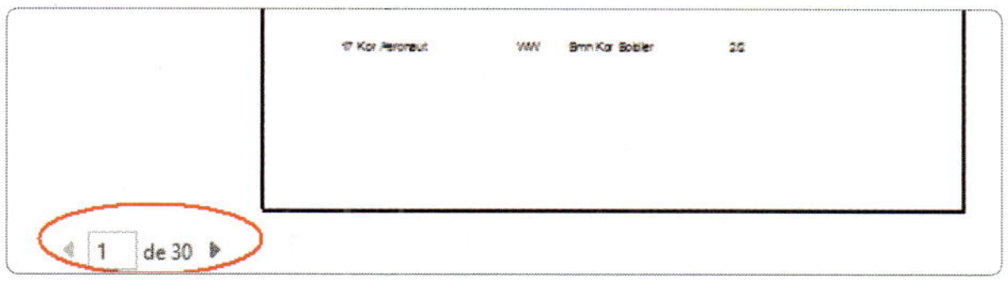

1 Ouvrez le fichier TP52_début.xlsx et enregistrez-le sous le nom **TP52.xlsx**. Cliquez sur l'onglet Fichier, puis cliquez sur Imprimer. Examinez la partie Aperçu de droite : vous voyez affiché en bas à gauche 1 de 30, ce qui signifie que la feuille de calcul s'imprimerait sur 30 pages. En outre, de toute évidence, le format n'est guère adapté, chaque ligne s'imprimant sur plusieurs pages.

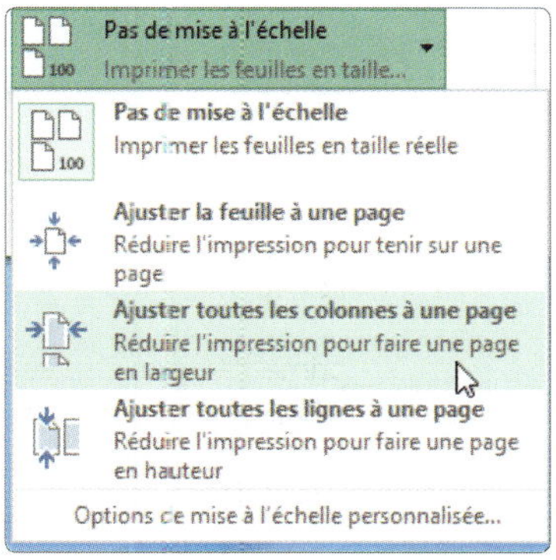

2 Cliquez sur la flèche Pas de mise à l'échelle, puis choisissez Ajuster toutes les colonnes à une page.

Selon cet arrangement, le nombre de pages tombe à 9, ce qui est plus raisonnable mais reste considérable. Bien sûr, la taille des caractères est réduite : en cliquant sur Mise en page, vous pouvez voir dans l'onglet Page que la page est réduite à 57 %.

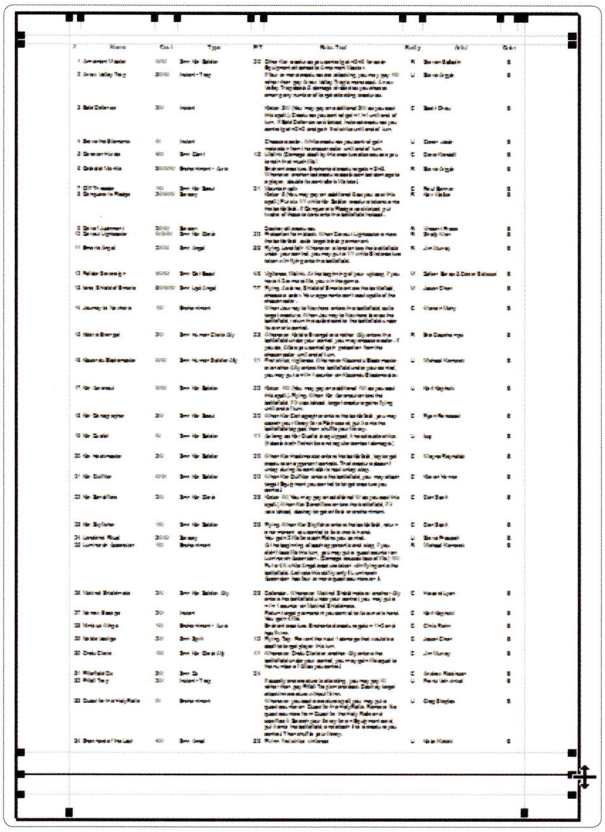

3 Cliquez en bas à droite de la fenêtre Aperçu sur le bouton Marges, puis diminuez les marges du haut et du bas.

En diminuant également celles des côtés, vous augmenteriez la taille des caractères et perdriez le gain de page obtenu.

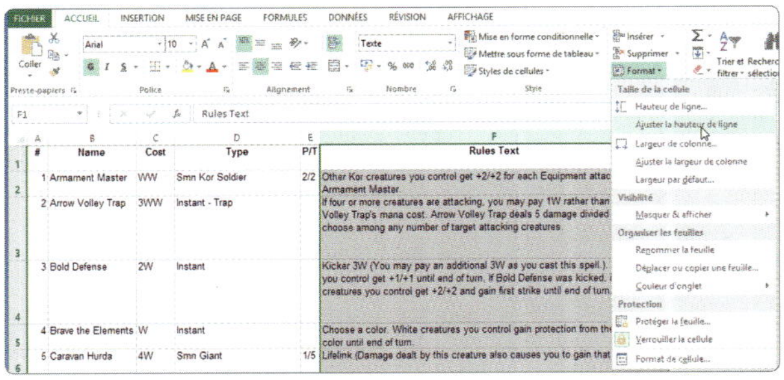

4 Pour améliorer les choses, il faut intervenir sur la largeur de certaines colonnes. Vous pourriez le faire depuis cette page, mais il est généralement plus clair de le faire sur la feuille de calcul elle-même. Cliquez sur l'onglet Accueil, diminuez la largeur des colonnes B, C et H d'environ 1/3, soit à peine plus que la largeur du texte respectif apparaissant sur la première page. Inversement, augmentez la largeur de la colonne F (le texte de règle) afin que le texte de ligne 6 tienne sur une seule ligne.

Remarquez que des lignes vierges sont apparues dans la colonne F. Sélectionnez la colonne, cliquez dans le groupe Cellule de l'onglet Accueil sur Format et choisissez sous Hauteur des lignes Ajuster la hauteur des lignes. Les lignes vierges devraient disparaître.

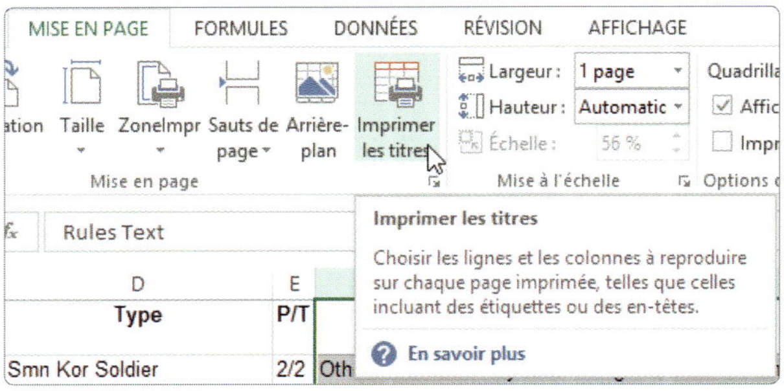

5 Puisque cette feuille de calcul doit s'imprimer sur plusieurs pages, il est sensé de vouloir répéter la ligne d'en-tête sur chaque page. Cliquez sur l'onglet Mise en page, puis choisissez dans le groupe Mise en pages sur Imprimer les titres.

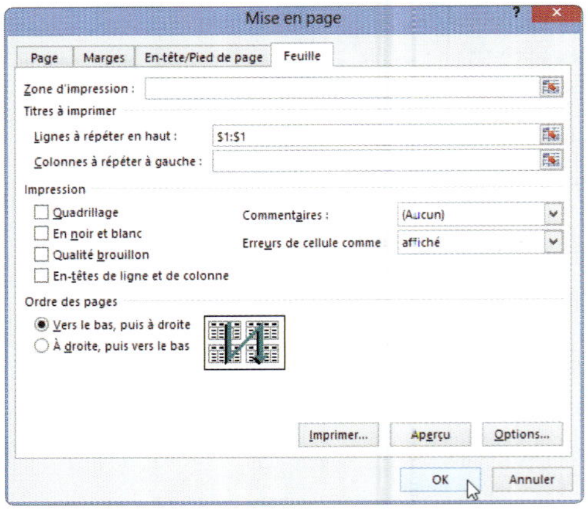

6 Dans la boîte de dialogue Mise en page, dans la zone Lignes à répéter en haut, saisissez $1:$1, puis cliquez sur OK.

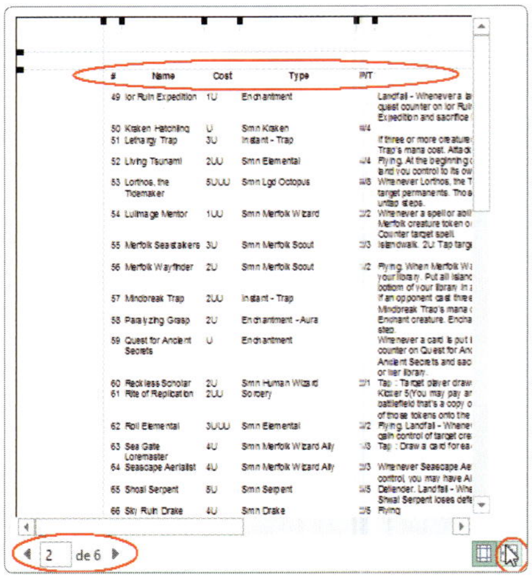

7 Cliquez sur l'onglet Fichier, puis cliquez sur Imprimer. Dans la partie Aperçu de droite, cliquez sur la flèche pour passer à la page 2, puis cliquez sur le bouton Zoom situé en bas à droite pour agrandir la vue : la première ligne d'en-tête est bien répétée, ce qui améliore la compréhension des 6 pages à imprimer (au lieu des 30 d'origine !).

Si vous disposez d'une imprimante, vous pouvez si vous le souhaitez cliquer sur le bouton Imprimer pour lancer l'impression. N'imprimez éventuellement que 2 ou 3 pages à titre d'exemple, en modifiant la plage des pages à imprimer...

Enregistrez et fermez le classeur **TP52.xlsx**.

Félicitations : vous êtes parvenu au bout de ce livre...

Index

70205 - (II) - (1,5) - CSB 115 - Arc - GCO
Dépôt légal : janvier 2014 - Dépôt légal de la 1ère édition : mars 2011
Suite du tirage : avril 2016
Achevé d'imprimer en France par Loire Offset Titoulet à Saint-Étienne